长江流域经济发展

浦东崛起与

大家学术经典文库

姚锡棠◎著

上海人民出版社

编写说明

上海是哲学社会科学重镇。一直以来,上海社科界群星璀璨、名家辈出,为我国哲学社会科学的发展作出了巨大贡献,也是上海这座城市深厚的文化底蕴之所在。

上海市哲学社会科学学术贡献奖,主要奖励中华人民共和国成立以来公开发表、出版或播放的哲学社会科学类具有原创性、基础性和广泛影响,并被实践证明对学科建设、学术发展具有重大价值,对经济、社会发展也已产生重大影响的学术观点和学术思想。历届获奖者,都是新中国成立以来在上海社科界辛勤耕耘、潜心治学,为哲学社会科学繁荣发展作出重大贡献,在学界具有广泛影响和享有崇高声誉的名家大师,他们的研究涉及政治、历史、哲学、社会、经济、教育、文学、语言学等多个领域,他们是上海社科界的学术丰碑,他们用思想标注了时代。

本文库主要遴选上海市哲学社会科学学术贡献奖获得者的代表作,展示新中国成立以来上海哲学社会科学取得的卓越成就,传承接续学术大家的人格精神和治学风范,以激励后学不断开拓创新,为构建中国特色哲学社会科学、推动上海哲学社会科学繁荣发展作出更大贡献,进一步打响上海文化品牌。

本文库的编纂得到上海市社会科学界联合会、上海社会科学院、复旦大学、华东师范大学、上海师范大学等单位的鼎力支持。

前　言

　　浦东开发开放及浦东的迅速崛起,是中国改革、开放和发展进程中的一个重要成果,是最引人瞩目的一个重大事件;也是中国改革、开放和发展进入新阶段的重要标志。

　　浦东迅速崛起的动因在于它面临的难得的历史性机遇,在于它有中国改革、开放和发展在理论上所作的充分准备,在于有上海作为最坚实的依托,在于有长江三角洲和整个长江流域作为最广阔的发展腹地。

　　同样,浦东开发开放及其迅速崛起的意义也不仅在于它本身的发展,其更重要的意义在于它对周围地区积极而强有力的辐射作用,即在于它正在推动上海再塑国际性经济中心的地位;在于它正在推动长江三角洲地区经济的一体化;在于它正在推动长江流域地区经济加速发展,在于它正在推动中国改革、开发和发展进入更高层次的发展阶段。

　　浦东开发开放作为一项跨世纪的重大工程,浦东的崛起及其影响,吸引了众多的经济研究工作者。我有幸在此期间主持了"迈向21世纪的浦东"和"浦东开发与长江流域经济协调发展"两项重点课题,并参与了"迈向21世纪的上海"重点课题的研究,深为浦东和长江流域的发展所激励,因此,也就产生了更深入地从理论上,从理论与实践的结合上研究浦东及其辐射作用。

　　研究是从浦东和长江流域迅速发展的实际出发的。因此,第一篇主要分析浦东的崛起及其动因;第二篇着重研究浦东发展模式及其对长江流域的辐射作用。研究在从实际出发的同时,力图从比较高的角度,即不仅从浦东本身,而且

1

从整个长江流域,从全国以至从全球角度来研究浦东的崛起及其影响。

研究的方法也力图将定性与定量分析结合起来,但由于浦东与长江流域的发展才刚开始,蓬勃发展的实践又那么激动人心,因此,在写作过程中激情常常渗入分析之中。

浦东和长江流域正在发展过程中,我的分析可能挂一漏万,不可能全面和完整。我热诚地期待着各方面的专家和广大读者的赐教和指正。

作　者

1994 年 12 月 25 日

目 录

第一篇
浦东崛起及其动因分析

第二篇

浦东模式及其对长江流域的影响

浦东崛起及其动因分析

第一篇

第一章　浦东崛起的主要标志

导　　言

浦东崛起,是中国 90 年代改革开放和经济高速发展中最为引人瞩目和最为影响深远的一件大事。

浦东原是一块有 520 平方公里的尚未开发的处女地。在 1990 年以前很少为人所知。但在把它宣布为 90 年代中国对外开放的重点地区之后,由于它地理位置优越,有中国最大的经济中心上海作为依托,有富饶的长江流域作为发展腹地,有中国整个 80 年代改革积累的丰硕经验可以借鉴,有良好的国际环境和机遇,因此,仅仅经过一年的准备,从 1991 年起,国内外大量资金就迅速涌入,规模巨大的金融贸易区、工业出口加工区、高科技园区和保税区就像雨后春笋般在这块土地上破土而起。浦东正作为中国经济高速发展中新的增长点,正作为中国经济与世界经济新的联结点,正作为中国改革开放中新的体制创新点而迅速崛起。

第一节　浦东——中国经济高速发展中新的增长点

我们知道,在一个国家或一个地区的经济发展中,所谓增长点(或称为增长极),是指这一国家或地区经济增长的幅度最大,并具有通过不同渠道向周围辐射的强大能量。正如法国学者弗朗索瓦·佩鲁指出的:"增长并非同时出现在所有地方,它以不同的强度出现于一些增长点或增长极上,然后通过不同的渠道向外扩散。"[1]80 年代的中国正是以自己的持续的高速增长而被许多国际上的专家称为世界经济中新的增长点而引起全球震动。浦东则同样以罕见的速度、迅速形成的宏大生产规模、旺盛的金融贸易和极强的技术创新能力而正在成为中国经济中的新增长点,正在成为长江流域经济发展中的强有力的火车头。

浦东在中国,特别是在长江流域经济发展中不仅起到增长点的作用,而且由于它的经济,包括工业、农业和第三产业是全面发展的,它还起到综合性发展中心的作用,因而它的经济发展具有引人注目的、鲜明的特色。

一、飞跃式的增长速度

浦东在宣布开放以前,经济的增长速度是很低的。在整个 80 年代,年均增长速度仅为 7% 左右。但从 1991 年开始,经济增长速度迅速加快。1990 年浦东的国内生产总值为 60.2 亿元,1993 年上升到 164.0 亿元,3 年的增长倍数为 1.7 倍。按现价计算的年均增长率为 39.6%,按可比价格计算,1991—1993 年的增长率分别为:13.9%、21.2% 和 30.2%(见表 1-1)。

表 1-1　浦东国内生产总值增长

	1990 年	1991 年		1992 年		1993 年	
	数值	数值	增长率	数值	增长率	数值	增长率
国内生产总值(亿元)	60.2	71.5	13.9%	91.5	21.2%	164.0	30.2%
年末人口(万人)	133.9	137.3	2.5%	140.6	2.4%	143.7	2.2%
人均国内生产总值(元)	4 498	5 209	11.4%	6 585	18.8%	11 413	28.0%

资料来源:《浦东统计年鉴》。增长速度按可比价格计算。

从表 1-1 列出的数字可见:(1)浦东的增长速度是飞跃式的。同其他经济特区和开发区相比,甚至同东亚一些国家和地区在高速增长年代的速度相比,都是毫不逊色的。(2)浦东不仅经济总量飞跃增长,而且人均产值同样飞速增长,按照美国著名经济学家库兹涅茨的说法,一个国家或一个地区,当实现了经济总量和人均产值同步增长的时候,这个国家或地区的经济就进入了良性增长的状态。

世界经济的发展历史告诉我们,在发达国家也好,在新兴工业化国家也好,在它们经济增长的长河中,都有过经济飞跃式发展的阶段。如果驾驭得好,这种飞跃式发展不仅是一个时点概念,即短期发展阶段,而且可以持续发展一个较长的过程。例如新加坡从 1965 年到 1984 年,在整个 20 年中保持了年均增长 9.8％的高速度。从浦东具备的条件看,持续高速增长 20 年是完全可能的。

二、产业结构的迅速转换

由于浦东紧紧依托着综合经济实力雄厚的上海,因此,浦东从一开始就把开发开放的重点放在金融贸易上,从而,也就使浦东的产业结构从一开始就迅速向高级化的方向转换。在三次产业结构上,第一产业的比重下降,第三产业的比重迅速上升。1990 年时,浦东基本上是一个略有工业的待开发地区。当时在经济中起主要作用的,是在沿江建厂的钢铁、石油和造船等行业,第三产业极不发达,在整个经济中的比重仅为 20.1％。但到 1993 年,仅仅经过 3 年时间,金融保险业、商业服务业、房地产业和交通电信业就大规模发展起来,第三产业的比重就上升到 28.9％,即上升了 8.8 个百分点。整个上海第三产业比重上升同样的百分点,则差不多用了近 8 年的时间(见表 1-2)。

表 1-2　浦东三次产业结构变化

	1990 年		1991 年		1992 年		1993 年		年均递增率（％）
	增加值（亿元）	构成（％）	增加值（亿元）	构成（％）	增加值（亿元）	构成（％）	增加值（亿元）	构成（％）	
第一产业	2.2	3.7	2.4	3.4	1.9	2.1	2.1	1.3	−1.5
第二产业	45.9	76.2	53.5	74.7	68.4	74.7	114.5	69.8	35.6
第三产业	12.1	20.1	15.7	21.9	21.2	23.2	47.4	28.9	57.6

资料来源:《浦东统计年鉴》。构成以现价计算。

在工业内部,其结构也正在迅速升级,正由原先的粗放式的重工业——钢铁工业、石油工业为主的结构向以重加工业——即以机电制造业为主的方向转变。以1992年为例,机械工业增长79.7%,交通运输设备制造业增长93.2%,电气机械及器材制造业增长75.6%,电子及通信设备制造业增长147.4%,仪表仪器及计量制造业增长34.4%(见表1-3)。相应地,钢铁和石油工业的比重下降,加工程度高的机电工业以及医药工业、橡胶加工等行业的比重则有较大幅度的上升。1993年这一趋势正在继续强化。

表1-3　浦东工业内部结构变化

	1991 年		1992 年	
	增长速度 (%)	构成 (%)	增长速度 (%)	构成 (%)
按轻重工业分:				
轻工业	14.4	37.3	71.6	36.3
重工业	18.0	62.7	78.4	63.7
按行业分:				
纺织业	0.1	10.2	22.4	7.4
石油加工	−2.4	15.8	23.5	11.1
化学工业	28.1	8.7	119.3	10.9
医药工业	67.8	0.9	593.3	3.5
橡胶制品	271.2	0.8	2 101.3	9.5
钢铁工业	39.5	10.1	50.3	8.9
机械工业	16.5	7.9	79.7	8.1
交通运输设备	47.4	8.3	93.2	9.1
电子机械及器材	15.5	6.5	75.6	6.6
电子通信设备	−15.4	1.3	147.4	1.8
其他				

资料来源:《浦东统计年鉴》。作者按资料以工业净产值为基数算出。

三、高投入及优良的投资结构

投资及投资率的增长是决定经济增长的最重要因素之一。浦东作为中国开发开放的新经济区,它的大规模的投资及非常高的投资率,也是推动浦东经济高速增长的最重要因素之一。1990年,浦东全社会固定资产投资仅为14.2

亿元,到 1993 年上升到 165.0 亿元,增长速度和投资规模的扩大都是惊人的。1993 年的投资额是 1990 年的 11.6 倍。1991—1993 年 3 年投资的增长速度相应为:107.1％、158.6％和 120.0％。浦东投资占全上海的总投资比重也由 1990 年的 1/10 上升到 1993 年的 1/3(见表 1-4)。

表 1-4　浦东固定资产投资规模

	1990 年		1991 年		1992 年		1993 年	
	金额 (亿元)	构成 （％）	金额 (亿元)	构成 （％）	金额 (亿元)	构成 （％）	金额 (亿元)	构成 （％）
投资总额	14.2	100	29.0	100	75.0	100	165.0	100
全　　民	9.8	69.0	21.7	74.9	55.3	73.8	151.9	92.1
集体和私人	4.4	31.0	7.3	25.1	19.7	26.2	13.1	7.9

资料来源:《浦东统计年鉴》。

作为开发的初期阶段,浦东的投资率也是非常高的,而且是逐年提高的。1990—1993 年每年的投资率分别为 23.7％、40.6％、82.0％、100.6％。许多发展中国家以及我国一些经济特区的经验告诉我们,高投资率是经济高增长率的重要支撑(见表 1-5)。

表 1-5　浦东列年的投资率

	1990 年	1991 年	1992 年	1993 年
国内生产总值(亿元)	60.2	71.5	91.5	164.0
全部投资总额(亿元)	14.2	29.0	75.0	165.0
投资率(％)	23.7	40.6	82.0	100.6

资料来源:作者根据统计数字算出。

浦东投资的另一个十分鲜明的特点是,从一开始起投资的结构就比较优良。从所有制角度看,全民、集体和私人投资都十分兴旺。从三次产业结构看,对第二产业、第三产业投资的比例也比较合理。1992 年、1993 年连续两年,第二产业投资始终为 1/3 强,第三产业投资始终占 2/3 弱(见表 1-6)。浦东对第二产业,特别是对技术层次比较高的工业所进行的大规模投资,为浦东今后的长期发展奠定了坚实的基础;对第三产业,特别是对金融、房地产业,交通邮电业和商业的更大规模的投资,对浦东形成重要的金融贸易中心,对浦东经济的持续繁荣更具有巨大的意义。

表1-6　浦东固定资产投资结构

	1990 年		1991 年		1992 年		1993 年	
	金额 (亿元)	构成 (％)	金额 (亿元)	构成 (％)	金额 (亿元)	构成 (％)	金额 (亿元)	构成 (％)
第一产业	0.5	5.1	0.2	0.9	0		2.6	1.7
第二产业	4.5	45.9	13.5	62.2	20.2	36.5	55.1	36.3
第三产业	4.8	49.0	8.0	36.9	35.1	63.5	94.3	62.0
金融、房地产业	4.1	41.8	6.8	31.3	22.3	40.3	58.4	38.4
交通邮电业	0.1	1.0	0.4	1.8	9.3	16.8	11.5	7.6
商、饮、物业	0.5	5.2	0.1	0.5	1.6	3.0	6.2	4.1
其他	0.1	1.0	0.7	3.3	1.9	3.4	18.5	11.9

资料来源:《浦东统计年鉴》。

这里还需要指出的是,在浦东的投资中,有相当数量是投入基础设施的。在浦东开发的一开始,就确定了10项基础设施骨干工程,统称为10大工程。它们是:南浦大桥、杨浦大桥、杨高路拓宽、上海内环线浦东段、外高桥新港区、外高桥电厂、浦东煤气厂二期、凌桥自来水厂、浦东通信工程和污水排放工程。其中前四项工程已经建成,后六项工程也都在加紧建设中。目前正根据浦东未来发展的需要,以浦东国际机场为中心,规划新的10大基础设施工程。这些规模宏伟的基础设施的建设,不仅将使浦东作为中国经济新的增长点的经济实力不断强化,而且将使浦东作为新的综合发展中心的功能日益完善,使浦东对上海、对长江三角洲以至整个长江流域经济的影响和扩散能力逐步提高,也使浦东同东亚地区、同世界经济接轨的步伐大大加快。

第二节　浦东——中国同世界经济新的联结点

浦东新区不仅作为中国经济高速发展中新的增长点,而且也作为中国同世界经济新的联结点而迅速为世人所瞩目。浦东崛起,对上海、长江三角洲和整个长江流域多方面同世界经济接轨,对世界各国,特别是亚太地区经济更大规模地进入长江流域,进入中国,都有极为重要的意义。

一、开发浦东——中国对外开放的新阶段

中国为什么决定在 90 年代重点开放浦东？这是中国改革和开放进入新的发展阶段的需要,这是中国经济进一步同国际接轨的需要。[2]

首先,这是中国工业升级的需要,这是中国工业进一步国际化的需要。中国 80 年代对外开放的战略是:首先在紧靠香港和台湾的广东和福建等东南沿海建立经济特区、对外开放城市和经济技术开发区,利用优惠政策吸引海外资金。10 多年的发展证明,这一战略基本上是成功的。这些地区的经济一直处在持续高速发展之中。特别是广东,整个 80 年代取得了年均增长 16％的出色成绩。在取得这一成绩的同时,我们也必须清醒地看到,80 年代的对外开放尚是局部性的、低层次的,吸引的外商投资也主要集中在劳动密集型和出口加工型的产品和企业上。我们知道,发展中国家在吸引外资时面临着一个"两难"问题:一方面应该尽量大规模地吸引外资,特别是要吸引带着先进技术装备的跨国企业的外资;但另一方面,吸引外资过多又可能背上严重的外债包袱。因此,中国在吸引外资的初期阶段,即 80 年代采取了极其谨慎的战略,即主要是吸引投资于出口加工型和劳动密集型的外资,使引入的外资同扩大出口得到平衡。进入 90 年代以后,就需要在此基础上使对外开放发展到一个新的阶段,上升到一个新的层次,即在吸引进入劳动密集型工业外资的同时,着重吸引技术层次比较高的,特别是吸引跨国公司的投资。

随着吸引外资的规模逐步扩大,中国经济国际化的程度也跟着逐步提高。中国是一个发展中国家,工业化起步晚,技术基础差,要在短时间内赶上世界经济的发展步伐,只有建立开放型的经济体制,通过吸引外资逐步扩大工业发展规模,并把吸引外资,首先是把吸引国际性跨国公司的外资同原有国有工业的改造结合起来,通过生产的国际化,逐步提高整个经济的国际化程度。浦东开

放,带动有着雄厚工业基础、并以国有工业为主的上海和整个长江流域重点开放,正是适应了这一发展的需要。

其次,这是形成国内金融和贸易中心的需要,也是进一步实现流通国际化的需要。在 80 年代,东南沿海引入外资建立的三资企业,大多采取"前店后厂"的发展模式,即中国是生产基地,香港和境外其他城市是金融和贸易中心。中国大陆发挥劳动力和其他资源的优势,香港和其他外商发挥资金和国际营销方面的特长。这种互补性的结合模式经营效率高、竞争能力强。今后仍要继续发展这种模式。但到 80 年代末 90 年代初,吸引外资的规模越来越大,中国经济的国际化程度越来越高,就需要在本土建立相应的金融中心和贸易中心,实现流通领域的国际化,更好地促进中国经济同世界经济的接轨。

我们知道,所谓流通领域的国际化,是指商品流通和资金流通两个方面的国际化。商品流通国际化主要表现在国际贸易的扩大上。一方面要在吸引外资的同时,尽量扩大本国商品的出口;另一方面,也必须按照国际惯例,逐步扩大海外商品的进口,使中国同世界各国在商品领域的交换不断发展。资金流通国际化,就是资金在国际间的自由流通,也即是资金的运动职能从一国扩大到多国范围之内。这就要求一方面积极吸引外资,另一方面,当条件成熟时,也要努力去海外投资,实行资金的双方流通。上海在历史上曾经是有影响的国际性金融和贸易中心,有这方面的经验和传统浦东开放正可以促进上海恢复这一历史地位,适应这一发展需要。

第三,这是扩大开放地域的需要,也即中国全方位开放的需要。随着对外开放,吸引外资和进出口贸易在 80 年代在东南沿海地区取得突出成绩,并成为推动中国经济增长的重要因素。进入 90 年代,对外开放的格局也需要从东南沿海地区向以上海为首的长江流域延伸,即从边缘地区向核心地区扩展,使对外开放更紧密地同中国经济核心地带的发展结合起来,使中国的经济发展战略从弓形向 T 形方向发展。即从重点发展沿海地区向沿海和长江流域相结合的方向发展,并在条件成熟的时候,使对外开放延伸到内陆地区,实现中国全方位的对外开放,从而使对外开放同中国经济发展的总体战略结合起来。

早在一个半世纪以前,马克思和恩格斯就在《共产党宣言》中指出:"由于开拓了世界市场,使一切国家的生产和消费成为世界性的了。……过去那种地方的和民族的自给自足和闭关自守状态,被各民族的各方面的相互往来和各方面的相互依赖所代替了"。[3]第二次世界大战以后世界经济更日益一体化和区域化,任何国家的发展离开同别国的交往是越来越困难了。和平、发展和开放正成为世界性的大潮。上海和长江流域是我国经济最有实力和最具潜力的区域,因此,让这一地区进入对外开放的大潮对中国的发展是最具意义的了。浦东开放将承担这一历史重任。

第四,这是中国扩大改革和建立社会主义市场经济体制的需要。80 年代的实践表明,对外开放是推进改革和培育市场经济的催化剂。广东所以能保持长期的高速增长,正是在开放条件下促进市场经济发育的结果。随着对外开放由东南沿海延伸到长江流域,同样必将促进上海和沿江省市深化经济体制改革,更快地促进这些地区从传统计划经济体制的束缚下解放出来,加快向市场经济体制过渡的步伐。1992 年党的十四大明确中国经济改革的目标,是建立社会主义市场经济体制。长江流域加速向市场经济体制过渡,同样必将推动全国加速向市场经济过渡的步伐。

浦东作为中国同世界经济新的联结点,一方面,正在努力从一开始就强化自身产业国际化和金融贸易国际化,加速生产领域和流通领域同国际接轨;另一方面,通过浦东全方位开发,努力发挥浦东的扩散效应,重振上海作为国际性金融贸易中心的地位;通过浦东开发,促进外资大规模进入长江三角洲和整个长江流域,使中国最有经济实力的长江经济走廊同国际经济联结起来。对世界各国和海外企业来说,到中国也不再仅仅是投资于鞋、玩具和服装业等劳动密集型和出口加工型企业,而且汽车、电信、电站设备制造和石油化工等资本密集型产业都找到了新的投资场所;投资领域更可以从制造业扩展到金融业、保险业和其他服务行业。由于上海、江苏和浙江组成的长江三角洲差不多有相当于一个日本的人口,整个长江流域 8 省市更有 4.5 亿人,这里亦是中国最大、最有前景的大市场。合资企业的产品也可以进入这一市场。可以预料,国际资金技术同这里丰沛的人力和资源潜力相结合,将创造出不仅是中国,而且是亚太地区,甚至是全球的规模最大的生产基地之一,最大的销售市场之一,最重要的金融和贸易中心之一。

二、大规模吸引外资、实现生产领域的国际化

生产领域国际化是整个国家经济国际化的基础。作为发展中国家,在国际经济分工中,在自己经济的成长过程中,总是首先成为国际性生产基地,因此,把外资大规模引进生产领域是对外开放、发展外向型经济的重要步骤,也是一个地区最终发展成为综合性经济中心的产业依托。浦东从一开始正是这样做的。

在浦东开发的短短 4 年中,大致可以分成 2 个发展阶段:1990～1991 年为第一阶段,1992～1993 年为第二阶段。由于浦东有上海作依靠,投入高,起动快,因此,就是在第一阶段发展也是很快的。而这一阶段的标志,就是大规模吸引外资进入生产领域。1990 年,工业吸引的外资占整个外商直接投资的96.8%,1991 年占 67.5%。就是在第二阶段,当吸引外资的重点逐渐转移到以金融、贸易和房地产业为主的第三产业时,工业吸引外资的比重仍然占到 1/2和 1/3,即 1992 年占 51.9%,1993 年占 37.5%。

浦东在工业生产领域吸引的外资,按照中国对外开放新阶段的需要,按照中国工业结构升级的需要,特别是按照中国工业国际化的需要正在出现如下特点:

首先,吸引的外资速度快,规模大。到 1993 年底为止,4 年中,工业三资企业的总投资已达 32 亿美元。这同任何一个开发区相比,所取得的进展是很突出的。众所周知,深圳特区是我国发展最好的特区之一。但从 1979 年起动到1984 年为止的 5 年中,外商企业的总投资是 23 亿美元,其中工业生产领域仅为10 亿美元。

第二,外商投资的主力是国际性的企业集团和跨国公司。到 1993 年底为止,进入浦东工业领域的这类企业和公司已经超过 20 家。它们的投资总额占

整个外商企业投资总额的 60％。这些企业和公司投资的一个重要特点是:单个项目的投资规模大。根据浦东金桥加工区的统计,它们引进的 200 个项目,平均每个项目的投资高达 1 300 万美元。这同深圳在最初五年平均每个引进的项目为 38 万美元相比,是一个突破性的发展。

第三,外商投资结构以技术密集型产业为主。根据到 1993 年 9 月为止的统计,进入工业领域的外资,多数是投入技术密集型的、加工程度高的行业。例如,投入技术密集型的机械工业、电气器材工业和电子设备工业的资金就达 8.7 亿美元,占工业外商总投资的 31.6％;投入加工程度高的化工、医药、橡胶制品、塑料制品和金属制品工业的资金达 9.8 亿美元,占 35.6％,一些技术先进的项目,例如,现代通信技术中的数字移动式通信和卫星通信,以及电梯、空调、传真机和生物工程等都在浦东建立了新的生产基地。

第四,同外商合资的主要对象是国有企业,特别是大中型的国有企业。在浦东的外商投资企业,虽然外商独资企业有一定数量,但最多的还是中外合资企业。同外商投资的主力是大型企业集团和跨国公司相适应,中方的合资对象也多为国有企业,特别是大中型国有企业。仅仅一个金桥开发区,进入的著名中方大企业和集团公司已超过 20 家。上海有些行业,例如染料行业等已经和准备同外商进行全行业的合资。

在工业生产领域大规模引入外资,特别是引入技术装备水平高的跨国公司的外资,以及使这些外资同中国国有企业的改造相结合,必将大大加快浦东生产领域国际化的步伐:(1)将加快从垂直分工向水平分工方向转换的速度。在当今世界经济的分工中,发达国家和发展中国家的分工,一般表现为垂直性的前者生产"技术密集型产品"和后者生产"劳动密集型产品",或者是前者发展技术先进性工业和后者发展一般性工业。我国是个发展中国家,同发达国家也基本上处于垂直分工阶段。通过浦东,我们就是要依托上海有较强的工业基础和较先进的技术和管理水平,在引进外资、特别在通过外资同大中型国有企业结合的过程中,加快发展当代的先进工业,生产技术密集型产品。使我们在国际分工中,逐步同发达国家实现水平性分工,至少能在一部分地区,在一部分工业和产品中率先实现这种水平性分工。(2)加快实现工业生产规模化的步伐。虽然新技术革命能使一部分工业的生产经营小型化,但在现阶段,在许多部门,例如在汽车、家用电器和办公用具等部门,规模生产仍然是提高生产经营效益的重要途径。通过浦东,通过国有企业同国际性跨国公司的合作,我国工业在规模化经营方面可以有一个飞跃式的进展。例如浦东正在建设的传真机生产基地,1993 年的产值为 2.3 亿元,1996 年即达 40 亿元。(3)加快技术开发的步伐。现代经济的一个鲜明特点,就是技术进步快。但我们必须客观地看到,许多关键技术掌握在跨国公司手中。随着我国经济的快速增长,我国市场的吸引力越来越大。因此,通过浦东,通过国有企业同跨国公司的合作,我们可以用市场换技术,使我们能用较短时间迅速掌握当代工业生产中最前沿的技术,大大提高我国工业产品的国际竞争能力。

三、大规模吸引外资,实现流通领域的国际化

流通领域的国际化,包括商品流通和资金流通两大组成部分。生产国际化是一个国家经济国际化的基础,流通国际化则是一个国家经济国际化进入高级阶段的标志。浦东开发开放的一个重要目的,也可以说是最重要的目的,是再振上海作为国际性金融、贸易中心的历史地位,并把浦东建成为这个中心的重要组成部分和推动力量。因此,在浦东实现流通领域的国际化,也即实现商品流通和资金流通国际化,也就有着特别重要的意义。

第一,大规模吸引外资进入流通领域和第三产业。到 1993 年为止,浦东第三产业中三资企业的总投资已达 33 亿美元,所占吸引外资的比重已经超过 50%。投资领域遍及金融业、对外贸易、商业、房地产业、饮食业和仓储业。

第二,作为流通领域国际化的标志,浦东陆家嘴金融贸易开发区和外高桥保税区迅速崛起。

规划中的陆家嘴金融贸易区的总面积为 16.8 平方公里,是浦东新区未来的中心城区。首期开发的是沿黄浦江,同浦西外滩隔江相望的小陆家嘴 1.7 平方公里的核心地区。这里将在不长的时间内建成为银行大厦林立、金融市场发

达、交易方式便捷的现代化金融中心和贸易中心。经过几年的紧张和高效的开发，几十幢新型大厦拔地而起。比较著名的有国际金融大厦、新世纪建设大厦、银都大厦、新上海国际大厦、工商银行大厦、交通银行大厦和上海证券交易大厦等。东方华尔街——新的上海和浦东金融中心区的雏形正在崛起。金融国际化——不仅作为目标，而且已从浦东开发的一开始就已放在最重要的议事日程上。

到 1993 年为止，到陆家嘴和浦东其他地区落户的中外银行和金融机构已达 30 多家，其中，有一家中外合资银行，16 家外资银行分行和一家外资保险公司。这是一个很好的开端。从 1993 年开始，随着国际金融界看好中国，特别是看好上海和浦东的开发开放前景，美国、欧洲和日本的大银行、大保险公司、大证券公司正在以前所未有的规模涌入新区。浦东金融国际化的步伐进一步加快。

作为实现浦东流通国际化的另一个重要标志，是长江出海口处外高桥保税区的开发和建设。带有自由贸易区性质的外高桥保税区，在实现流通国际化，特别是贸易国际化方面，具有以下五大功能：一是具有"境外飞地"的功能。凡从国外进入保税区和从保税区出口的商品，均不受国家许可证的规定和限制，免征关税和免征工商统一税。二是具有进行国际贸易和转口贸易的功能。凡在区内注册的企业，如同境外企业，可在区内签约，开展国际贸易和转口贸易。三是具有出口加工功能。凡是区内企业可以利用"两头在外"的方式从事出口加工业务，即从国外进原料、进半成品和进资金，利用保税区的场地、人力和其他服务，加工增值后再出口国外。四是保税仓储和商品展示功能。五是信息服务功能。

条件成熟时，还可在外高桥保税区培育和发展离岸金融功能。在岸金融业务和离岸金融业务的共同发展是国际金融中心的普遍特征。上海和浦东要建成为国际性金融中心，必须积极创造条件，尽快培育和发展离岸金融业务，使浦东早日成为国内主要的离岸金融中心和国际上重要的离岸金融中心之一。外高桥保税区是率先突破和发展离岸金融市场的最合适的地区。这样，可以外高桥保税区为先驱,逐步向陆家嘴延伸,再进一步扩展到浦西地区。可以设想,一旦浦东建立起离岸金融业务,浦东金融、贸易国际化的程度和层次必将进一步大大提高。

第三,浦东新区贸易国际化的步伐正在加快。1993 年,全区出口总值达到 10.1 亿美元,比 1992 年增长 55.4％,其中外贸部门出口 6.5 亿美元,三资企业出口 1.9 亿美元,企业自营出口 1.7 亿美元,占新区总出口的比重分别为 64.4％、18.8％和 16.8％。新区有外贸出口企业 120 多家、生产性三资企业 1 000 多家和自营出口企业 60 多家,乡镇出口企业 200 多家,出口有着很大的潜力。随着大批大型合资企业进入生产期和出口期,随着陆家嘴开发区和外高桥保税区对外贸易功能的逐步发挥,浦东的出口必将有更大幅度的增长。

四、浦东成为外资大规模进入长江流域的枢纽

浦东和长江流域是中国 90 年代对外开放的重点,在浦东带动和影响下,外资同样大规模地进入上海,进入长江三角洲,进入整个长江流域。

浦东作为长江流域对外开放的龙头和枢纽,在吸引外资方面主要起着示范和推动作用。像当年深圳对外开放曾带动整个珠江三角洲一样,浦东也是首先带动上海和长江三角洲。

第一,在浦东开放效应的影响下,上海吸引外资的规模进入了新阶段。1992 年,即在宣布浦东开放后不久,上海的外商投资就迅猛增加,出现了上海吸引外资的第一个高潮。当年共批准外商直接投资项目 2 012 个,协议吸收外资 33.6 亿美元,分别比上年增长 4.5 倍和 6.5 倍。吸引外资的领域也从工业扩展到金融业、商业、房地产业和旅游业等第三产业。1993 年,上海吸引外资又上一个新的台阶。这年,上海新批外资项目 3 650 个,协议吸收外资达到 70 亿美元,又分别比上年大幅度上升 81％和 109％。

第二,在浦东开发带动下,外资开始大规模进入长江三角洲地区。改革以后,在乡镇企业迅猛发展的促进下,这一地区的经济发展一直很快,但在吸引外商投资方面,同深圳和珠江三角洲相比,则要落后一个阶段。浦东开发开放以

后,这几年在吸引外资方面,则像上海一样,迅速进入了高涨阶段。从1978—1990年,江苏省吸引外资的项目共1 123个,12年协议吸收外资才12.6亿美元。但到了1991年,外资进入的速度加快,这年签订的项目为1 142个,等于过去12年的总和;协议外资7.9亿美元,相当于过去12年总和的62.7%。1992年,江苏省全省对外开放空前活跃,吸引外资出现飞跃式的超常规的发展。这年全省新签订的外商投资项目8 194个,协议金额76.9亿美元,分别比上年增长6.2倍和8.8倍。1993年则是又一个外资大规模进入的年头。浙江省的发展也是如此。在1978—1990年期间吸引外资的规模很小,从1991年开始起步,1992年进入新的发展时期,1993年则发展到了一个高潮。

第三,在浦东开放影响下,长江中、上游地区吸引外资的规模也逐年加快。以四川省为例,1991年签订的外商直接投资项目为232个,协议资金1.2亿美元。到1993年,外资进入的速度开始加快。这年,新批准的外商投资项目达到1 910家,协议资金24亿美元。从1993年开始,外商投资开始从浦东,从长江三角洲沿江西上。1993年长江中、上游地区不少省市外商投资的增长速度已开始超过东部沿海地区。这是一个十分可喜,也是十分有意义的变化。

五、浦东开放引发了长江三角洲地区建设对外开发区的高潮

浦东开发开放的另一个重要效应,是在长江三角洲地区引发了建设对外开发区的高潮。80年代中国宣布对外开放以后,作为沿海城市的上海、南通和宁波市,都曾建立过小规模的经济技术开发区。但真正的开发高潮则是在进入90年代浦东宣布对外开放之后,两三年内,各种规模的开发区,如雨后春笋般在长江三角洲地区破土而起。

在这一开发高潮中,引人注目的是外商开始单独或同中方合作建设高层次的开发区,从而把长江三角洲的对外开放,吸引外资提高到一个新的水平。中国和新加坡合建的"苏州工业园区"则是这方面的一个典范。

第一,园区规模同浦东新区一样,十分宏大。根据中新双方协议和共同规划,苏州工业园区分三期开发,第一期13.3平方公里,第二期25.8平方公里,第

三期33.6平方公里,总面积达70平方公里,计划10年建成。这同浦东在10年左右实际开发的面积差不多。加上浙江的宁波开发区,将在长江三角洲形成鼎足而立的三大开发区。

第二,园区开发模式同浦东一样,是综合性的。按规划苏州工业园区将建成各具特色的三个新市区。紧靠苏州城的第一区,以现代工业为主体,同时发展高水准的第三产业;第二区在苏州城东的金鸡湖畔,是第一区的向东延伸,建成富有江南水乡景色的高科技开发区和商业、旅游、度假区;第三区以高层次的加工工业为主,相应发展第三产业。整个园区的布局特点是:每个新区都有大型商业中心和系列配套服务设施,并将建立大专学校和各类研究机构,形成知识密集、层次高的现代化新兴城市。

第三,园区同浦东一样,地理位置优越。苏州工业园区紧靠上海,又不在上海,有着特殊优越的地理位置。园区紧靠上海,将建设一条专门的高速公路直达上海虹桥机场,直线距离仅为60公里,即半小时行程,因此,园区如同在上海近郊一样,可以利用上海作为金融、贸易中心的一切便利,可以利用上海基础设施、大型港口提供的一切服务;园区又不在上海,可以利用当地相对便宜的土地和富裕的劳动力,增强竞争力。

第四,园区将系统地引进新加坡的管理软件。苏州工业园区的一个重要特征是,它不仅将利用各种优势和有利条件大规模吸引外资,即引入硬件,而且还将系统地引进新加坡管理城市的软件,它首先将借鉴新加坡"裕廊工业园区"的一系列成功经验。

裕廊工业园区是新加坡工业最集中、效率最高的地区。区内跨国公司林立,被人称为"世界工业联合国"。那儿不仅轻重工业兼备,基础设施完善,而且区内的自由贸易区和出口加工区都是举世闻名的。苏州工业园区可以从一开始,就能在园区的规划上、基础设施的布局上以及在城市管理、交通整治和各类服务部门的配套上,特别是在建立自由贸易区和出口加工区方面系统地移植新加坡的经验。

第五,园区还将全面地引进新加坡规范市场经济的一系列法律和规章制度。苏州工业园区还可以利用中外合作开发的有利条件,引进新加坡在高速成长中,如何用法律和各种规章制度规范市场经济的成套经验。长江三角洲各地区都在高速发展中,但不足的是,在市场秩序方面,在公平和合理的竞争方面,特别是在法规制度与运作方式如何同国际惯例衔接方面都存在着大量问题。如果新加坡在这方面的经验在"苏州工业园区"移植成功,又能同中国国情相结合,园区就有可能率先形成社会主义市场经济运行机制,为长江三角洲,甚至为全国创造许多有益的经验。

第六,园区还将借鉴新加坡在精神文明建设方面的一些做法。从1993年夏天开始,在酝酿、商谈中新合建苏州工业园区过程中,从中央到江苏省,到苏州市,一个新特点是,双方都不仅关心园区的物质文明建设,而且同样关注精神文明建设。在协议正式签订前,不仅经济部门,而且社会治安部门,思想教育工作部门对园区借鉴新加坡在立法、执法和廉政方面,在维护公共秩序和建设精神道德方面的经验极感兴趣。中央和江苏省先后有30多个部门到新加坡考察。新加坡方面对此也非常重视,新加坡政府的主要领导人亲自就这方面的内容同中方协商,并提出了系统的建议。

第七,园区的建设,管理将从高起点开始。经中新双方协议,从园区建设一开始,所有规划人员、管理人员,特别是中高层的领导人员,都必须先进行严格的、高水准的培训。园区制订分批赴新加坡培训的计划。园区的机构,也从一开始就参照新加坡和我国其他开发区的经验,建成高效、精干的机构和能同国际接轨的体制和工作方式。

第八,园区开发,采取双方合作方式。中新双方联合组成专门的开发公司,进行具体部署和分期开发。这既可以发挥中方优势,又方便新加坡各类企业集团前来投资。

事实上,尚在双方商谈过程中,即从1993年夏天开始,新加坡商人就大量涌入苏州。到协议签订前夕,双方就在冶金、电力、机械和纺织等许多行业签订各种三资企业近100项,总投资额达到25亿美元。

苏州工业园区规范化、现代化和国际化的开发模式,引起海外各国和国际上著名跨国公司的注意和浓厚兴趣。美国、日本、德国和东亚一些国家和地区逐渐闻风而动,不少大公司到园区投资。园区管理层有信心在不长的时间中引入数量巨大的外资,特别是跨国企业的大规模投资,计划在 10 年内引进外资 200 亿美元。

浦东开发作为全国 90 年代对外开放战略重点的巨大影响,以及它在开发方面的带动效应和导向作用,正在引发长江三角洲以至整个长江流域的开发开放高潮。浦东新区、苏州工业园区和其他大量开发区,将互相推动,互相补充。上海发展的势头非常好。浦东在金融贸易先行、高层次出口加工和土地滚动开发等许多方面都取得了重大进展和形成了不少新的创造。苏州工业园区具有的一系列新特点和丰富的内涵,也非常值得浦东和其他开放区借鉴。浦东的枢纽作用,各开发区互相推动,必将使以浦东为龙头的长江流域继华南以后,成为中国又一个重要的欣欣向荣的新开发区。

第三节　浦东——中国改革进程中新的体制创新点

中国高速发展的最大推动力是改革。改革最重要、最鲜明的特征是体制创新。浦东开发、开放 4 年的实践表明,浦东不仅作为中国经济新的增长点、作为中国同世界经济新的联结点,而且,也正在作为中国改革进程中新的体制创新点而崛起,而引人瞩目,而发挥着自己的辐射效应和导向作用。

浦东新区从开发开放的第一天起,就既重视对传统体制的改革,又特别注意在建立新区时,按照社会主义市场经济体制的要求,刻意创新,使经济体制和运行机制适应新区建设的新环境,适应新区经济高速发展的需要,适应新区各方面同国际接轨的需要。

我们知道,中国改革——建立社会主义市场经济体制的主要内容,是增强企业活力,建立现代企业制度;培育和发展市场体系;转变政府职能和建立宏观调控体系;建立合理的分配制度和社会保障体系以及进一步扩大对外开放,加快同国际接轨。浦东正是按照中国改革的总要求、总方向在体制改革的广泛实践中进行突破,在体制上努力创新。

新区在体制创新方面的主要进展概述于下。

一、按照现代企业制度的原则创建新企业

从浦东开发开放最初 4 年发展的实践看,最有活力的是新建立和新发展的企业。到 1993 年为止,新区新批准的外商三资企业约 2 000 家,到新区落户的各省市内资企业约 3 000 家,浦西到浦东注册的新企业约 20 000 家。这些新建立、新开办的各类生产性或经营性的企业和公司,一般说,从一开始就都是按照现代企业制度的原则建立起来的,从一开始就是面向国内外市场进行生产和开拓的。这些企业,虽然有的还不是十分成熟和健全,但它们已经萌发出来的共同特征是:

第一,产权关系比较明晰。这儿要强调的是,在浦东不仅新建立的三资企业和私营企业产权关系十分明晰,就是新建的国有企业和集体企业的产权也比较明晰。

中共十四届三中全会通过的《关于建立社会主义市场经济体制若干问题的决定》指出,现代企业制度的重要标志之一,是要把国家作为出资者的终极所有权与企业的法人财产权区分开来。所谓法人财产权,是指企业对自己财产的支配、使用、收益和处置之权。国家作为出资者享有按出资比例的受益权,即资产的保值增值权以及作为出资者拥有的选择、任免高层经营者和作出重大决策之权,但国家不能干预企业的法人财产权,从而,当然也就更不会干预企业的日常经营活动。细观浦东新建立的成千上万个大大小小的企业,包括国有企业和集体企业,作为出资者,关心的主要是资产的增值保值,对每个企业和公司的法人财产权,即企业对各种财产,例如对企业的厂房(或办公用房)、机器、设备等,则由企业自己支配、使用、收益和处置,决不会再像对过去的国有企业那样,随便调走、随便处理。日常的经营活动则完全由企业自主决定。浦东新建的企业和公司,或是股份有限公司,或是有限责任公司,一旦国家的出资权与企业的法人财产权分离,就能形成两条现代企业制度的基本原则:一是国家作为出资者,不

管是出全资,还是占有一定比例,都只承担出资数额的有限责任,国家再不用像过去那样,慈父般地对企业承担一切责任;二是企业由于拥有法人财产权,也就成了真正的独立生产者和经营者,企业享有了实质意义的自主权。为什么浦东新成立的企业那么具有活力和持续的生命力? 就是因为在产权基本明晰的条件下,企业有了较为健全的激励机制和约束机制。企业固然不再受到上级干预,但也不能再躺在国家身上,一切依靠企业自主经营,自己在市场竞争的大海中求生存,求发展,求繁荣。

第二,内部管理体制比较高效。在产权明晰,企业激励机制和约束机制比较健全的条件下,企业内部的管理体制,包括领导体制和组织结构也就比较容易理顺。新成立的企业,特别是大、中型企业,一般都建立起总经理负责制,明确确立总经理在企业生产经营中的指挥地位。企业的领导体制也比较规范:由董事会、监事会和股东大会组成,运转也比较正常。细观浦东的企业,包括那些规模比较大的企业,由于管理体制比较健全,层次分明,因此,也就比较高效。一方面,总经理有高度自主的指挥权,日常经营活动中能及时作出各种决定和发出必要的各种指令;另一方面,出资者和股东们则可以通过董事会和监事会对总经理进行指导和监督,规范经理和企业的行为。这就是浦东企业,特别是新建立的千千万万个企业,在有充分活力的同时,极少有非法经营的根本原因。

二、按高效原则构筑国有资产管理的新体制

浦东在建立现代企业制度方面的另一个重要突破是,按高效原则构筑国有资产管理的新体制,努力盘活现有国有资产。

如何盘活国有资产? 特别是如何盘活现有国有资产? 除企业自主经营外,还有一个政府如何高效管理的问题。这方面浦东新区头四年也有很多创造。如果说,在建立新企业时,就按照现代企业制度的原则,建成新型企业还是比较容易的话,那么,浦东新区在盘活现有国有资产、建立新国有资产管理体制方面的突破就更加宝贵。

我们知道,要高效地管好国有资产,就必须正确解决国有资产的人格化代表问题。这是改革中遇到的难度最大的问题之一。在改革过程中,在理论探索中也好,在改革实践中也好,曾先后提出过许多设想和方案,但都不理想。十四届三中全会后,比较一致的看法是,要解决这一难题,不能再局限于原有的行政系统,不能再由某级政府机构来做代表,而是应由按现代企业制度和现代市场经济原则组建的经济实体做代表。这种经济实体应该是专门从事国有资产经营的组织,例如投资公司、控股公司或企业集团。它们一方面按受国家授权,作为国有资产的代表;另一方面,依法独立从事国有资产的投资、控股、参股或转让。当投资或控股、参股于某一企业时,则代表国家选派或招聘高层经营者和参与重大决策,但不直接干预这些企业的日常经营活动。浦东新区正是在这些方面迈出了重大的几步。

浦东新区在这方面的具体做法是:

第一,构筑了三个层次的国有资产管理体制,使国有资产的管理和经营层层落实。第一层次是新区管委会。作为上海市政府的派出机构,新区管委会享有浦东新区所属各国有资产的终极所有权。管委会除在政策和管理上进行指导外,作为出资者,有权选派第二层次机构的高层经营者和参与重大决策,但不干预下属机构的经营活动。第二层次是建立各类国有资产的经营管理公司。在浦东,这一层次的公司有两种类型:一类如陆家嘴金融贸易区开发公司、金桥出口加工区开发公司和外高桥保税区开发公司等。这些公司都是专门从事国有土地的控股管理公司,通过土地的滚动开发,控股、参股,使国有资产保值增值。另一类如浦东新区国有资产投资管理公司,是专门在工业和第三产业中,以资产的形式,通过对其他企业的控股、参股或直接投资的形式,管理和经营受托的国有资产,并使其保值增值。这类公司或寻找好的投资机会;或收购、控股、参股某个公司;或转让下属公司的产权,盘活国有资产。第三层次是国有资产管理公司下属的子公司。这个层次的公司多数像其他企业一样,以营利为目的,但也有少数企业是社会公益性的。

第二,把国有资产推进市场,通过竞争,促进保值增值。在这方面,浦东新区各个层次的国有资产管理公司也作了一系列探索,创造了一些崭新的经验。

要把国有资产推进市场,浦东新区凭借对外开放的优势,凭借大批新企业的诞生,首先在观念上突破,即把国有资产也当作商品。只有这样,才能通过市场,让国有资产,特别是其中的存量在市场上流动。浦东的实践证明,一旦观念上得到突破,一旦国有资产进入市场,我们多年来积累起的巨大国有财产就会焕发出威力。不仅原来沉淀的资产在市场中保值增值,而且,通过控股、参股,常常能使少量国有资产调动大批社会资金,从而既使国有资产迅速、有时甚至成倍增值,又使社会资金在国有资产的调动和引导下,更好地发挥作用,推进整个经济发展。

浦东在把国有资产推向市场方面的具体做法是:(1)盘活土地存量。对一个开发区来说,土地是最大的国有资源。一方面新区把原有为一些传统工业占据的土地置换出来,把这些土地推入市场,按级差地租原则,通过招标方式,发挥土地资源的作用;另一方面,根据城市规划和各种发展的需要,新区对农村土地实行征用和预征相结合的办法,使集体土地转化为国有土地,在更大的规模上把国有土地资源推入市场。具体做法是:或有偿出让、转让土地使用权,或征收土地使用费。到 1993 年 7 月为止,在浦东新区转让土地进程中,已批准用地面积 252.3 万平方米,实际用地面积 125.9 万平方米,建筑总面积 400.8 万平方米,其中工业占 39.2%,办公楼占 21.6%,商业占 12.2%,住宅占 27.0%。这样大规模地把土地推向市场,既使国家获得大量资金,用于新区的基础设施建设,又使新区各开发公司,通过土地控股、参股,使国有资产在浦东经济中占据着极为重要的地位。(2)盘活国有企业现有资产存量。主要办法是:通过资产抵押,发行企业债券,特别是通过有条件的企业发行股票,上市竞争,迅速扩大资金规模。这种办法不仅使原先受旧体制束缚已经长期沉淀在那儿的资产,通过市场,使潜在的生产力解放和爆发出来,而且,更为积极的意义还在于,通过推向市场,可以使社会资产重组,各类生产要素重组,调整产业结构,使整个社会经济形成崭新的局面,各种资源得到优化配置。正是通过这种方式,浦东一些国有企业在短期内已使生产规模和经济效益翻番,使国有企业显示出了从未有过的生机和活力。

三、按新体制要求加速培养和发展市场体系

浦东凭借着新区开发的有利条件,从一开始就摆脱传统体制的条条框框,加速培养和发展各类市场,特别是生产要素市场,使新区各个领域率先形成社会主义市场经济的运行机制。

第一,劳动力市场和人才市场首先繁荣。作为一个新区,除土地市场外,浦东首先正确地、高瞻远瞩地开发、培育和繁荣劳动力市场和人才市场。

1993年,浦东人口为140万,从表面看,从1990年到1993年,浦东人口增长缓慢,每年仅增长2.5%左右,但实际上,由于浦东开发从一开始就开放劳动力市场,因此,成千上万外地的科技人员、管理人员和体力劳动者涌入浦东,成为各个开发区和许许多多建设工地的主力军。浦东在短期内建造起来的,像南浦大桥、杨浦大桥等10大基础设施骨干工程,成百幢大楼大厦,成千家各种规模的工厂,都是同这些劳动力的涌入分不开的。正是这种从一开始就是按照市场原则,通过市场的巧妙驱动,形成各种层次的劳动力市场,浦东才会有如此飞跃的发展速度和罕见的建设规模。

这里特别要指出的是,浦东不仅充分开放劳动力市场,而且也从一开始就开放人才市场,包括高级管理人才市场。在浦东管委会下属的主要部、局中,有相当数量的高级管理人才,包括副局长、处长这样重要岗位的人才,都是通过人才市场,通过招聘从全国各地集聚而来的。

经过几年的培育和发展,浦东劳动力市场逐步走向制度化和规范化。1993年7月1日,浦东新区人才交流中心正式成立。它们以较高文化水平和较高技术职称的中、高级人才为服务对象,建立资料丰富的人才库,形成正规的交流制度,接受招聘者、受聘者双方的委托,通过推荐、洽谈为全区人才流动服务,为全国各类人才进入浦东服务。由于浦东的企业,不仅三资企业、私营企业都是无上级主管单位的,就是大批国有企业和集体企业的人才需求也是面向市场的,因此,这类人才市场受到各类企业的普遍欢迎。

在劳动力市场的规范化过程中,浦东也建立了第一劳务管理中心和第二劳务管理中心。他们建立和管理各种劳动力的档案,培训待业人员,建立固定劳动力市场,举办大型劳动力交流洽谈会,为各种人员服务,为各个企业服务。仅1993年,他们就培训了25个工种近5 000人,为企业录用近4 000人。

第二,金融市场独具特色。在"浦东开发,金融先行"方针的指导下,浦东金融业本身发展很快。中外金融机构纷纷涌入,金融业务也日益活跃。

浦东金融业,同浦西、同其他地方不同而独具的特色是:各金融机构最早实现了业务的市场化。正是这种比较彻底的市场化推动了浦东资金市场的迅速成长和发展。

从银行本身说,除工商银行、建设银行、农业银行和中国银行都在浦东设立分行外,交通银行和招商银行等也在浦东大力发展业务,特别要指出的是,浦东还建立了一家股份化的和商业化的区域性银行——浦东发展银行。

浦东发展银行作为股份制企业,其股东可以分为四个层次:第一是地方财力;第二是地方大中型企业;第三是中央在地方的部分企业;第四是部分银行和其他金融机构。这四个层次首批入股的就有90家,入股资金10亿元人民币(内含500万美元)。浦东发展银行的运行机制则完全坚持商业化原则,即探索资产负债的管理模式,使银行的运作向国际商业银行的规范和惯例靠拢。在业务上,除银行本身外,还将探索和发展像证券、保险、信托、房地产和投资等非银行金融业务。在经营区域上,则将把各种金融网点发展到浦西、发展到长江三角洲和整个长江流域的各个省市中去。

浦东银行业务的大力商业化,推动浦东金融市场迅速繁荣:1993年底,浦东各银行的存款余额为260.7亿元,是1990年的7.2倍;贷款余额263.3亿元,是1990年的9.3倍,全年现金收入176.2亿元,比上年增长106.6%,现金支出205.2亿元,比上年增长107.8%,全年资本拆出48亿元,折进85亿元。浦东独具特色的金融市场有了一个好的开头。

第三,蓬勃发展的房地产市场。在浦东的市场发展和市场规模中,发展最为迅速和蓬勃的要算房地产市场。

浦东开放,从某种意义上说,是靠土地的滚动开发起步和大规模发展起来的。按开发的年序排列:1991年批租土地6幅,面积为965.1万平方米;1992年批租土地27幅,面积为1 453.5万平方米;1993年批租土地51幅,面积为4 619.4万平方米。正是这种逐年加大的大规模的土地开发市场,使浦东全区,特别是其中几个著名的开发小区迅猛地发展和壮大起来。以陆家嘴为例,到1992年为止,开发公司已开发土地38公顷,有23幢总面积超过100万平方米的金融、贸易和办公大楼开工。1993年签约、开工的规模更大,随着几十幢大楼拔地而起,陆家嘴现代化金融贸易区的雏形已见。

随着浦东土地的大规模开发和转让,浦东各种层次的房地产市场也一年比一年活跃。到1993年底为止,浦东的房地产公司已达600多家,1993年12月浦东新区房地产市场开始营业。从此,浦东房地产二级市场也日益活跃和走上规范化道路。当年,浦东成交房产业务1 613笔,成交金额7 840.6万元,其中内销商品房54万平方米,外销商品房21.5万平方米,旧公房出售0.7万平方米。

第四,规模巨大的生产资料市场。在浦东大规模开发中,各种生产资料市场相继诞生,成为浦东建设所需材料的主要来源。

首先浦东形成了多渠道、多形式的物资流通体系。这一体系在供应各类物资中起着重要作用的有:浦东新区物资总公司和浦东新区物产总公司等大型公司,1993年,前者的营业额为25亿元,后者的营业额为16亿元。

随着浦东发展对生产资料的需求不断扩大,随着上海各类全国性大市场不断诞生,1993年,浦东也成立了新区钢材交易市场、通信电器交易市场和石化物资交易市场。

这儿特别要指出的是,在1993年,浦东新区还利用外高桥保税区的有利条件和优惠政策,成立了上海市保税生产资料交易市场。这一新型的大型交易市场下设四个交易分场:第一分场为综合性交易市场;第二分场为建筑装潢材料市场;第三分场为办公用品市场;第四分场为汽车交易市场。如果说,浦东形成的物资流通体系和一般的生产资料市场,其对象主要还是面向新区的市场需求的话,那么,新崛起的保税生产资料市场,则是面向全市,面向长江三角洲,面向全国的。这不仅标志着浦东各类市场的日益活跃，而且标志着浦东的市场培育和市场体系登上了新的台阶。

四、按"小政府"原则组建新区的管理机构

浦东新区在体制创新方面的又一个重要进展是，按政企分离和"小政府"原则组建新区的管理机构。

在浦东开发前和开发初期对浦东新区的体制和组织机构都做过大量的研究和论证。上海市人大、政协也进行过许多讨论。因此，当1993年元旦，上海市政府正式宣布成立新区管理委员会时，当时一致的思路和看法是，如果要把浦东建设成面向21世纪的世界一流的多功能的现代化新区的话，新区管委会就不能仍然沿袭旧的传统体制，也不能在原来机构的框架下修修补补，它必须建成为一个能适应社会主义市场经济，能适应同国际接轨的、统一精干高效的新型机构。

这一新机构，具体说，是党政又分又合，政企分开，领导班子精干高效，职能部门强化综合功能，政府职能与公务和中介机构分离的新型机构。

根据这些原则，中共浦东新区工作委员会和新区管理委员会的组织系统列于图1-1。

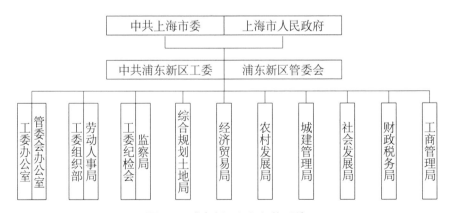

图1-1　浦东新区组织机构系统

经过一段时间的实践和运作之后,浦东新区"小政府"式新型机构的主要特征和优点是:

第一,转变了政府职能,有效地实现了政企分开。我国体制改革的一个重要目标,是转变政府职能,实现政企分开。浦东新区管委会由于不设各类主管专业局,主要发挥职能部门综合功能,因此,就从机构上比较好的实现了政企分开,放手让企业自主经营。

浦东管委会作为浦东新区的领导和组织机构,把主要精力放在制定新区发展战略、城市规划和社会统筹上,基本事权是:计划管理、项目审批、财政金融和外经外事等方面。对于企业的日常经营活动则不加干预。这样,既使政府能把主要精力放在大政方针上,掌握好全区改革开放和经济发展的节奏,又使浦东成千上万个企业,在市场经济的大海中,充分发挥自己的优势和发展潜力。

第二,转变了政府职能,从根本上实现了精兵简政。随着政府职能的转变,浦东新区从根本上实现了精兵简政。浦东新区作为一个副省级机构,不要说同省部级机构相比,就是同区、县级机构相比,机关管理和工作人员也少得多。根据统计,一般一个区、县级行政单位,机关人数在 1 200～1 500 人之间,而浦东新区仅有 800 人,也即是要比它们还少1/3 或 1/2。

浦东所以能做到真正的精兵简政,关键就是在行使政府的管理与组织职能时,各局的工作放在强化综合功能上,而不追求事无大小,政府统管统包的旧传统上。因此,浦东一个局管理着常常需要由 6～7 个局、甚至 8～9 个局承担的工作。例如,经济贸易局,仅 80 多人,就管理着通常由经委、外经贸委、商业局、物资局、科委、旅游局等 7 个局的职能;又如社会发展局,仅 90 多人,更综合了通常由几个大口管理的工作,它的职责涉及教委系统、卫生系统、文化系统、体委系统和民政系统等 10 多个局的工作范围。就这样,浦东新区仅 9 个局就替代了通常几十个局的职能。

改革十多年来。就精兵简政问题经常争论的中心是:拆庙呢,还是搬菩萨?从浦东的实践看,是要拆庙。如果庙不拆,精简风刮来时,搬掉一些菩萨,风一过菩萨又回到原来的座上,而且每一回合,搬回的菩萨常常会比原先的要多。

因此,长时期来,就重复着"精简-膨胀-再精简-再膨胀"的老路。浦东之所以能从根本上精兵简政,就是因为拆掉许多局,特别是那些专业主管局。当然,拆庙的基础是转变政府职能,但在转变职能的同时,也要下决心拆庙。因为实践证明,如果不拆庙,转变政府职能的呼唤也就会只停留在口头上。

第三,积极发展公务和中介机构。按照一般规律,"小政府"体制必须由"大社会"机构相配合,即原先由政府管理的一部分社会性职责,转由社会机构承担。在浦东尚未具备"大社会"条件的情况下,浦东新区积极发展非政府的公务和中介机构,逐步向这一目标前进。

所谓非政府的公务机构,是指由政府部门授权,承当部分社会性管理职责的事业单位。一类主要帮助政府处理带有行政性的事务,这类的单位有:工商行政管理事务所、房产事业管理所、文化市场管理所、建设市场管理所和农村社会养老保险事业管理所等;另一类主要帮助政府发挥监督检查职能,这类单位有:工商检查大队、税务稽查大队、药品监督所、环境保护监理所、建设工程监督站和技术监督署等。

非政府的中介机构主要有:咨询事业机构,公证、仲裁机构和公益、行业协会机构等三部分。随着浦东各方面事业的迅猛发展。这些机构也如鱼得水,同样迅速地生长和兴旺起来。

非政府公务和中介机构的发展,为政府职能转变,实现"小政府、大社会"的管理模式创造了条件。从浦东这一段时间的实践看,这些机构的发展至少有如下一些长处:(1)为市场经济在浦东的蓬勃发展,提供了必不可少的及时的服务。(2)健全了对各方面的监督,防止了在高速发展中经常出现的不少不法行为。(3)帮助政府缓解了许多社会矛盾。(4)举办了一系列公益和社会福利事业。

积极发展公务和中介机构,从改革角度看,最大的贡献是,使政府的职能转变成为可能。如果没有这些机构,政府原先承担的一些社会性职能无人替代,或在高速发展中新出现许多问题仍要政府去管,那么,你再想精简也是无济于事的。因此,正是这些机构的发展,使浦东新区"小政府"模式的创新能够坚持下去。

＊　　　　＊　　　　＊　　　　＊

　　改革就是体制创新。这种创新包括微观体制创新和宏观体制创新两个部分。微观体制创新,关键是企业组织创新。浦东在开发开放过程中,坚持按现代企业制度的原则发展新企业,建立国有资产管理的新体制,使浦东 4 万多家企业充满了生机,使国有资产、包括国有资产存量焕发出新的活力,在微观体制-企业组织创新方面迈出了极为重要,又极有启发意义的一步。所谓宏观体制创新,其实质是机制创新,即把经济运作从计划机制转到市场机制的轨道上来。浦东从一开始就把经济发展建立在市场经济的原则上,在区内不仅大力发展商品市场,而且着重培育和发展金融、劳动力和房地产等要素市场,并按照市场经济原则建立的"小政府、大社会"管理模式,也在机制创新方面迈出了重要和有借鉴意义的一步。浦东正在成为我国深化改革中新的体制创新点而崛起。

第二章　中国改革为浦东崛起所作的理论准备

导　　言

浦东的迅速崛起不是偶然的。

首先,中国改革、开放和发展在 80 年代的大规模试验中,经过反复的实践,多次的争论,已经逐步形成一系列重要的共识,在科学社会主义的理论方面有了许多重大的突破,为浦东的崛起在理论上作了充分的准备,使浦东的开发开放从一开始就进入了健康和快速的发展轨道。

第二,中国改革、开放和发展在一边大胆创造和实践、一边总结经验和教训中,同样逐步形成了一整套成功的战略和做法。这使浦东的开发开放可以从一开始就勇往直前,避免波折和少走弯路。

第三,中国早期的经济特区——深圳、珠海、厦门和汕头特区以及其他经济技术开发区、开放城市在 80 年代进行的有益探索,更为浦东开发开放提供了一系列具体的经验,使浦东从一开始就有规可循,有成功的经验可以借鉴。

最后,浦东的崛起又是中国改革、开放和发展进入新的历史时期的产物。浦东的开发开放起着承前启后的作用。这就是说,一方面,它是在中国改革、开放和发展已经取得伟大成功,在理论上已有突破和准备的基础上崛起的。另一方面,它的崛起又必将推动中国改革、开放和发展进入新的阶段,创造出一系列新的成绩和经验。

第一节 中国改革、开放和发展形成的主要理论

中国是一个大国,是一个发展中的社会主义大国。可想而知,在这样一个大国中进行改革,由于没有现成的模式可循,没有成功的经验可鉴,在自己的改革进程中遇到困难和曲折是无法避免的。可喜的是,十多年改革的实践告诉我们,中国的改革虽然是艰难的,但是十分成功的。

中国的改革,首先从经济体制改革起步,同时也进行了相应的政治体制改革、科技体制改革、教育体制改革和其他体制的改革,并形成了一系列重要的观念和理论。这里,主要围绕为浦东崛起所作的理论准备,从经济角度,对中国改革、开放和发展中形成的主要理论作一些简要的概括。

一、关于建立社会主义市场经济体制的理论

这是为浦东崛起所作的最重要的理论准备之一。

我们知道,从改革的第一天起到中共十四大,大家对经济改革的目标模式问题,即如何正确认识和处理计划与市场的关系问题,是一直存在争论的。同早期的特区相比,浦东的开发开放是更幸运的,是在十四大明确提出要建立社会主义市场经济体制的目标下进行的。

1. 历史性的选择及其对浦东的意义

中共十四大的突出贡献之一,是明确宣布我国改革的目标是建立社会主义市场经济体制。这是在深刻总结了国内外正反两方面的经验教训,包括总结了前苏联、东欧的教训,特别是总结了我国十多年改革开放的丰富经验基础上作出的历史性选择。

改革以来,在计划与市场的关系问题上,在建立什么样的体制上一直进行了持续的探索。早在 1978 年中共十一届三中全会上就提出了"实现四个现代化,要求大幅度地提高生产力,也就必然要求多方面地改变同生产力发展不适应的生产关系和上层建筑,改变不适应的管理方式、活动方式和思想方式"。这

当然包括改变长期存在的已严重不适应生产力发展的僵化的计划管理方式。1982 年的中共十二大,则进一步提出"以计划经济为主,市场调节为辅"的方针。从现在来看,这一提法是不够的,但在当时,在计划经济与商品经济是完全对立的观点盛行的时候,理论上也是一个很大的突破。1984 年在中共十二届三中全会上通过的"关于经济体制改革的决议"中提出了"社会主义经济是以公有制为基础的有计划的商品经济"的新概念,正式明确,对社会主义来说,发展商品经济也是不可逾越的阶段。后又经过中共十三大和十三届四中全会,理论上又有了新的突破,形成了要建立计划经济与市场调节相结合的观点,这一发展过程虽然始终伴随着一系列争论,有时甚至是很激烈的争论,但很显然,始终是朝着扩大市场作用的方向发展的。

在理论上逐步突破的同时,实践也作出了强有力的回答。在市场逐步发挥作用的条件下,在整个 80 年代,我国经济就在总体上取得年均增长 9% 的好成绩,而市场作用发挥比较大的珠江和长江两个三角洲地区则获得更为引人瞩目的杰出成就。处在开放前沿的广东省,国内生产总值的年增长率达到 16%,比日本在高速增长年代所达到的年增长率 10.8% 还高;地区经济基本面向市场的苏州市(95% 的原料来自市场,95% 的产品自销),经济的年增长率同样达到 15%,综合经济实力已跃居全国前列。这些引人注目的成就,进一步推动在发挥市场作用上形成全党共识。

邓小平在 1992 年春天的南方谈话中指出:"计划多一点还是市场多一点,不是社会主义与资本主义的本质区别,计划经济不等于社会主义,资本主义也有计划;市场经济不等于资本主义,社会主义也有市场。计划与市场都是经济手段。"邓小平讲话后,在理论界又先后提出三种新的概念,即"建立有计划的社会主义市场经济体制"、"建立计划与市场相结合的社会主义经济体制"、"建立社会主义市场经济体制"。这三种哪一种更符合我国改革开放的实际,哪一种更能推动我国经济的进一步发展,党的十四大已经作出回答,明确宣布要建立社会主义市场经济体制。如果说,80 年代,在我们仅仅部分地发挥市场作用的条件下,我国经济,特别是对外开放地区经济已取得举世瞩目的成绩,那么,可以想象,在我们明确宣布要建立市场经济体制、让市场在资源配置和经济发展中起基础性作用的时候,在90年代,在21世纪,我国经济必将登上一个又一个新的台阶,出现一次又一次新的飞跃。因此,浦东的崛起也就是很自然的了。

2. 市场经济体制的主要内容和总体框架

经过十多年的不断探索和完善,到十四届三中全会作出《关于社会主义市场经济体制若干问题的决定》,我们对于这一体制的主要内容和总体框架也有了比较完整的认识。它们主要包括:(1)深化企业改革,建立政企分开、产权明晰、权责清楚和管理科学的现代企业制度,使企业真正成为独立的市场主体。(2)加快价格改革,培育和发展包括商品市场和生产要素市场在内的统一的、公平竞争的和规范的市场体系。(3)转换政府职能,建立健全的宏观调控体系,着重要建立现代金融体制和财税体制。(4)合理分配制度和建立符合中国国情的社会保障体制。(5)完善经济立法,形成规范市场经济的完整的法律体系。(6)相应进行政治体制、科技体制和教育体制等的配套改革。(7)加强政治思想工作和精神文明建设。(8)加强和改善党的领导和党的建设。

社会主义市场经济体制主要内容和总体框架的形成,一方面借鉴了发达国家建立现代市场经济的有用经验;另一方面,也是我国十多年改革实践的理论总结。这对指导浦东开发开放,指导浦东体制创新都有着巨大作用。

3. 建立市场经济体制是促进中国发展的最大动力

改革以来,我国经济取得举世瞩目的成绩,在国内,在国外,经常有人提出这样的问题:推动中国经济持续高速增长的最大动力是什么呢? 或者如一位外国来访者所说,是什么魔棍突然使中国到处都充满着琳琅满目的商品呢? 我们说,中国之所以取得如此巨大的成就,正如郑必坚所指出的:"无疑地,思想作用是巨大的,路线作用是巨大的,各级干部努力的作用是巨大的,而归根到底,在所有这些因素的作用下,通过体制改革,广大劳动人民和企业的活力进一步解放出来了。亿万商品生产者自主权的不断扩大,社会主义商品经济、市场经济的不断发展,就是保证这种活力得以不断解放的最深刻的基础和内在动因。"[4]

这就告诉我们,推动中国高速发展的最大动力是市场经济体制的建立。因此,十多年的努力和奋斗,明确中国改革的目标是建立社会主义市场经济体制,并不断发展着和完善着的有关市场经济体制的主要内容和总体框架,是浦东开发开放的最重要的理论财富之一,是浦东崛起和浦东经济飞跃发展的最大动因之一。

二、关于保持经济持续快速健康发展的理论

我国改革的目标是建立社会主义市场经济体制,改革的目的,则是不断解放和发展社会生产力,因此,改革的根本任务,是要保持经济的不断增长。通过十多年的实践,逐渐形成一整套有关保持经济持续快速健康发展的理论。虽然这方面的理论仍需继续完善,但它们也为浦东的高速发展奠定了重要的理论基础,至少也是重要的理论上的借鉴。

1. 坚持以经济建设为中心,把各类资源主要集中在经济发展上

十多年的改革和发展实践告诉我们,只要我们把各项工作转到以经济为中心的轨道上,就能使各级政府、各个管理部门、千千万万个企业和广大干部逐渐认识和掌握经济发展的规律和领导经济的艺术,就能把各类资源集中到经济发展上,保证经济的持续增长。整个 80 年代,保持全国国内生产总值年均增长9%,人均增长 7.7%,就是这一理论的丰硕成果。

2. 高投资率促进经济的高速增长

世界各国经济,特别是发展中国家经济增长的历史告诉我们,在正常条件下,投资率和经济增长率之间存在着明显的正比关系(见表 2-1)。从表 2-1 中列出的数据显示:(1)经济增长速度比较高的国家,例如日本、韩国、伊朗等,都是投资率比较高的国家,它们的投资率都超过 30%。(2)几个经济增长最慢的国家,例如缅甸、印度、孟加拉国和扎伊尔等,也都是投资率比较低的国家。(3)投资率处于两者之间的,经济增长率一般也处于中等发展速度状态。

表 2-1　1960～1978 年人均国民生产总值年增长率以及其他经济指标

	国民生产总值增长率(%)	投资占国内生产总值比重(%)		农业占国内生产总值比重(%)		出口增比率(%)		进出口比率 1970年为100		年平均人口增长率(%)	
		1960	1978	1960	1978	1960~1970	1970~1978	1960	1979	1960~1970	1970~1980
伊　朗	7.9	17	33	29	9	13	−1	108	373	2.7	2.9
日　本	7.6	34	31	13	5	18	10	102	88	1.0	1.2
韩　国	6.9	11	32	40	24	35	29	78	81	2.4	1.9
波　兰	5.9	24	32	26	16	10	9		103	1.0	0.9
西班牙	5.0	21	20	21	9	12	11	93	68	1.1	1.2
巴　西	4.9	22	23	16	11	5	6	88	90	2.9	2.8
泰　国	4.6	16	27	40	27	5	12	118	82	3.0	2.7
苏　联	4.3	26	26	21	17	8				1.2	0.9
印度尼西亚	4.1	8	20	54	31	4	7	138	225	2.2	1.8
法　国	4.0	24	23	10	5	8	7	93	96	1.0	0.6
土耳其	4.0	16	21	41	27	2	3		71	2.5	2.5
中　国	3.7									2.1	1.6
尼日利亚	3.6	13	30	63	34	6	1	97	290	2.5	2.5
意大利	3.6	24	20	13	7	14	7	104	80	2.7	0.7
埃　及	3.3	13	28	30	29	3	−2	104	92	2.5	2.2
联邦德国	3.3	27	22	6	3	10	7	90	104	0.9	0.1
哥伦比亚	3.0	21	24	34	31	2	1	90	107	3.0	2.3
巴基斯坦	2.8	12	18	46	32	8	−1	93	82	2.8	3.1
墨西哥	2.7	20	25	16	11	3	5	87	108	3.3	3.3
阿根廷	2.6	22	25	17	13	4	7	101	95	1.4	1.3
菲律宾	2.6	16	30	26	27	2	5	73	69	3.0	2.7
南　非	2.5	22	24	12	8	6	7	100	75	2.6	2.7
美　国	2.4	18	19	4	3	6	7	93	77	1.3	0.8
英　国	2.1	19	19	4	2	5	6	95	94	0.5	0.1
埃塞俄比亚	1.5	12	9	65	54	4	−5	75	126	2.4	2.5
印　度	1.4	17	24	50	40	3	6	104	80	2.5	2.0
扎伊尔	1.1	12	19	30	27	−2	−4	61	61	2.0	2.7
缅　甸	1.0	12	20	33	46	−12	1	101	83	2.2	2.2
孟加拉国	−0.4	7	12	61	57	7	−5	155	74	2.5	2.7

资料来源:世界银行:《1980 年世界发展报告》。

改革 15 年,也正是高的投资率支持了中国经济的高增长率(见表 2-2)。从表 2-2 可知:(1)中国的投资率已从改革初期的小于 20%,上升到 30% 以上。(2)一般说,投资率高的年份经济增长率也高,例如 1985 年,投资率为 28.8%,经济增长率为 12.9%;1992 年投资率为 32.7%,经济增长率为 13.2%。

表 2-2 中国改革以来主要经济指标

	国内生产总值增长率(%)	投资占国内生产总值(%)	农业占国内生产总值(%)	出口增长率(%)	人口增长率(%)	人均国内生产总值增长率(%)
1978	11.7	18.6	28.4	28.5	1.20	10.5
1980	7.9	16.7	30.4	32.7	1.19	6.7
1985	12.9	28.8	29.8	18.4*	1.43	11.5
1990	3.9	25.2	28.4	18.2	1.44	2.5
1992	13.2	32.7	23.9	19.7	1.16	12.0

资料来源:作者根据中国统计年鉴数据计算。＊是 1986 年的数字。

3. 逐步优化产业结构

一个国家不发达的重要标志之一,是在国民经济中农业比重过大。我们从表 2-1 中可以看到,凡是农业比重超过 40% 的国家,都是不发达国家,由于农业生产率低和发展缓慢,一般也都是经济发展速度比较低的国家。因此,加快工业发展,加快劳动力从农业转向工业和第三产业的发展,逐步优化产业结构,是一个国家经济进入良性发展的重要标志。

我国改革开放以后,随着家庭联产承包制的实施,农业劳动生产率的不断提高,特别是随着乡镇工业的崛起和全国工业化的稳步推进,在国内生产总值中,农业的比重逐步下降。从表 2-2 可知,农业的比重已从 1980 年的 30.4%,下降到 1992 年的 23.9%,工业和第三产业的比重则相应上升。

4. 经济的国际化程度不断提高

改革开放以后,我国在吸引外资的基础上,对外贸易迅速扩大,经济的国际化程度不断提高。从 1979 年到 1992 年,即从改革开始到中共十四大这一期间,我国实际利用外资高达 988 亿美元,其中对外借款 607 亿美元,外商直接投资 381 亿美元。外资已成为我国投资资金的重要来源之一。在这一期间,进出口额也不断增长。出口额从 1978 年的 97.5 亿美元上升到 1992 年的 850 亿美元,14 年增加了近 8 倍;进口额也相应从 109 亿美元上升到 806 亿美元,增加了 6.4 倍。进出口总额占国内生产总值的比重也从改革前占不足 10% 提高到 1992 年的 43%。这对一个发展中的大国来说,是一个了不起的进步。更重要的是,这些进展使我们确信,就是对一个大国来说,对外贸易也可以成为推动经济的重要因素之一。

我国利用外资和对外贸易的具体指标见表 2-3。

表 2-3 中国利用外资和对外贸易指标

	实际利用外资(亿美元)			进出口总额(亿美元)		
	总额	借款	外商投资	总额	出口额	进口额
1979～1992	988	607	381			
1985	47	27	20	696	274	422
1990	103	65	38	1 154	621	533
1992	192	79	113	1 656	850	806

资料来源:《1992 年中国统计年鉴》。

现代经济学的基本原理和发展中国家经济起飞的主要经验都告诉我们,一个国家经济的总量,人均产量都持续增长,它的投资率始终保持较高(30% 左右)的水平,它的产业结构不断优化以及它的经济市场化和国际化程度日益提高,它就能够保证自己的经济持续发展,它就能够使自己的经济进入良性增长。这些基本原理和宝贵经验在浦东的发展中都起着不可估量的巨大作用。

三、关于对外开放和发展外向型经济的理论

如何利用外资推动一个发展中国家或一个发展中地区的经济成长?发展经济学和国内外学者在理论研究和实证分析方面都做过大量的工作,其中许多有益的成果值得我们借鉴;一些明显的教训也值得我们记取。中国 15 年的对外开放和发展外向型经济也在不少方面得益于这些理论和经验,同时,在实践中,中国也创造了许多新的成功经验。

1. 关于利用外资的理论与实践

发展经济学和发展中国家的许多实践告诉我们,在封闭经济条件下,一个国家或一个地区的投资额完全取决于本身的储蓄额。若要提高投资,就只有降低消费。一些国家投资额过高,生活水平就提高缓慢,另一些国家储蓄率太低,经济发展就慢。但是,在开放经济条件下,即当一个国家或地区实行对外开放时,则内部储蓄额的不足,可以利用外资解决。中国15年的对外开放还告诉我们,利用外资的积极意义,不仅在于可以利用外资(即利用国外储蓄)来扩大国内投资规模,促进经济增长,而且,还在于又能利用外资引进先进技术来提高劳动生产率。一些合资企业人均产值常常高达10万元,是我国国有企业的2倍或更高倍数,就是明证。

我们知道,利用外资除有积极一面外,也存在着明显的负面影响。因为在利用外资的同时,也使一个国家或一个地区背上了一定的国际债务,当债期来到时,既要还本又要付息。特别是外资引入过多还会引发通货膨胀。那么,如何在利用外资时,提高效益和降低风险呢?关键就是在利用外资的同时,引进技术,在技术上缩小同国外的差距。这样,就能在利用外资扩大投资的同时,依靠技术进步,扩大出口,保持外汇平衡,实现外向型经济的良性循环。

为降低利用外资的风险,在外资引进本身,则要提高外商直接投资的比例,降低对外借贷的比例,在对外借贷中,又要多借长期低利的政府贷款和世界银行贷款,尽量少借短期高利的商业银行的贷款。一些国家发生的金融危机还告诉我们,把外资过多地引入证券领域存在着巨大的风险。

2. 发展中国家利用外资经验及其启示

发展中国家的经验和教训为我国对外开放和发展外向型经济提供了许多异常重要的启示,我国也在这方面作出了自己的贡献。概括起来,这些启示和贡献是:(1)在利用外资时,特别是当利用外资的规模不断扩大时,要非常注意外资结构的优化,尤其是注意下功夫改善本国投资环境,尽量吸引外商直接投资,不断提高外商直接投资在利用外资中的比重。十多年来,我国就是这样做的:在利用外资初期,在1979～1982年期间,外商直接投资仅占14.2%,但到

1985 年上升为 42.2％,1992 年则进一步上升为 58.5％。(2)在吸引外商直接投资的方式上,则采用多层次和多元化的灵活方式,即以建立经济特区、经济技术开发区和开放城市多种形式,逐步推进,稳步扩大。在地区上,从东南沿海推进到整个东部沿海地区,又从沿海地区延伸到长江流域和中国内地;在产业和技术层次上,从劳动密集型推进到技术密集型,从中小型上升到大中型。这样,既利于发挥各地优势,分散风险,又利于把利用外资同引进技术,同改造本国企业结合起来,在利用外资的同时,尽量提高本国经济的素质。(3)在利用外资的同时,尽量在经济发展的基础上,提高国内的储蓄率,使储蓄率接近和超过投资率。我国是一个发展中的大国,在改革开放初期,储蓄率是不高的。例如 1980年前后,全国储蓄总额占国民生产总值的比重低于 10％,但进入 90 年代以后,这一比重已超过 30％。我国已成为世界上高储蓄率的国家之一。储蓄率的提高,就有可能使我国在利用外资的同时,尽量提高本国资金在投资中的比重,减少外债风险。(4)在引进外资的同时,通过发挥本国优势和提高竞争能力,努力扩大出口。这方面的具体做法,一是利用廉价劳动力的优势,努力占领东亚地区、欧洲地区、特别是北美地区的劳动密集型产品(例如纺织品等)的市场;二是在提高技术水平和竞争能力的基础上,努力提高机电产品在整个出口产品结构中的比重,增强出口效益,提升出口产品的档次和水平。经济竞争、市场竞争的实质是技术竞争。只有最终在技术密集型产品上有了竞争实力,才能最终实现出口大于进口的外向型经济的良性循环。(5)在引进外资的结构上,主要放在生产性投资和基础设施上,对引入证券业的投资则注意适度控制。

一些发展中国家和我国 15 年对外开放的成功经验和成熟理论,都是浦东崛起的宝贵财富和可以遵循的指针。

第二节　中国建立社会主义市场经济体制的成功战略

从中共十一届三中全会到十四届三中全会,我们在邓小平总设计之下,全国励精图治,艰苦奋斗,努力把社会主义的基本制度与发挥市场经济作用结合起来,虚心借鉴世界上一切有用的理论与方法,及时总结亿万群众创造的新鲜经验,充分集中党内外同志的聪明才智,不仅创造性地把我国经济改革的目标确定为社会主义市场经济体制,而且,成功地形成了一整套向市场经济体制过渡的战略和方式。及时总结这方面的经验,不仅对巩固改革的已有成就是必要的,而且为在浦东率先建立起完善和成熟的社会主义市场经济体制,也有着巨大的理论意义和实际指导作用。[5]

一、社会主义与市场经济的创造性结合

我国的经济体制改革的目标是实现从传统计划经济体制向现代市场经济体制的历史性过渡,把社会主义的基本制度与市场经济体制创造性地结合起来。

这样的"过渡"和"结合"会在理论上或在实践中遇到巨大阻力与困难:(1)首先要勇敢地突破传统社会主义理论中的一些牢固的观念,特别是要突破将计划经济看作是社会主义基本特征之一的观念,把计划经济、市场经济看作是经济运行方式和发展经济的一种手段,把基本制度与经济体制区别开来,从而把社会主义制度与现代市场经济创造性地结合起来。(2)还要勇敢地突破西方一般市场经济理论的牢固的框架。由于历史发展和价值观念上的局限,西方不少学者认为市场经济是以私有制为基础的。他们一方面用市场经济的活力贬低社会主义,另一方面又把市场经济与公有制对立起来,他们的这些观点同样是把基本制度与经济体制、把基本制度与经济运行方式混淆起来。(3)还要勇敢地面对一些国家在实现社会主义与市场经济相结合的过程中遭到失败和改变方向的巨大压力。这些失败告诉我们,把社会主义基本制度与市场经济体制结合起来,不仅是一件伟大而艰巨的事业,而且也是一件异常复杂与充满风险的事业。这些"复杂性"与"风险"常常使一些受传统观念影响较深的人一遇困难就不自觉地退回到老路上去;又常使一些受到西方一般市场经济理论框架束缚的人对公有制与市场经济能否结合产生怀疑。

15年来,我们就是在面对这些困难与压力勇敢地成功地实现社会主义与市

场经济的创造性结合的。邓小平高瞻远瞩，雄才大略，不仅直接设计和指挥了这场改革，而且在理论上开辟了一条发展社会主义的崭新路子；党的各级干部和广大群众则在实践中大胆试验和创造，既学会驾驭市场经济，又学会使市场经济在社会主义基本制度下发挥作用。

我国十多年改革的实践告诉我们，不搞改革，不搞市场经济是没有出路的；但搞改革，又绝对必须坚持社会主义方向。因此，我们把社会主义的基本制度与市场经济结合起来，是我国改革进程中最根本、最成功的战略之一。

二、体制改革、经济发展与社会稳定的有机统一

我们改革战略的另一个成功之处就在于，在十多年的改革过程中，始终坚持以经济建设为中心，在确定体制改革的目标是建立社会主义市场经济体制的同时，把体制改革的目的明确规定为解放和发展生产力，并把体制改革与经济发展、社会稳定有机地统一起来。

十多年来，在改革推动下，我国经济发展取得了震惊世界的杰出成就，生产不断登上一个又一个新的台阶，经济增长速度名列世界前茅：1985 年同 1978 年相比，我国农业总产值增长 1.6 倍，工业总产值增长 1.3 倍；1992 年同 1985 年相比，农业总产值又增长 1.5 倍；这时改革的重点已转到城市，工业更增长 2.8 倍。15 年间农业年均增长 5.9％，工业为 13.2％，城乡居民消费水平年均增长 6.8％。一个大国在这样长的时间中持续保持高速增长；这在世界上也是少有的，是非常不容易的。这充分说明改革是非常成功的。我们始终是把发展生产力，推动经济增长作为改革的最重要目标，把改革与发展紧密结合起来的。

为取得这样的成绩，为使改革同发展始终保持同步，我们不仅在改革过程中每推出一项改革，都要用是否有利于经济发展、是否能使大多数人得益作为衡量标准，而且用很大气力改革企业和培育市场体系，重塑微观机制和建立新的经济运行方式，增加储蓄，吸引外资，创造新的增长领域，使经济始终充满活力，推动经济持续增长。尤其还需要指出的是，15 年中，不论是在面临国际风云

变幻的严重时刻,还是在改革进程遇到复杂局面的重要关头,我们也始终坚持以经济建设为中心,坚持体制改革与经济发展的有机统一,总是耐心地、谨慎地去处理各种问题和矛盾。因为我们知道,只有改革能促进经济持续发展,群众能不断得到经济实惠,改革才会在人民中扎根,改革才会得到大家的拥护,我国也才能在复杂的国际环境中不为风浪所动,稳如泰山。

在保持改革与发展平衡推进的同时,还必须使改革、发展和社会稳定保持有机统一。改革的力度,增长产生的差距要和社会稳定实现有机统一并不是一件容易的事。随着改革不断深入,经济高速增长,总会在各方面出现一些参差不齐的情况,有时也会引出一些比较激烈的矛盾,这就要求我们既要在改革的方向和目标上坚定不移,毫不动摇,又要经常审时度势,使改革和发展中一段时间内的价格上升、通货膨胀控制在社会可以承受的范围之内,谨慎地和灵巧地处理好三者之间的关系和平衡。

在邓小平建设中国特色社会主义理论的指导下,我们在保持三者统一和平衡方面,同样创造了一系列重要的做法和经验:(1)在加快改革和发展的同时,尽量保持总体的平衡。在改革方面,积极协调好各项改革之间的关系;在发展方面,努力保持住总供给和总需求之间的平衡。既能在加快改革时不引起过度的社会震荡,也防止在高速增长时发生剧烈的通货膨胀。(2)在推进改革时注意处理好中央与地方的关系,在出台每项措施时充分照顾到国家、企业和个人的利益,尽量调动方方面面的积极因素,努力降低改革进程中可能发生的矛盾和摩擦。(3)在总体上保持国民经济持续、快速增长的同时,在每年安排具体计划上适当留有余地,既为改革创造宽松和良好的环境,也使经济增长既有数量,又有质量,既有速度,又有效益。(4)在改革和发展中,全面运用经济手段、法律手段和必要的行政手段,既保持改革与经济的健康发展,又维护社会的长期稳定。我们在改革中创造的坚持两手抓的方针,更是改革与发展成功的保证,也是维持社会稳定的重要手段。总之,改革为发展注入了巨大活力,发展为社会稳定奠定了坚实基础,社会稳定则是改革与发展的重要条件。在稳定中不断推进和加快改革与发展,以改革与发展实现长期的繁荣和稳定,这就是我国改革成功的又一重要经验。

三、有序地向市场经济体制推进的方式

江泽民在中共十四大报告中指出，我国的经济体制改革，我国由计划经济体制向市场经济体制过渡，"是在我们党领导下有秩序有步骤地进行的"。有序地向市场经济推进的方式是我国改革取得成功的另一重要特色。

首先，我们要看到，在社会主义条件下向市场经济推进，是一项从未做过的极其复杂的事业，没有任何成功的模式可循，因此，采取一步一个脚印，边探索边推进的有序方式是必要的。事实证明，没有试验，就单纯按照事前设计好的方案，希望一步到位的做法，常常是失败的。我们知道，改革不仅是解决体制转轨的问题，还要解决理论与观念创新的问题。因此，在改革过程中，不仅要解决转轨中的许多具体矛盾和问题，而且还必须在理论上作出新的解释。这既要在理论上不断突破，又要在实践中不断取得成功，证明新的理论是正确的。不然就无法说服人，使全党、全社会求得共识。

其次，在社会主义条件下，向市场经济推进，又是一项从未做过的极其困难的事业，应该采取先易后难，有序推进的方式。15 年来，我们从农村改革推进到城市改革，从重塑微观机制到建立宏观调控体系，从经济体制改革扩展到科技、教育和政治体制改革，正是这样"有秩序有步骤进行"的。改革像历史上其他一切社会变革一样，每跨出一步，在它解决一些问题的同时，往往又会提出和产生一系列新的问题，有时是更复杂的问题。只有先易后难地逐个解决，改革才能顺利进行，不然新出现的问题可能会比已经解决的问题还多，这样就像我们在有些国家中看到的那样，激进的措施一下子使各种问题成堆，改革就会陷入困境。

第三，也只有在有序地向市场经济的推进中，才能保持体制改革、经济发展与社会稳定的有机统一和平衡，而激进的休克疗法则通常会造成制度真空、经济混乱和产生超越人们承受能力的剧烈的社会分化。

当然，这里需要指出的是，我们有序推进的方式并不是消极的，而是积极

的。在过去十多年中,我们经常把改革的整体渐进与阶段突破结合起来。在有序的推进过程中,集中力量,选择时机,把改革从一个阶段推到另一个阶段。十一届三中全会之后,我们的改革重点在农村突破;1984 年之后,着重推进城市经济改革;在 80 年代,主要是发展各类社会主义商品市场,首先是消费品市场,从 1990 年开始,我们则注重培育生产要素市场,首先是金融市场。事实证明,这种在我们党领导下有秩序有步骤地推进改革,向市场经济过渡的方式,是一种成本低、效率高的成功方式。

经过十多年探索和创造之后,我们在体制改革、经济发展和社会稳定方面都积累了大量的丰富的经验,改革已经具备实施"整体推进和重点突破相结合"的新战略。这样,就如中共十四届三中全会《决定》所指出的,只要我们"既注重改革的循序渐进,又不失时机地在重要环节取得突破",就能"带动改革全局",把中国的改革事业推进到一个新的阶段。

四、行政、经济和法律手段的全面运用

中国改革之所以进展顺利并取得杰出成就的再一个做法是行政、经济和法律手段的全面运用。

从传统的高度集中的计划经济体制向社会主义市场经济体制过渡,涉及许多复杂的体制问题和各种法律和规章制度问题。首先要打破旧体制,打破条块分割的部门所有制和地方所有制,并废除一系列相应的旧的法律和规章制度;同时,在破的时候,又要按照现代市场经济要求,创造新的体制,形成整套新的法律和规章制度,要完成这样繁重和复杂的工作,就既要做大量的行政组织工作,发挥行政机关的权威和各个管理部门的组织作用,同时运用经济手段和法律手段,在破旧立新中协调各方的利益,减少体制转换中的各种矛盾和摩擦,并在借鉴国外已有的规范市场经济的各种有益经验、总结我国改革实践中形成的成功做法后,在条件成熟时及时制定各种法律和规章制度,巩固改革的成就并使之制度化。

在全面运用行政、经济和法律手段过程中,这里特别需要指出的是,要善于

发挥我们的优势——就是我们党善于做好各方面工作的组织优势。这是在改革推进过程中,我们统一思想、化解矛盾、集中好的建议和形成规范的法律、规章制度过程中最有力的武器。

日本在二次大战之后创造了举世公认的经济奇迹。日本和世界上许多国家的专家学者,对此进行了大量的研究和探索,提出了许多有见地的观点和看法。美国学者沃格尔对日本所以能在不长时间内变成仅次于美国的世界第二个经济强国,提出了自己独到的见解。他在《独占鳌头的日本》一书中指出:"我以惊异的目光注视着日本最近的成功,一直在全神贯注地思考着:天然资源如此缺乏的日本,究竟是怎样把一些美国人认为非常棘手的问题,巧妙地予以解决的?"沃尔格接着回答说:"首先我想到的是应该把勤勉、有毅力、能自我克制,以及对他人能体谅等等特质,看作是日本人的美德,加以探讨。但是,越是对日本人的组织、财政界和官僚制度等方面的相互关系加以调查,越感到日本人的成功并不在于日本传统的民族性,以及由来已久的美德,而是在于日本具有独特的组织能力、政策和计划等,才能达到预期的成功。"

同样,可以毫不夸大地说,中国改革所以能成功,我们各级党政机关、各个人民团体、各种管理部门以及千千万万的干部做的大量的、细微的、成功的组织工作是重要的因素之一。有独特的组织能力,不仅是日本的长处,也是我们中国的优势,在完成改革这项极其困难的社会系统工程中,我们要好好发扬这种优势。

第三节　特区创造的经济奇迹及其基本经验

在 1990 年宣布浦东开发开放以前,在中国改革的前 10 年,已先后创办了深圳、珠海、厦门和汕头四个经济特区以及一系列经济技术开发区和沿海开放城市。它们在长期努力和探索中创造的经济奇迹和重要的经验,对浦东的顺利发展起着巨大的鼓舞作用、示范作用和借鉴作用,这也是浦东开发仅经过短时间准备就迅速进入高速发展阶段和很快引人瞩目的崛起的重要原因之一。

这里主要介绍深圳创造的经济奇迹及其基本经验。

一、深圳特区创造的经济奇迹

深圳经济特区是我国进行改革,特别是实行对外开放政策的第一个,也是成功的产物。它经过 10 年左右时间的艰苦创业,就从一个毫不知名的边陲小镇上升为一颗中国改革、开放和发展中的耀眼的明星,创造了引起世界震惊的经济奇迹。

深圳的经济奇迹主要表现在:

1. 超高速的经济增长

中国 10 多年的发展证明,一个发展中的大国,只要善于抓住机遇,充分发挥自己的优势,遵循经济发展的客观规律,保持比较高的投资率,积极利用国内外两种资源、两个市场,是可以保持经济的持续快速和健康发展的。

深圳特区的实践则进一步证明,在中国东部沿海地区,首先是紧靠港澳的东南沿海地区,如果我们能充分利用这一地区产业转移的浪潮,努力发挥我们丰富而价廉的劳动力优势,吸引外资,扩大出口,局部地区——首先是经济特区,是可以实现经济的超常规、超高速增长的。

深圳,原是广东省宝安县的县城,人口只有 3 万人,是一个经济很不发达的小镇。中国改革开始后不久,即 1979 年 3 月,国务院和广东省决定,把宝安县改名为深圳市。同年 7 月,国务院同意在广东省的对外经济交流中,实行部分特殊政策和灵活措施,并在深圳市中划出部分地区,试办"出口特区"。1980 年 5 月,中央又正式发出文件,把"出口特区"定名为"经济特区"。同年 8 月,全国人大常委会通过和公布了《广东省经济特区条例》,从此,深圳开始走上了超高速发展的光辉道路。

建立特区之前,深圳全市仅有 20 多家小厂,全年工业产值只有 0.6 亿元,是全国最落后的县城之一。但到 1984 年,即经过 5 年努力,深圳的经济发展就开始崭露头角。5 年中,工业产值增长 29 倍。其他各项事业同样突飞猛进:社会商品零售总额增长 15 倍,财政收入增长 13 倍,基建投资增长 31 倍,建成的住宅面积增长 22 倍。这种超常规的增长速度,在举办特区以前,在对外开放以前,就是最乐观的理想主义者也是预计不到的。

深圳最早 5 年发展的指标见表 2-4。

表 2-4　1979～1984 年深圳发展指标

		1979	1980	1981	1982	1983	1984
面　积	平方公里	2 020	2 020	2 020	2 020	2 020	2 020
人　口	万人	31	32	33	35	41	44
工业总产值	万元	6 061	8 444	24 282	36 212	72 041	181 452
社会商品零售额	万元	12 856	20 662	35 594	56 796	128 493	215 985

资料来源:《1985 年深圳经济特区年鉴》。

2. 迅速成长的先进工业

深圳经济超高速发展中的一个特点,是先进工业迅速成长。到 1984 年底,工业企业已发展到 609 家,其中有:外商独资企业 31 家,中外合资、合作企业 81 家,内联企业 126 家,这些企业相当一部分是技术比较先进的电子工业。按产值计算,在 1984 年的工业产值中,电子工业占 57％。这在其他省市和城市中,都是少见的。虽然这些电子工业,多数是装配加工型的,但一些技术密集型高级产品也逐步开发,这作为一个开端是相当不错的。

这里特别需要指出的是,深圳的电子工业是在短时期内从无到有、从小到大迅速发展起来的。1979 年,它的产值才 121 万元,1984 年已迅速上升到 10.36 亿元,5 年内产值猛增 855 倍。1980、1981 年两年的递增速度分别达到 254％、2 750％,就是 1983、1984 两年仍然分别有 154％和 217％的递增速度。电子工业的超常规高速发展,从一开始就使电子工业成为深圳最重要的支柱产业之　(见表 2-5)。

表 2-5　深圳电子工业的超高速发展

		1979	1980	1981	1982	1983	1984
产　值	万元	121	429	12 239	12 854	32 671	103 590
年增长率	％	142	254	2 750	5	154	217

资料来源:《1980～1985 年深圳经济特区年鉴》。

到1984年,深圳已能生产彩色电视机、高级组合音响、电冰箱、微型电脑、高速传真机、复印机和其他中、高档的家用电器,初步建成特区电子工业体系。虽然同90年代的浦东不能相比,但在当时,在中国的电子工业发展中起了重要的示范作用。

3. 开创了吸引外资的成功先例

深圳经济超高速发展的另一个重要标志,是开创了吸引外资的成功先例。虽然过去在这方面没有经验,但经过全特区的努力,依靠全国的支持,通过不断改善投资环境,逐步提高工作效率,深圳吸引的外资一年比一年增多,外资进入的部门一年比一年多元化,投入项目的技术水平一年比一年提高,项目的规模一年比一年扩大,在短短的5年中,获得了我国吸引外资的第一个胜利:(1)在吸引外资的数量方面:从1979~1984年,共签订三资企业合同3 495项,协议资金181.5亿港元(相当于23.3亿美元),实际利用资金46.4亿港元(相当于6.0亿美元)(见表2-6)。(2)在吸引外资的结构方面:开始最多的是工业,但后来结构日益多元化。到1984年为止的最初5年中,按实际利用的外资计算,工业占40.5%,房地产业占22.9%,商业旅游业占19.8%,交通电信业占2.4%。(3)在外商投资的方式方面:同样创造了多种行之有效的方式,有合资、合作、独资,也有租赁,来料加工和补偿贸易。在早期,中外合作方式最多,占40.0%,随后合资和独资方式也日渐增多,前者占21.3%,后者占19.6%,来料加工也占15.0%。(4)在外资来源方面:除香港外,同样逐渐出现多种渠道。由于深圳紧靠香港,港资为主是正常的。在早期投资中香港占到90%,但深圳也是吸引其他国家来华投资的最早地区之一。到1984年为止,到深圳投资的发达国家有:日本、美国、英国、德国等;亚洲新兴工业国家有:新加坡、泰国和印尼;北欧国家有丹麦、瑞士,中东地区有沙特阿拉伯和黎巴嫩等。(5)在引入外资的规模和技术水平方面:超过1 000万港元的项目逐年增多。5年共签订这类项目150项,仅1984年一年就签订45项,接近1/3。这些项目技术水平大多比较高。

表 2-6　深圳引进外资指标

		1979	1980	1981	1982	1983	1984
协议合同	项	170	303	578	577	878	983
协议金额	万美元	2 984	27 122	86 360	18 028	33 451	62 604
其中:工业	万美元	1 163	10 577	33 680	6 269	13 145	26 865
实际投入资金	万美元	1 537	3 264	11 282	7 379	14 393	21 050
其中:工业	万美元	645	1 371	4 738	3 099	6 013	10 324

4. 大力吸收国内投资

深圳经济高速发展的再一个特色,是在吸引外资的同时,大力吸收国内资金到深圳投资,1979～1984 年间,中央 24 个部委、全国 24 个省市和广东省其他县市同深圳签订内联协议 787 项,协议投资 18.8 亿元人民币,实际投入 6.6 亿元。这些投资同样广泛地涉及工业、金融业、贸易、旅游业以及文教和科技等各种领域。对深圳的高速发展和内地企业加快外向型经济步伐都起了十分有益的作用:(1)内联企业是深圳经济的重要组成部分。以工业内联企业为例,1984 年,这些企业的产值为 3.4 亿元,占深圳整个工业总产值的 18.7%。(2)提高了深圳企业的技术层次,增强了深圳的技术力量。中央各部委和不少省市都有较好的工业基础和科技开发能力,这些企业进入深圳,就成了深圳产业结构逐步高级化的生力军。(3)改善了深圳的投资环境和增强了吸引外资、特别是吸引高技术外资的能力。(4)为内地企业利用深圳特区政策,引进技术,引进管理提供了方便。(5)为内地企业扩大出口创造了新的机会。1984 年,深圳出口总额为 2.7 亿美元,其中为内地企业代理出口 0.4 亿美元,占 14.8%。

深圳经济特区,利用国家给予的特殊政策,依靠广泛吸引外资和内资,大胆创造,勇于进取,终于创造了超高速发展的经济奇迹,即"深圳速度"。

从 1984 年开始,正是以深圳和其他特区的成功为依据,国务院又宣布开放沿海 14 个城市并相应建立了一系列经济技术开发区。从 1985～1990 年,深圳特区虽然面临着其他开放地区的激烈竞争,但仍然始终保持超高速的发展速度。1990 年,深圳的工业总产值已高达 188.7 亿元,又比 1984 年增长 10 倍以上(见表 2-7)。连续 10 年的超高速发展,终于使深圳成为中国改革进程中新崛起的新兴城市,成为中国改革成功的重要标志之一。

表 2-7　1990 年深圳特区主要指标

指标	面积(平方公里)	人口(万人)	国内生产总值(亿元)	工业总产值(亿元)	实际利用外资(亿美元)	出口总额(亿美元)	财政收入(亿元)	社会商品零售额(亿元)
数量	2 020	202	135.9	188.7	5.2	30.0	21.7	68.4

资料来源:《1991 年深圳经济特区年鉴》。

二、深圳特区创造的基本经验

深圳在创造了举世瞩目的"深圳速度"和深圳经济奇迹的同时,也创造了一系列开办经济特区和发展外向型经济的重要经验。深圳的创建和一系列经验的积累,对浦东的崛起有着极为有用的借鉴意义。正是有了深圳的成功和相当成熟的经验,浦东才能如此迅速地崛起。

深圳特区创造的经验主要有:

1. 吸引外资,发展以劳动密集型产业为主的外向型经济

深圳特区一建立,首先就是利用香港和其他地区正在向外转移劳动密集型产业的机会,吸引外资,集中发展劳动密集型的电子装配工业和其他轻纺工业。我们知道,世界性劳动密集型产业的转移已经经历了几个浪潮:首先是由美国等发达国家在第二次世界大战后不久向日本转移;接着是在 70 年代初期由日本向亚洲四小龙及其他国家和地区转移;进入 80 年代,随着四小龙生产成本的上升和产业结构的升级,四小龙也开始向外转移。中国内地最大的优势是有丰富的价廉的和优质的劳动力,因此,深圳特区的建立,就成为四小龙、首先是香港转移这些产业的理想地方。根据香港贸发局专家的估计,在 80 年代,香港的劳动密集型产业已基本上转移到深圳和珠江三角洲地区。

深圳在吸引外资的同时,积极扩大出口,发展外向型经济,由于从一开始就方向明确,坚持努力,深圳出口总值到 1990 年已达到 30 亿美元,是国内生产总值的 125.8%。深圳已成为典型的外向型经济。

概括起来,深圳在吸引外资,扩大出口,发展以劳动密集型产业为主的外向

型经济方面的具体做法是:(1)采取优惠政策,吸引国外资金和技术。(2)依靠国内廉价和优质的劳动力,重点发展劳动密集型产业。(3)瞄准国际市场,把吸引外资和扩大出口有机结合起来。深圳的这些做法第一次打破了我国发展经济的传统框架,即全部依靠国内有限资金发展经济的做法,而是扬长避短,利用国内国外两种资源,首先是利用国外的资金和技术资源;发展国内国外两个市场,首先是利用我国劳动力廉价的优势,扩大劳动密集型产品的出口,发展国际市场。把我国资金短缺和劳动力过剩的发展劣势转化为引入资金和出口劳动密集型产品、加快发展的优势。深圳的这一突破对我国随后扩大开放和强化发展外向型经济起了不可估量的推动作用。

2. 及时调整产业结构,不断提高国际竞争能力

发展中国家的优势是,有丰富而价廉的劳动力。但一个国家、一个地区仅仅发展劳动密集型产业是不够的,必须在利用外资的同时,尽可能引入发达国家比较先进的技术、设备和配套的各种管理软件,及时促进产业结构升级,不断提高自己的国际竞争能力。

深圳在这方面也提供了很多有益的启示:(1)随着工业规模的日益扩大,适度提高重工业的比重。1991年深圳重工业的比重已从1984年的18.9%上升到31.4%,增加12.5个百分点。冶金、电力、机械工业和石油化工都有了相当的发展。(2)在发挥劳动密集型产业优势的同时,逐步调整产业结构和产品结构。以深圳的电子工业为例,到80年代中后期,就在扩大生产规模的同时,重视投资导向(包括外资导向),有意识地引导投资者向技术密集型产品,特别是高科技产品以及元器件和基础配套件方面投资。到80年代末,在新办的企业中,从事电脑、计算机和通信设备生产的企业已占总数的1/3,从事元器件和基础类产品的企业也占1/3,单纯从事装配型家电企业的比重则明显下降。(3)加强技术开发,加速产品更新换代,不断提高拳头产品的生产能力和技术档次。到90年代初,深圳生产的微型计算机、液晶显示器、电话机、大屏幕彩色显像管、程控交换机、文字处理机等主要产品已在全国占有重要地位。1991年,深圳电子工业产值达到102亿元,出口产值达到67亿元,出口已占整个产值的66%,也占到全国电子工业出口总值的33％。

3. 不断扩大开放领域,实现对外开放多元化

深圳展示的另一个重要经验是,对外开放的领域是不断深化和扩大的:(1)在吸引外资的范围方面,不断从工业扩大到整个第三产业;从一般产业扩大到各种基础设施。以1990年实际利用的外资为例,工业占61％,其他产业占39％。交通和城市设施进入的外资也逐年增多。(2)在发展外向型经济方面,不断从单纯吸引外资发展到积极扩大出口;从单向吸引外资发展到资金双向交流。深圳到80年代末,出口规模已超过吸引外资的规模。特别可喜的是,深圳不仅吸引外资进来,而且开始对外投资。在对外投资中,一方面进军香港和其他海外地区,另一方面积极向国内其他地区投资。(3)在吸引外资的方式方面,不断从单项投资向行业化和多元化方向发展,从单个企业向集团化的方向发展。因为,中外合资的产业集团的形成,大大加强了企业产品的开发能力,提高了产品对外的扩销能力。(4)在特区功能的开发方面,不断从单一的出口加工向多功能的方向发展,把出口加工、发展金融贸易和建立保税仓库结合起来。深圳不仅在吸引外资、扩大出口方面成绩显著,在金融市场和房地产市场等方面的发展也日益引人注目。

4. 从一开始就坚持以市场调节为主

深圳在吸引外资和发展外向型经济的同时,在特区经济的体制建立和运行机制上,坚持以市场调节为主。深圳在经济体制改革和创建新的经济机制上,同样形成许多重要的、在全国引起反响的有益经验:(1)始终充满改革精神,大胆改革,勇于创新。深圳从一开始就坚持"新事新办,特事特办,立场不变,方法全新"的原则,下决心"跳出现行体制"框框进行创业。十多年的发展证明,深圳正是在这种精神的支持下,历经艰难,创造出经济奇迹的。(2)从企业改革抓起。企业活了,才能有整个特区活跃的经济。在企业改革方面,又首先重点抓了人事制度的改革。公开招聘、择优选择;群众推荐、民主选举;加强管理、经常监督。这些深圳有名的、给全国耳目一新的、在人事制度方面的改革,是深圳特区所以能取得那么大成绩的最关键因素之一。这些做法有着重大的现实意

义和生命力。(3)把市场机制原则,从一开始就贯串到特区开发的各项事业中去,首先是贯串到特区开发初期最重要的基本建设的组织中去。深圳首先采用"设计搞评选,施工搞招标"的新方法,仅仅经过几年的实践,到 1984 年,深圳高层建筑施工速度就达到 3 天 1 层的国际水平。一开头的成功试验就雄辩地证明,当我们摆脱旧的传统计划体制束缚,初试市场机制锋芒的时候,我们就能创造出怎样的奇迹! (4)精简机构,提高效率,构筑新的行政管理体系。深圳在这方面同样进行了有益的探索。全市从一开始就建立了市—局或总公司—基层企业的三级管理模式。部门内部普遍实行岗位责任制。分配方式,则坚决打破大锅饭,实行新的分配制度。在企业是实施了全国最早的厂长负责制。(5)培育和发展市场体系。特区建设初期,首先是形成了全国最早和最繁荣的商品市场。接着又花很大力气培育和发展资金、地产和劳动力等生产要素市场。到 20 世纪 90 年代初,证券市场、产权市场、保税区生产资料市场等也先后发展起来。

深圳特区在体制改革和运行机制方面为全国作出的最主要贡献,就是在特区的发展过程中,始终坚持以市场调节为主,并成功地运用市场机制,创造了一个充满活力,始终欣欣向荣的新的经济发展地区,这为全国最终形成我国改革的目标——建立社会主义市场经济体制起了巨大的促进作用。

三、深圳特区建设是成功的,经验是可以推广的

深圳特区的发展,当然不是一帆风顺的。特别是在建设早期,就特区的性质、特区发展中的计划与市场问题、特区的利弊问题等在理论上和实践中一直都是有争论的。但到 80 年代后期,随着特区经济取得飞速发展、市场机制的积极效应越来越明显,加上沿海开放城市和其他开发区同样获得进展,深圳特区建设逐渐被普遍认为是成功的。首先是在国内被普遍接受,到 90 年代初,特别是在邓小平 1992 年春历史性的南方谈话之后,不仅国内,而且在国际上也把深圳看作是中国对外开放的成功典型。深圳终于为全世界所接受。

广泛的理论研究和 10 多年的丰富实践都表明,深圳特区不仅是成功的,其

基本做法和经验也是可以复制和值得推广的。

1. 关于特区的性质和建立经济特区的意义

关于特区的性质是争论最多的。其实,从深圳特区建立一开始,中央就讲得十分明确:我国建立的特区是"经济特区",而不是其他性质的特区,例如不是政治特区。经济特区像中国其他地方一样,是我们党领导下的,并由我国政府行使完全主权的地方。特区之特,主要是指它实行特殊的经济政策、探索新的经济管理体制和实行新的经济运行机制。根据深圳市政府的总结和概括,"它在经济上的基本特征主要有四点:(1)特区的经济发展主要靠吸收和利用外资,产品主要出口。特区的经济是在社会主义国家领导下,以中外合资、中外合作和外商独资企业为主,多种经济并存的混合体。(2)特区的经济活动,要充分发挥市场调节作用。(3)对前来特区投资的外商,在税收、出入境等方面给予特殊的优惠和方便。(4)经济特区有不同于内地的管理体制,有更大的自主权"。[6]

中国是一个发展中国家。过去由于种种原因,又是一个长期封闭的国家。因此,建立对外开放的经济特区有着特别重要的意义。这些意义主要有:(1)可以起到对外开放的窗口作用,起到中国经济同世界联系的枢纽作用。从中国来说,可以通过这一窗口和枢纽引入外资,对海外来说,可以通过这一窗口和枢纽利用中国的劳动力资源,进入中国正待开发的市场。(2)起到沟通信息、相互了解的作用。从中国方面来说,改革也好,开放也好,都要及时了解世界的态势,都需要借鉴世界各国、尤其是亚太地区各种好的经验;对海外来说,也可以通过特区,逐步了解中国,加强同中国的联系。(3)起到引进技术、学习各种先进管理经验的积极作用。中国发展离不开先进技术和管理水平的提高。特区通过吸引外资就可以同时引入技术、设备和整套管理方法。(4)通过特区的试验,可以借鉴世界各国发展现代市场经济的一系列做法和经验。(5)通过特区,可以研究和应用世界上组织社会化大生产、组织企业集团、组织跨国公司的经验,促进我国企业组织的现代化等。

进入80年代,世界经济的增长中心逐渐转移到亚太地区,特别是西太平洋地区,紧随日本之后,亚洲四小龙的发展崭露头角。因此,深圳特区的建立,对于我国对外开放,利用亚太地区经济快速发展的有利时机,借鉴日本和其他亚太地区的发展模式,加快我国改革和发展步伐,都是有着巨大现实意义的。

特区性质的明确和建立深圳特区的巨大作用,对我国随后开放的沿海城市和开发区的发展,起了极为积极的先导和示范作用。

2. 关于特区经济的发展战略

按照特区经济的基本特征和国家对特区赋予的优惠政策,深圳特区经济发展的基本战略是:(1)在特区建设的资金筹集方面,尽可能以吸收和利用外资为主;在利用外资方面,又尽可能以吸收外商直接投资为主,尽量在吸收外资的同时减少风险。发展中国家和深圳发展的经验都表明,在吸收外资时,降低借款所占的比例,尽量扩大外商直接投资的比例是非常重要的。建立特区的一个重要目标,是利用外资,加快本身经济发展,但在利用外资时,如果主要依靠借款,又会背上沉重的外债负担,最终造成本身经济发展的包袱。只有着重吸收外商直接投资,既能在引进外资时同步引入技术和设备,又能同外商共担风险,提高经营效率。(2)在吸收外资的同时,同样要广泛地吸收内资,使特区的资金筹集建筑在两个轮子之上。使特区在资金筹集中以吸引外资为主的同时,又不过分依赖外资,使外资与内资相辅相成,互相促进。(3)建立由外商投资企业、内联企业、本地国有企业以及其他类型企业相结合的混合经济结构,平等竞争,共同提高。这种结构既便于引入国外先进的管理技术和经营方式,又能促进国有企业逐步适应市场调节。(4)特区企业生产的产品以出口为主,即特区经济必须是外向型经济,使吸引外资同出口创汇保持平衡,实现特区经济的良性循环。(5)特区的经济体制和运行机制必须同实行外向型经济相协调,建立特区的一开始就必须以市场调节为主,逐步使特区在市场方面、管理体制方法、各种经营方式方面同国际接轨,尽量按国际惯例办事。

3. 关于经济特区建立的形式和方法

根据经济特区的性质和发展战略,在建立特区的形式和方法上,则可以在保持行使我国主权条件下尽量灵活和多元化。深圳特区建立时,国际上和亚太地区,特别是亚洲四小龙,在这方面已有不少成功经验可以借鉴,像新加坡的

"裕廊工业园区"、韩国的"马山工业区"、马来西亚的"槟榔屿工业园区"和我们台湾的"高雄出口加工区"等,都在吸引外资、扩大出口、发展外向型经济方面积累了不少有益的经验。深圳发展初期,正是借鉴了这些开发区的做法,首先在出口加工方面跨出了特区建设的第一步。

这里再着重说一下深圳开发初期的蛇口工业区。它是我国建立工业出口加工区的先驱。

蛇口位于深圳市中心以西 30 公里的南头半岛。水路距香港中区 20 公里,离澳门 24 公里,是深圳特区的水路交通枢纽。蛇口加工区从建设一开始,就以着重发展出口的工业为主。从 1979 年 1 月国务院批准建立工业区起到 1984 年为止,先后签约 148 项,其中合资企业 84 项,合作企业 19 项,外商独资企业 19 项,内联企业 26 项,总共引进资金 15 亿港元(约合 2 亿美元),其中外资占 64%。在外资中,三洋电机、华美绸厂、华益铝厂和南海大酒店等大公司投入的资金占总投资的 90%。1984 年蛇口实现工业产值 5.5 亿元,产品 70% 以上出口。

蛇口工业区的成功告诉我们:(1)只要善于借鉴海外经验和精心组织,中国同样可以兴建开发区。(2)尽管在一开始国内外都有人怀疑,但开发区以出口为主是做得到的。(3)中国也有足够的人才和管理经验,可以吸引国际性大公司到开发区落户。蛇口工业区的成功,对随后沿海地区一系列开发区的建立,对我国整个对外开放的战略发展都产生了意义深远的积极影响。

随着深圳特区规模日益扩大和经济飞速增长,特区开发的方式也不断多元化,不仅出口加工区一天比一天壮大,而且带有自由贸易区性质的保税区也相继建立。全区不仅重视工业,而且金融业、内外贸易、饮食业、旅游业和其他服务行业也日益繁荣。到 1990 年,深圳已发展成为一个具有相当经济实力的新兴城市,国内生产总值达到 135.9 亿元,其中,第二产业占 53%,第三产业占 42%,第一产业仅占 5%。深圳已成为我国国内生产总值超过 100 亿元的最大 35 个城市之一。

＊　　　　＊　　　　＊　　　　＊

综上所述,正是中国改革、开放和发展在理论上的各种创造,在实践中形成的建立社会主义市场经济体制的成功战略和一整套具体做法,以及以深圳为代表的经济特区创造的许多成功经验,为浦东崛起作了充分的理论准备和提供了一系列可供借鉴的成熟经验。

只要比较一下浦东和深圳的开发过程,我们就会更加清楚地看到,在深圳开发的前 10 年中,不仅因为经验不足常常遇到一些具体困难,而且,还多次就特区的性质等复杂的理论问题发生争论。相比之下,由于全国在理论上和实践中为浦东开发做好了充分的理论准备和积累了一整套成功经验,放在浦东面前就完全是铺满阳光的坦途了。

这正是浦东能迅速崛起的主要动因之一。

当然,浦东在开放开发过程中,会遇到当前条件下新的问题和困难,但已有全国在理论上的成熟和深圳的成功经验,只要敢于试验,善于创新,浦东的开放开发是一定可以成功的。

第三章　上海发展是浦东崛起的坚实依托

导　言

浦东崛起不是偶然的。

浦东是上海市的一个有机组成部分。浦东有上海作为依托。

上海是我国最大的海港城市和经济中心。上海有得天独厚的地理环境。上海是我国东部黄金海岸的中心,是万里长江的入海口。在上海市区之内,又有同源于太湖的黄浦江和苏州河横贯全境,交汇于外滩,将上海地区划分为苏州河南、苏州河北和浦东三大组成部分。1990年宣布浦东开放时,苏州河南北的上海市区是中国经济最发达的地区,也是中国经济最有发展潜力的地区。上海长期的发展是浦东崛起的坚实依托。

第一,上海从近代到现代,一直是中国第一大都市,也是充满魅力的世界名城之一。在20世纪30年代前期,上海不仅是中国最大的经济中心,而且也是亚洲地区最大的金融和贸易中心。新中国成立之后,上海又发展为全国最大的工业基地和科技开发中心。上海独具和积累的历史传统和发展经验,上海经济在全国的重要地位,特别是上海长期形成和造就的大批谙熟现代经济和科学技术的优秀人才,都是浦东崛起的宝贵财富。

第二,上海在改革以后,经济发展新战略的制定,把上海城市经济建成为"多功能、外向型、产业结构合理、科学技术进步的综合经济中心"的方向的提出;上海的经济体制从高度集中的计划经济逐步向现代市场经济的成功过渡;

上海经济在市场机制作用下逐步出现的新的活力和新的增长领域,都为浦东的迅速崛起准备了最充分的思想上、体制上和物质上的条件。

第三,在经过 80 年代的逐步改革和开放以后,上海发展正进入新的历史阶段。上海在历史上虽然曾是亚洲地区最大的金融和贸易中心,但当时的不足是工业基础薄弱,缺乏发展的实力和潜力。新中国成立后虽然上海建成为全国最大的工业基地,但不足的是,由于金融贸易功能萎缩,上海经济缺乏生气勃勃的活力。改革开放之后,上海就有可能把历史上金融贸易中心的活力同新中国形成的工业基地的实力结合起来,把上海建成为既充满活力,又具有强大实力的,不仅是全国的,而且是亚太地区国际性的金融、贸易和经济中心。在这样最佳的条件下开始开发开放,浦东就有可能成为上海发展新阶段的突破口和先行区。

第一节 上海的历史魅力和经济地位

上海是中国现代化的象征。上海是中华民族的骄傲。

上海在发展过程中,曾经被誉为"东方明珠"、"远东巨埠"和"太平洋西岸的第一名都"等充满魅力的赞词;上海在新中国成立后形成的中国第一大工业基地的实力,更被誉为中国经济的"半边天"。因此,探索上海的历史传统和经验,分析上海巨大经济实力的影响,对研究浦东崛起的动因是很有意义的。

一、上海经济发展的历史传统和经验

上海史和上海近代城市发展的研究告诉我们,[7]上海是一座典型的、在近代迅速崛起的新兴城市。它在 1843 年开埠以前,是一个名不见经传的小城,人口只有 20 多万,经济极不发达。但是经过近 90 年的发展,到 20 世纪 30 年代初,上海已成为拥有 300 多万人口的著名的国际大都市。研究上海迅速崛起的轨迹和经验,至今仍有明显的现实意义。浦东崛起不仅可以从深圳特区的发展中借鉴经验和汲取力量,更可以从自己的身边——上海作为国际性大都市在近代的崛起中,在更高的层次上借鉴经验和汲取力量。

上海在发展中的主要历史传统和经验有：

1. 上海在历史上就是一个多功能的综合经济发展中心

上海城市经济发展的轨迹是，以贸易，特别是外贸为先导，全面发展金融业、工业、交通运输业和其他行业。内外贸易、金融业带动了交通、电信和工业的发展，后者又反过来促进了贸易和金融业的进一步繁荣。正是这种各种产业互相促进、协调发展而形成的多功能经济中心，使上海在经济上具有了极强的集聚能力和辐射能力。

（1）表现在贸易上，上海成为国内最大的贸易中心和最大的出口基地。以外贸出口为例，从 1864 年到 1933 年，上海的对外贸易大致占全国总额的 50％左右，少的时候占 40％；高的时候占 60％。至于内贸，上海的埠际贸易更常常占全国通商口岸埠际贸易的 70％左右。1931 年，上海对外贸易总额（包括进出口）为 13.8 亿海关两，占全国的 58％；1936 年上海国内埠际贸易总额为 8.9 亿元，占全国的 75％。上海在内外贸易上的集聚能力和辐射能力是极强的。

（2）在金融业方面，上海很早就发展为中国、也是亚洲地区最大的金融中心。第一家本国银行——中国通商银行诞生在上海；第一家外国银行分行——丽如银行分行也是设在上海的。随着内外贸易的蓬勃发展，上海的金融业也日益兴旺和强大。到 20 世纪 20 年代，中国主要银行的总部——中央银行、交通银行、中国银行和其他一批大型商业银行的总行，都先后从北京搬到上海。1935 年，全国建立的银行有 164 家，总行设在和移至上海的有 58 家，占总数的 1/3。在外资银行方面，到 19 世纪末，西方主要国家都在上海设有外资银行。到 1935 年，外资银行在中国总共设有分行 84 家，其中设在上海的就有 28 家，同样占总数的 1/3。活跃于上海金融界的另一支重要力量，是大批钱庄的涌现。在 20 年代钱庄的股本占到银行股本的 10％～15％。本国银行、外资银行和钱庄三大金融势力，把上海交汇成活跃的发达的金融中心。这些金融机构设立的成百上千的分支通汇点，使上海的金融界不仅在本地区，而且在全国形成了四通八达的金融网。上海成了全国资金的调剂和融通中心，全国的利率、汇率和金银市场也都以上海的牌价为依据。

（3）在工业方面，上海在历史上也有一定发展，特别是在第一次世界大战之间和战后一段时间，上海工业，特别是民族工业获得了较快的发展。在1895～1911年之间，上海建立的民族资本工厂仅有66家，总资本为1991万元，分别占全国总数的13.5％和17.9％，而在1914～1933年期间，由于列强忙于欧战和战后进行新的备战，输到中国的商品大为减少，是中国民族工业发展最快的时期。到1933年，大批规模较大的工厂在上海诞生。拿30人以上的工厂为例，1911年才48家，1933年已上升到3485家，分别占全国总数的36％和60％。在上海工业的部门结构中，纺织工业占第一位。1933年，上海纺织工业的产值为4.5亿元，占全市工业产值的40％。纺纱、织布和印染业都有相当规模，丝织业和毛纺织业也具有相当实力。在上海工业中占第二位的是轻工业，特别是其中的食品工业。在食品工业中，尤以面粉和卷烟为大宗产品。1933年，食品工业产值占全市工业的比重为33％。其他如造纸、肥皂和火柴业等也有相应发展。上海的机械制造工业虽然同样发展很早，但是以冶金和电力为主的重工业，始终没有完整地发展起来，仅仅造船业有较大规模的成长。在第一次大战期间和战后，江南造船厂曾经为国外建造过几艘万吨级的船舶。上海工业虽然薄弱，但在形成上海多功能的经济中仍然发挥了很大的作用。造船业、轻纺工业也都在全国占有重要地位。

（4）在交通电信方面，上海在历史上也是比较先进的。上海有发达的内河运输和规模巨大的远洋航行业。上海建立了中国第一条铁路和建设了比较完善的公路网。上海也是最早有航空港的地方。铁路、公路、水运和航空，把上海建成为中国，也是亚洲最大的、最先进的交通枢纽之一。在电信方面，上海也很早就拥有了自己的电话和电报业务，1871年上海同伦敦的电信已经沟通。随后，同国内外许多城市有了广泛的电信联系。在市内建设方面，道路、桥梁和公共交通也相继建设和发展起来。

（5）上海的饮食业、旅馆业和其他服务行业也十分方便和繁荣。在上海经济繁荣时期，第三产业比重曾超过40％。

在上海发展成为多功能的综合经济中心过程中，形成的许多有益的经验，至今仍然值得我们借鉴:(1)在顺应城市经济发展的客观规律上,以贸易为先导,以商兴市,同时又相应发展金融业、工业和其他产业,就是一种成功的做法。如果单纯发展某一行业,或过分偏重发展某一行业,一个城市的集聚和辐射能力就会大大降低。(2)交通、电信和其他服务业要相应配套。这些行业的发展不仅从各个方面大大方便了市民和来客,特别是大大提高了贸易、金融业和工业的运行效率。(3)只有全面、协调发展各种产业、交通电信业和其他服务行业,才能形成城市——作为综合经济发展中心的集聚功能和提高各种企业的经营效益。从而,在国内外的竞争中始终保持有吸引力的优势地位。

在提出借鉴上海发展中的历史经验时,我们也需要指出,上海在解放前是一个半封建、半殖民地社会,在经济发展上也有着严重畸形的一面。因此,上海在历史上也存在不少问题,也有许多值得我们研究的教训:(1)从以上的简要分析中可以看到,在上海多功能的经济中,最薄弱的是工业。一是在历史上上海工业的整体实力比较小;二是工业结构偏轻,轻纺工业所占比重超过80%;三是缺少完整的重化工业和机械制造工业。而我们知道,没有自己的重化工业,也就不会有真正独立的民族工业。(2)由于工业薄弱,反映在对外贸易上,从1864～1937年的长达73年中,除1915年外,上海的对外贸易全是逆差。由于工业薄弱,上海出口的多是茶叶、生丝等初级原料,出口的工业品极少。因此,在历史上上海经济虽然也是繁荣的,但是很脆弱的。一旦遇到金融危机或其他波动,上海经济就常常陷入困难之境。

2. 上海在历史上作为对外开放的口岸和新崛起的城市,经济的国际化程度也很高

上海整个经济的运行机制,企业的生产经营方式,市场的交易规则和整个城市的管理模式都比较符合国际通例和能比较顺畅的同国际接轨。上海历史上这方面的丰富经验,同样值得我们认真总结和借鉴。具体说有:

(1)在上海经济中,外国银行发挥较大作用。20世纪30年代,外国银行在沪的总资产差不多是本国所有银行资产的总和。外国银行的借款成为上海许多企业筹资的重要渠道。例如著名的荣家纺织工业集团,在上海工业中,特别是在民族工业发展中一直占据着突出地位。在它的不断扩大生产、拓展经营规模的过程中,外资是它重要的资金来源。它经常采用的,是应用抵押贷款的方法从英国汇丰等银行筹集资金。

(2) 在工业方面,外商的直接投资也占很大比重。以纺织工业为例,1931年,上海有英资纺织厂 3 家,有纱锭 17 万枚,织布机 2 700 台;日资纺织厂 30家,有纱锭 125 万枚,织布机 13 700 台。中资纺织厂 28 家,有纱锭 107 万枚,织布机 7 900 台。英、日合计,外资纱锭占总数 249 万枚的 57%;外资织布机占总数 24 300 台的 67.5%。外国银行的进入和外商大量的直接投资是上海在历史上成为国际性金融、贸易中心的重要因素之一。

(3) 上海企业的经营管理方式比较现代化,比较接近国际惯例,比较容易同国际市场衔接。外资的大量进入,外国银行、特别是国际上著名银行在上海设立分行,以及欧美和日本的一些著名企业在上海直接投资和建厂,也为上海带来当时比较先进的经营银行和管理企业的观念和方法。在 19 世纪后叶,当中国的大部分地区尚是封建社会、经济异常落后的时候,上海已开始建立新式学校和建造以机器操作为主的工厂。在这方面上海的主要历史经验是:1)在纺织、面粉、卷烟等工业中引进了先进的设备、技术和管理方法,并能比较熟练地掌握这些技术和管理方法。正如当时申新纺织公司总经理荣宗敬所说:"造厂力求其快,设备力求其新,开工力求其足,扩展力求其多,因之无月不添新机,无时不在运转。"[8]因此,上海在技术进步和管理先进方面,在历史上一直领先于全国。2)随着工业逐步发展,出现了企业规模的不断扩大和经济效益的迅速提高。例如著名的申新纺织公司,到 1931 年已拥有 9 家工厂,其中 7 家设在上海,总共有纱锭 43 万枚。另一家同申新齐名的永安纺织印染公司,同年也拥有 4 家工厂,有纱锭 24 万枚。这两家公司共装有纱锭 67 万枚,占当时上海全部华资纱锭总数的 63%。由于企业规模的扩大,加上技术先进,管理科学,上海企业的效益,也在历史上长期高于全国。3)在上海和全国许多地区设立分支机构和营销网络。办法是:一是在原料丰富地区设立分厂;二是在其他城市和富裕的乡镇形成销售网。例如上海的烟草公司在全国就设有 10 个卷烟分厂,6个烤烟厂,6个印刷厂和一个机械厂,并在许多地方设立了遍布城乡的销货网。4)在企业内部,从引进泰罗制开始,也有一整套比较科学和严密的管理制度,在行业内部,上海也最早出现了厂间的协作和专业方面的分工。5)在企业组织方面,同样借鉴和引进了外国已经时尚的企业集团和同业联合等组织形式。

(4)上海经济的运行机制,由于从一开始就受到外资影响,也是充分市场化的,政府的干预比较少。由于有大量外国商品拥入,民族工业从它诞生的第一天起,就是在国内外市场的竞争中生存和发展的。在市场的发展方面,在1843年开埠以前,就存在一定的国内埠际贸易。输入上海的主要是大豆、豆油、大米和杂粮等,输出的主要是棉布等手工产品。上海由于地理位置适中,江苏南通、启东和海门等地的棉花也常经过上海中转到国内其他地区。因此,这些商品的零售市场和批发市场都有了一定规模。开埠以后,在外资和外来商品的刺激下,国内埠际贸易和国际贸易同步发展,各类商品市场也迅速形成和扩大。到20世纪初,随着交易所的出现,更把上海经济的市场化推进到一个新的发展阶段,在交易所出现之前,那时规模较大的批发交易往往是在茶楼以临时聚会的形式进行的。1919年7月,"上海证券物品交易所"正式成立,从此上海的批发市场和期货市场进入更高的发展阶段。1919年日本商人在上海开设以经营棉花和面粉期货为主的"取引所"(即交易所)。中国商人为了同他们竞争,在1920年建立"上海面粉交易所",1921年又成立"上海棉纱交易所"。在20世纪20年代到30年代初,是上海各类交易所大发展时期,最多的时候,上海有交易所140多家。进入交易的商品种类繁多,除最活跃的证券外,在农产品方面有豆类、棉花、杂粮、茶叶等;在工业品方面有棉纱、棉布、糖、面粉、夏布和五金等;在生产资料方面有水泥、煤炭、沙石等。在交易所发展方面也出过许多风波,交易所的数量也时有升降,但像"上海证券物品交易所"以及有关棉纱、面粉等重要商品交易所则一直成为上海经济市场化中的重要支柱,也对上海成为中国和当时亚洲地区最大的金融、贸易中心作出了历史性的贡献。相对比较发达的上海市场以及由此形成的比较规范的市场规则和竞争机制,造就了大批具有国内外影响的上海企业,培育了几代掌握市场运作规律的可贵的人才。在这方面,上海历史上形成的这些宝贵传统至今仍然具有极为重要的现实意义。

(5)在城市建设和管理方式方面,上海在历史上也是接近国际水平的。1)在贸易、金融、工业、交通电信业和其他服务行业迅猛发展的带动下,上海城市设施在国内也是最现代化的。20世纪初,上海旧城被拆除(比其他城市早了半个世纪),使原先被分割的城内城外联成一体,从此,宽阔整齐的街面替代了过去狭窄的旧式巷道,成群的大楼拔地而起,形成了新的商业中心。1865年,中国最早的一家煤气厂开始向上海的居民和工厂供气;1882年,中国第一家发电厂在上海建成。电灯和煤气的出现使城市面貌焕然一新。电车和公共汽车的数量和服务在全国也是领先的。随着上海现代化新城的崛起,教育和文化也同步兴盛起来。19世纪60年代,新式学堂在上海纷纷出现。1897年,交通大学的前身——南洋公学创立,使上海的现代教育事业进入新的发展阶段。同样,经济发展也促进了文化的繁荣。同上海是国际性经济中心一样,上海在历史上也是国际性的文化中心。2)在城市管理方面,不论是上海市政管理的组织方面,还是在市政管理的方法方面,上海在历史上现代化的程度也都是很高的。在管理组织方面,市政府有市政会议,租界有工部局,民间有参事会,分头从各个角度对上海的市政进行管理;在管理方针上,各机构都重视市政法规的制定和公布,明确各部门管理人员的职责和岗位,并定期进行总结和监督。

在我们肯定上海在历史上,在经济的国际化和市场化方面,在城市建设的现代化方面,在企业经营管理的科学化方面许多有益的经验时,同我们肯定上海历史上就是多功能的经济中心一样,也必须严肃地指出,上海历史上在这些方面也存在着严重的不足,例如,在大量外资进入方面,很显然,无论是银行开设还是在工厂建立方面,外资所占比重都偏高;在城市建设方面,由于华洋分割,多个租界的存在,在道路、上下水道和其他基础设施的布局方面,至今仍留有许多后遗症。就是在企业经营方面,民族工业企业引进了不少现代的管理方法,但同外资企业相比而言,仍存在着封建社会遗留下的许多陋习。所有这些,同样都是值得好好研究和认真吸取教训的。

但不管怎么说,我们应该看到,上海丰富的历史经验(包括它的不足)在中国和东亚经济中的辉煌地位,对浦东崛起和上海再振雄风都是极其宝贵的财富,都是极为重要的激励力量,只要我们善于借鉴和应用,浦东、上海就能在更高的层次上发展自己,在中国和东亚经济中作出自己新的贡献。

二、新中国成立后上海经济的地位和作用

1949 年 5 月 27 日,上海解放。上海经济进入了又一个历史发展阶段,在经济上创造了新的辉煌。

从解放初到改革前,上海经济发展中虽然有不少曲折,但成绩是巨大的,其中,最值得骄傲的是,为改革后新发展打下的最大基础是,在近 30 年中,上海建成为全国最大的工业基地。而且,不仅仅是规模上、数量上有了发展,特别重要的是在上海工业中,重化工业,包括机电工业有了突出的发展。从而,到 20 世纪 70 年代末,上海不仅仅是一般的工业基础,而且是轻纺工业、加工工业和基础工业全面发展的综合性工业基地;不仅为上海在改革,特别是浦东开放后的新飞跃准备了雄厚的物质条件,而且,在推进中国工业化和现代化进程中发挥了特殊重要的作用。

上海在这一历史阶段的主要历程和业绩是:

第一,第一个五年计划的杰出成就。我们在概述上海经济的历史发展时已经指出,在上海历史上繁荣的经济中,最薄弱的是工业,特别是没有重化工业。因此,解放后最着力抓的也正是工业,特别是优先发展重化工业。其中,从 1953 年开始的第一个五年计划对此作出了特别宝贵的贡献。1949 年到 1952 年是解放战争之后的恢复时期。从 1953 年开始,上海进入了全面建设时期。到 1956 年,即经过四年,上海就提前完成第一个五年计划。到 1957 年,即"一五"末期,上海工业发生了极其明显的变化:(1)工业发展速度加快,工业在社会总产值中的比重上升。在"一五"期间,工业年均增长 14.5%,1957 年比 1952 年增长近一倍。工业在社会总产值中的比重升到 78.8%,上海工业化的步伐

表 3-1　上海"一五"期间工业增长指数

(以 1952 年为 100)

年　份	全部工业	轻工业	重工业
1949	51.5	57.4	29.1
1950	53.1	57.7	36.0
1951	81.8	82.8	78.3
1952	100.0	100.0	100.0
1953	136.9	133.1	151.2
1954	144.0	137.9	167.1
1955	139.9	131.6	171.1
1956	187.9	166.7	267.9
1957	197.1	171.1	295.6

资料来源:《上海统计年鉴》。

表 3-2　上海"一五"期间工业结构变化

年　份	工业总产值(亿元)			比重(%)	
	合计	轻工业	重工业	轻工业	重工业
1949	35.1	30.9	4.2	88.2	11.8
1952	68.1	53.9	14.2	79.1	20.9
1957	134.2	92.2	42.0	68.7	31.3

资料来源:《上海统计年鉴》。

大大加快(见表 3-1)。(2)在工业结构中,重化工业的比重有了明显的提高。1949 年解放时,上海重化工业的比重仅为 11.8%,到 1957 年,已上升到 31.3%,在不长的时间中,重化工业的比重增加了 19.5 个百分点(见表 3-2)。(3)在重化工业内部,各部门发展比较齐全,相互配套能力很强。钢铁工业、化学工业、机电工业、造船工业和建材工业都有发展。其中以机电工业发展最快,在重工业中的比重占 50% 左右。这些机电工业,一方面为上海轻纺工业提供了必要的国产装备,另一方面,更为全国机电工业的发展开创了一个崭新阶段。上海在第一个五年计划期间经常制造出在全国也是第一次制造出的设备。例如第一家制造出中国自己的发电设备等。"一五"期间上海重化工发展中另一个进展是原材料工业,像钢铁工业、电力工业、基本化学原料工业、石油工业、有色金属工业和重化工业等都有了一个好的发展开端。(4)轻纺工业有了新的发展,特别是生产了一系列人民需要的新产品。例如,在全国都不能生产青霉素的情况下,上海从1952年开始试生产,1953年试制成功后,为全国填补了空缺。1956年,上海生产的青霉素已近2万公斤,占全国总产量的99%。其他轻工产品,同样仍在全国占据重要地位。例如胶鞋占51.6%,卷烟占38%,上海依然是全国最重要的轻工业基地。(5)主要工业产品的产量大幅度增长,上海成为全国工业品的主要供应地。上海原先的纺织产品又有新的增长,轻工业品,尤其是其中的新兴产品——日用品三大件:自行车、缝纫机和收音机更有了成倍增长。在重工业品中,钢、钢材、水泥、平板玻璃、机床等更是空前大幅度增长,例如钢增长了100倍,钢材增长了30倍,等等(见表3-3)。这些产品在全国都广受欢迎,有重要影响。

表3-3　上海"一五"期间主要产品产量

年份	机床 (台)	钢 (万吨)	钢材 (万吨)	水泥 (万吨)	玻璃 (万箱)	自行车 (万辆)	收音机 (万台)	缝纫机 (万台)	布 (亿米)	纱 (万吨)
1949	690	0.5	1.5	3.8	—	0.4	—	0.5	6.5	13.3
1950	1 459	2.1	4.9	6.3	—	0.8	—	2.4	6.5	15.7
1951	3 673	3.4	10.8	11.7	—	2.8	0.1	5.5	9.1	19.1
1952	3 789	7.1	14.1	11.4	2.6	4.0	0.2	5.9	11.1	25.1
1953	6 778	14.3	18.4	14.1	14.0	8.8	1.0	11.1	13.0	26.7
1954	5 169	22.7	23.0	17.3	18.0	16.5	2.1	14.0	13.7	27.9
1955	2 548	31.8	29.0	15.1	15.6	18.0	2.5	10.6	10.7	23.3
1956	3 318	40.4	45.0	19.0	15.4	23.7	6.9	14.2	14.4	30.4
1957	4 399	51.8	60.5	17.0	13.9	28.5	14.3	17.7	11.5	26.5

资料来源:《上海统计年鉴》。

第一个五年计划为上海工业的大发展拉开了序幕,也为上海发展成为全国最大的工业基地奠定了基础。从第二个五年计划开始,上海的重工业进一步加快了发展速度,到1970年,上海的重工业在工业中的比重第一次超过50%。在整个70年代,重工业的比重一直在50%—54%之间。1978年,当改革开始时,上海的钢产量已接近 500 万吨,是 1949 年的 1 000 倍。其他重工业也有了大规模的发展。这些可以说,都是第一个五年计划时期打下的基础。

第二,上海经济在全国的地位更加突出。经过"一五"计划和随后几个五年计划的发展,上海经济,特别是上海工业在全国的地位更加突出。到 20 世纪 70 年代末,即改革前夕,上海已经成为全国最大的工业基地和经济中心。当时上海的工业产值占全国的 1/8;上缴给国家的财政收入占 1/6;外贸出口占 1/4;从上海调出的主要工业品接近占全国的 1/2。上海生产的许多工业品都在全国居于突出地位。

随着上海经济在全国的地位更加突出,上海经济对全国所作的贡献也日益增加:(1)首先是随着上海优先发展重工业,特别是发展机电设备制造工业,上海逐渐成为全国重要的国产设备供应基地。早在"一五"计划时期,上海就成为支援全国重点建设工程的基地。上海生产的车床、发电机和电动机,成为当时东北建设的许多重点工程,例如鞍山钢铁公司和长春第一汽车厂等的重要设备来源。上海生产的纺织机械,包括精纺机械,也成为各地发展纺织工业的主要设备来源。又经过几个五年计划之后,到 20 世纪 70 年代末,上海已成为我国许多大型成套设备的生产基地和供应基地,支援了兄弟省市的建设,促进了各地的工业化进程。(2)上海成为全国建设资金积累的最大宝库。由于上海有相当好的经济发展基础和比较高的经营管理水平,因此,不论是轻纺工业,还是重化工业,经济效益都十分好。一般是投入少,产出高。产值利润率、资金利润率和劳动生产率都比全国平均水平要高得多。在"一五"计划期间,工业产值在 5 年中增长了 97.1%,几乎增长了一倍,但在 5 年中,新投入的资金很少,主要是靠挖潜,提高各种原料和设备的利用率。根据计算,在工业产值的增长中,63.1% 是靠技术进步和提高劳动生产率而获得的。因此,为国家积累了大量的宝贵资金。以"一五"计划为例,在 5 年中,上海全市财政收入高达 177.5 亿元,其中 5 年地方财政支出才 12.3 亿元,其余都上缴国家,作为国家建设的资金来源。到 70 年代末,近 30 年中,上海总计财政收入高达 2 713 亿元,扣除地方财政支出和中央在沪投入,上海的净贡献超过 2 000 亿元(见表 3-4)。

(3)上海的各种建设人才走遍全国。上海在历史上作为金融贸易中心,培育了一代又一代的银行业、保险业、国际贸易和经济管理方面的人才。解放后,随着国家管理经济的需要,上海在这方面的高层管理人员和经营人员离开上海,走上全国各地的岗位。上海在发展纺织、轻工业方面,以及在发展电力工业、机械制造工业和钢铁工业等方面积累的大批技术人员、管理人员以及熟练工人,这时都成了各地新建设项目的珍贵财富和有用人员。因此,从"一五"计划开始,大批上海的工程师、上海的经理、上海的科学家应祖国的需要走向长江三角洲,走向长江流域,走向大西北,走向东北地区和西南地区。根据有关部门统计,在"一五"期间,从上海出发走向全国的各种人员就近25万人。其中工程技术人员3万人,熟练技术工人10万人。到70年代末,上海采用各种方式支援全国的人员已达到200万,其中科技人员和熟练工人超过50万人。综上所述,30年中上海在物质供应方面,在资金积累方面和人才的输送方面都对全国作出了积极贡献。

表 3-4 上海市"一五"期间财政收入支出状况

年 份	全市财政收入(亿元)	全市财政支出(亿元)
1949	0.34	0.07
1950	7.36	0.80
1951	16.94	1.48
1952	19.30	2.10
1953	28.33	1.87
1954	32.14	2.34
1955	31.05	1.88
1956	40.22	2.41
1957	45.77	3.75

资料来源:《1958 年上海统计年鉴》。

第三,上海工业的三次大改组和工业结构的不断升级。解放后上海工业发展中另一重大进步是:工业的三次改组和工业结构的不断升级,从而使上海工业,在国内始终处于领先地位,在国际上也始终具有一定的竞争能力。

第一次大改组是在"一五"末期进行的。上海工业在解放前十分分散,除少数几家工厂外,企业规模过小。经过"一五"时期的发展,特别是随着机电工业的发展,上海作为全国最重要的设备供应基地,迫切需要对大批设备陈旧、规模过小的企业进行合并和改组。因此,从1956年下半年起,结合公私合营和社会主义改造的浪潮,上海进行了第一次工业改组。1952年,全市共有工厂25 800家,每家平均有职工28人。如果扣除几家——像江南造船厂等——大厂的话,每家工厂平均拥有的人数就更少。根据当时统计,职工在9人以下的厂就有15 600家。这些厂与其说是工厂,还不如说是小作坊、手工工场更合适些。经过改组,到1957年,全市工厂从25 800家减为17 100家,即减少了8 700家。每个工厂的平均人数翻了一番,即从28人上升到57人,特别是9人以下的小工厂整整减少了一大半。在改组中变化最明显的是机电工业。当时主管局根据产业发展需要,把全行业合并、改组为13个公司,并按专业分工、规模经济原则,分成专门制造成套设备(或制造整机)、专门制造协作配件和附属设备以及专门进行维修服务3大部分,从而大大提高了上海工业生产水平和开发新产品的能力。

第二次大改组是在"二五"期间进行的。第一次改组的成果是,机电工业走上比较正规的发展道路。重工业的比重有了明显的提高。但是,解放后的上海,已同历史上的上海不一样,不能仅仅从上海的经济繁荣出发,而是要根据全国建设现代工业体系的需要,更大规模地发展重化工业。因此,进入第二个五年计划时期,一方面,上海开始新建大量钢铁厂、化工厂和大型机电制造工厂,另一方面,必须对原有工厂进一步进行改组。这次改组的目标:一是继续通过合并、改组,把大批小厂,按专业分工原则,改组成为行业里的骨干大厂。二是从工业结构升级的需要出发,特别是从创建新兴工业——仪表电子工业的需要出发,通过更深入的改组,把其他行业——当时主要是把纺织工业和轻工业中的大批企业并入重化工业,把一些服务部门的人员调入重化工业。根据当时统计,进入仪表行业的职工就有近2万人,转入钢铁行业的职工更超过3万人。三是把原在上海的部分工厂,主要是以农副产品为原料的轻加工业,有步骤地迁移至外地,主要是迁移至原料产地。从1958年到1960年,上海迁至外地的工厂近300家。通过新建、改组和外迁,上海工业的重化工程度进一步提高,上海工业的生产技术水平进一步提高,工业结构进一步升级(见表3-5和表3-6)。

表3-5　上海市"二五"期间轻重工业结构的变化

年份	全市工业产值(亿元)			比重(%)	
	合计	轻工业	重工业	轻工业	重工业
1957	118.5	84.0	34.5	70.9	29.1*
1958	177.8	111.0	66.8	62.4	37.6
1959	257.9	142.9	115.0	55.4	44.6
1960	310.2	135.5	174.7	43.7	56.3
1961	190.0	98.0	92.0	51.6	48.4
1962	150.3	89.5	60.8	59.5	40.5

注:*按1957年不变价计算的比重。如按1952年不变价计算,则为31.3%。
资料来源:《上海统计年鉴》。

表3-6　上海市"二五"期间工业部门结构的变化

年份	冶金工业		化学工业		机械工业		纺织工业		食品工业		造纸工业	
	产值(亿元)	比重(%)	产值(亿元)	比重(%)	产值(亿元)	比重(%)	产值(亿元)	比重(%)	产值(亿元)	比重(%)	产值(亿元)	比重(%)
1957	9.3	7.8	14.1	11.9	22.0	18.6	44.1	37.2	11.2	9.5	2.0	1.7
1960	32.6	10.5	39.9	12.9	128.5	41.4	54.8	17.7	10.9	3.5	2.9	0.9
1962	17.8	11.9	25.0	16.6	35.7	23.8	30.0	20.0	10.0	6.6	1.8	1.2

资料来源:作者根据《上海统计年鉴》数字计算而得。

第三次大改组是在1963~1965年之间进行的。起先仅是对发展过快的工业部门作适当约束,加强工业内部的综合平衡,增强能源和交通的供应能力和增加工业维修力量等方面进行调整。真正的改组,是从1964年开始的。以提高质量为中心,以加快上海工业技术进步为主要内容的,新的上海工业发展方向的提出。经过"一五"和"二五"计划的大规模发展,特别是经过所谓"大跃进"时期的工业扩张,上海工业在数量上发展很快,但质量上的问题明显增加;经过前两次改组,上海工业虽有很大进步,但整个工业除新建的少数大、中企业之外,大多数企业设备陈旧,技术落后。因此,要使上海工业继续前进,在数量扩大的同时,在质量上,在技术装备上要跟上国际上的潮流,上海工业必须有新的发展方向。因此,第三次大改组最重要的内容是,提出了有计划、有重点发展新设备、新技术、新工艺和新材料的"四新"方针。并根据这一方针,集中财力、物力和人力,着重建设6大新兴工业部门和发展18项新兴技术。6大新兴工业是:电子设备制造工业、石油化工和高分子合成材料工业、精密机床和特种设备制造工业、精密仪器仪表工业、新型金属材料工业和新型非金属固体材料工业。18项新兴技术包括:电子计算机技术、工业自动化技术、激光技术、红外技术、真空技术、焊接新技术、电加工技术以及氧气炼钢、连续铸钢等新技术。这一方针的提出和落实,终于把上海工业推上了一个全新的台阶。1.2万吨大型水压机、10万千瓦的双水内冷发电机、20万倍大型电子显微镜等这些不仅在国内,在国际上也处于先进行列的新设备和新仪器,都是在这一时期诞生的。从此,上海不仅作为国内最大的工业基地,而且是比较先进的工业基地而闻名。

综上所述,从1949年到1978年,在近30年中,上海逐步建设成为一个门类比较齐全,结构比较合理,技术比较先进的综合性工业基地。这为改革后上海经济的新飞跃和浦东崛起准备了雄厚的物质条件。但在肯定上海在这一历史时期取得的巨大成就的同时,我们也必须看到,同历史上上海经济的特色相比,在工业强大的同时,上海作为金融贸易中心的地位却失去了,上海的第三产业大为逊色。

第二节　上海经济发展新战略的制订

1978年12月,中共中央十一届三中全会召开。从此,中国进入了改革开放的历史新阶段。上海同全国一样,进入了一个新的历史发展时期。

从发展方面说,制定了上海在20世纪80年代发展的新战略;在改革方面,上海开始从传统计划经济向市场经济过渡;在对外开放方面,上海作为沿海14

个开放城市之一,在吸引外资和进入国际市场方面跨出重要的一步。所有这些为随后的浦东开放在各方面创造了许多新的重要经验。如果说,历史上上海的传统和经验具有巨大的借鉴意义的话,那么,改革以后创造的新经验,更是为浦东崛起作了一系列直接准备。

一、上海 80 年代经济发展面临的新形势

1949 年解放以前,在极为优越的地理条件下,在 100 年左右的时间里,上海发展成为我国,同时也是远东最大的商埠和金融中心;工业基础虽然极为薄弱,但是金融贸易却极为兴盛。

解放后,经过一个相当长时期的努力,到 20 世纪 70 年代末,上海逐步形成轻、重工业并举,门类比较齐全,协作条件优越,具有相当强综合生产能力,社会经济效益比较高的全国最大的工业基地。

但是,上海经济进入 80 年代以后,出现了一些新的情况。由于国内外一系列条件的急剧改变,上海经济发展在开始几年遇到许多困难。这决不是一种偶然的现象。虽然形成这种现象的因素比较复杂,但是它充分显示出上海在过去大发展中也遗留下许多需要解决的问题。上海的经济已经不能再按老路、按老的模式继续发展;上海处于发展过程中的新的战略转折点。同时,鉴于上海在全国经济发展中具有举足轻重的影响,因此,对那时的经济形势进行全面的科学分析和估量,对上海今后的经济发展作出战略抉择,就成为当时经济界、学术界刻不容缓的任务。

1. 上海经济在 80 年代初面临新的严峻挑战

(1) 能源、原材料供应日益紧张。新中国成立 30 年,上海经济的发展取得很大成绩,但经济发展的路子基本上是粗放型的,即产值的增长主要是依靠大量物质资源的投入。从 1949 年到 1979 年,上海的工业产值增长 25 倍,同一时期,能源消耗增长 24 倍,钢材消耗增长 74 倍,即产值每增长 1%,能源就需增长 0.96%,基本同步,钢材则更需增长 2.96%,远远超过产值的增长速度。经济增长对能源和原材料的依赖异常严重。上海每年需要消耗煤炭 1 500 万吨、石油

800 万吨、生铁 400 万吨、钢材 250 万吨、水泥 250 万吨、木材 140 万立方米以及其他大量物资。因此,随着上海工业规模的不断扩大,要继续依靠老路子——即单纯依靠资源的增加发展生产已经越来越难,既使国家和兄弟省市不胜负担,也已到了上海城市容量可能承担的极限。

(2) 发展速度减慢。上海经济的发展速度曾经比较快,但从 1979 年开始,速度逐渐减慢,每年的发展速度都低于全国的平均速度。1983 年,上海工业产值为 678 亿元,占全国工业总产值 6 147 亿元的 11.03%,即为全国的 1/9 弱,已比 1980 年的 1/8(12.5%)下降了一个半百分点。虽然经济发展的速度会时低时高,如果高物耗的经济结构不改变,上海经济要出现新的较长时期的高速增长是困难的。

(3) 经济效益降低。上海的经营管理水平较高,生产的经济效益较好,30 年上交国家的税利已超过 2 000 亿元,但随着价格改革的逐步进行,能源、原材料和农副产品价格的逐步提高。上海的效益逐步下降,20 世纪 80 年代开初几年,尽管产值增长的速度已经放慢,但财政收入的增长速度更慢,并不时出现负增长。1980 年比 1979 年少上缴 5.2 亿元,1981 年比 1980 年少上缴 3.6 亿元。1982 年又比 1981 年少上缴 7.8 亿元。

高物耗的产业结构和产品结构,使产品成本构成中物耗的比重异常之高,1981 年的工业产品成本中,能源、原材料和其他物资消耗的费用占 86.3%,1982 年已接近 88%。根据美国经济学家登尼森的估计,在美国的生产成本中,物质消耗费用占 25%。预计我国能源和原材料价格的发展趋势必然是继续上涨,因此,不从根本上改变上海高物耗的产业结构和产品结构,上海的经济效益必将进一步下降。

(4) 内联外向困难。落后的产业结构和产品结构使上海同内地的差距缩小,同国际上的差距拉开,内联外向日益困难。20 世纪 80 年代最初几年在对外贸易中换汇成本的逐年上升,外贸中连续几年出现的高额亏损,正是这种差距日益拉开的尖锐反应。1982 年,上海出口商品的收购价值占全市商品收购总值的 1/3,对外贸易在上海经济中占有着重要的地位。因此,上海的对外贸易正经历着严重的考验,多出口要增加亏损,少出口又要影响全市的利税和产值。不从根本上改变落后的产业结构和产品结构(特别是出口产品结构),也就无法摆脱对外贸易中进退维谷的双重困境。

可见,落后的产业结构正使上海的发展速度、经济效益和对外贸易等各个方面遇到巨大的困难。

2. 上海工业在80年代初遇到困难的原因

上海经济遇到困难和产业结构落后的原因是多方面的,从生产力发展角度分析主要是:

(1) 技术进步缓慢。在上海的经济增长中,长期来(从60年代初开始)主要依靠大量资源的投入,而不是依靠科学技术进步。根据当时我和其他同事合作的初步计算,在1963年至1982年的20年内,技术进步因素在经济增长中的作用为10%;在1970年至1979年10年的计算中,技术进步因素的作用为13%。两个时期的计算都表明,在相当长的时间内,上海的技术进步十分缓慢。同发达国家相比,差距很大(在1950～1962年期间,美国为41%;联邦德国为62%;日本在1955～1968年期间也达60%)。

(2) 科研投资不足。技术进步缓慢的重要原因,是科学研究和技术开发的投资太少。从1950年到1981年的三十多年中,上海的科研投资平均仅占基建投资的1.4%,折算成占国民生产总值的比例,更是微乎其微,约占0.2%,即仅为发达国家3%的1/15。企业用于新产品试制费用一般仅为销售总额的0.3%,也只有国外企业3%～6%的(1/10)～(1/20)。由于缺少中间试验费用,即使有了一些科研成果,也常常只有10%～20%能转化为现实的生产力。

(3) 企业设备陈旧。上海工业企业长期来上缴税利多,返回投资少,设备极端陈旧。在轻工业系统的8.8万台设备中,20世纪三四十年代的占40%,50年代的占50%,六七十年代的仅占10%;在纺织系统的毛纺染整设备中,43%仍是解放前安装;在全市的工作母机中,粗加工的机床、刨床仍占大多数。很明显,落后的、低效率的技术设备和技术结构,是产业结构和技术结构落后的重要原因。

（4）投资分配过度集中。从 1949 年到 1982 年的 33 年中，上海工业部门的基建投资共为 198 亿元。为了优先发展重化工业，投资主要集中于冶金、化工、机械和为它们提供能源的燃料和电力部门，这几个方面的投资即占总投资的 82.18％，加上纺织，占 90.14％。上海工业基建投资本来就少，又主要集中在以重化工业为主的高物耗的传统工业上，而电子等新兴工业虽然从 60 年代开始，逐渐发展，但所得的投资很少。1983 年上海电子工业的固定资产仅及日本松下电气公司的 4％，也比国内有些省市少得多。上海在注意发展重化工业的同时，对新兴工业的重视不够。或者说，投入的资金太少。

3. 上海城市经济功能的萎缩

我们在前面已经指出，上海在解放后逐步建成为全国最大工业基地的同时，由于受到高度集中的计划经济体制的束缚，金融、贸易等城市的其他重要经济功能都萎缩了。这一缺陷在 80 年代初期表现得更为明显。1984 年，在讨论和制定上海新的发展战略时，我们曾针对这一问题作过系统的分析。[9]

我们从以下五个方面分析上海各产业结构和城市功能的状况：

（1）五大物质生产部门内部结构。1982 年，由全市五大物质生产部门构成的社会总产值为 748.8 亿元，其中：

工业占	82.8％
农业占	5.1％
建筑占	3.5％
交通和邮政占	3.2％
商业占	5.4％

如果考虑到当时农业中尚包括队办工业的产值，那么工业的比重实际上将达到 85％左右，而在发达国家的五大产业结构中，工业一般占 35％～50％，其中美国占 35％，日本占 37％，联邦德国占 5％，苏联占 51％。很显然，上海工业的比重过于偏高。相反，交通运输、邮政通信、建筑业和商业则已日益不能满足工业和城市发展的需要，已严重阻碍上海作为中心城市的作用的发挥。

（2）工业内部结构。1982 年，全市的工业总产值为 636.7 亿元（1980 年不

变价),其中:

机械工业占	25.35%
纺织工业占	23.18%
化工工业占	13.24%
冶金工业占	11.59%

这四个工业部门(被称为上海工业的四大支柱)就占全市工业总产值的73.36%,近 3/4。加上燃料、电力、建材、食品、木材加工工业等,传统工业总计占 95.62%,而电子等新兴工业的产值仅占 4.38%,比例极小,而且技术水平与世界先进水平相比存在巨大差距。

再按资源密集程度划分,在上海的工业结构中:

　　　　劳动密集型工业占 49%

　　　　资金密集型工业占 34%

　　　　技术密集型工业占 17%

也就是说,在全市工业中,劳动密集型工业、资金密集型工业和技术密集型工业的比例约为 5∶3∶2,而美国 20 世纪 80 年代初的比例为 3∶4∶3,差距是明显的。

(3) 国民生产总值构成。我们当时在国内第一次按国外通用的国民生产总值的组成对上海三次产业结构进行分析。1982 年,上海的国民生产总值为332.54 亿元,其中:

第一产业占	6.10%
第二产业占	71.37%
第三产业占	22.53%

其中,第一产业是农业;第二产业为制造业和建筑业;第三产业包括金融、保险、贸易、交通运输、邮政通信、公用事业、服务业和各种非物质生产部门的收入。

三次产业的划分是以人类社会中产业发展的顺序为标志的。第三产业的发达程度是一个国家或一个地区现代化水平的重要标志之一。目前发达国家第三产业比重一般占 50%～60%。例如 1980 年,日本第三产业占的比重为 58%,其中,包括东京在内的关东地区占 59.6%。上海第三产业比重过低(22.53%),不仅给广大消费者造成很大不便,也已严重制约着第一、第二产业生产效率和经济效益的提高。

长期来,由于受到传统观念的束缚,第三产业的发展在解放后一直受到曲解和忽视,也从不计算。当时在我们计算出我国第一个第三产业的比重数字时,还受到好几次批评。

(4) 出口产品结构。在 1982 年经上海海关出口的产品中:

　　　　粮食油料茶叶土畜产占　　　　　　　16.2%

　　　　食品轻工工艺品占　　　　　　　　　22.3%

　　　　纺织丝绸服装占　　　　　　　　　　35.4%

　　　　(其中服装占 13.0%)

　　　　机电五金矿产化工建材占　　　　　　26.3%

　　　　(其中成套设备占 2.16%,电子占 0.52%)

可见,当时上海的出口产品结构,仍然是以初级产品、低中档产品为主。机电产品的出口比例很低,电子产品的比例更是微乎其微。那时,不仅发达国家,就是新加坡、巴西等新兴工业化国家也都在调整自己的出口产品结构,从出口纺织品和日用百货转向出口精密机械和电子产品,即从出口劳动密集型产品和初级产品转向出口加工程度高和附加价值高的技术密集型产品。在这方面,上海出口面临的形势异常严峻。

从以上四个方面的简要分析中可以看到:

第一,在上海的国民生产总值中,物质生产部门创造的价值是主要的,非物质生产部门的收入极少,第三产业的比重极低。

第二,在物质生产部门中,工业产值的比重极高,非工业部门的产值极低。

第三,在工业部门中,资源密集型工业,即物资消耗高、运输量大和污染严重的传统工业是主要的,技术密集型工业和新兴工业的比重很低。

第四,在产品结构(特别是在出口产品结构)中,初级产品和中、低档产品是主要的,加工程度高和附加价值高的产品比重极低。

很明显,上海那时的经济功能和产业结构是过分单一的,上海到20世纪80年代初,已成为单一的工业生产基地,这既不符合改革开放的要求,也日益成为上海经济发展的绊脚石。

二、上海80年代新经济发展战略的制定

针对上海经济发展中的实际问题,按照全国改革进程和上海要发挥新作用的要求,特别是根据上海开放后迎接世界新技术革命的挑战,经过经济界、学术界的广泛研究和论证,经过上海市政府、中央各部委和国务院的周密调查和决策,上海新经济发展战略的主要目标和内容是:在工业内部要加快结构调整和升级,特别要加快新兴工业的发展;在整个城市,要从以工业为主的单功能生产基地向多功能的综合经济中心方向转变,特别要加快第三产业的发展。即:

1. 快速地实现工业结构的战略转移

上海工业发展的战略转移,其实质内容,就是不失时机地从粗放型发展向集约型转移,也就是从现在工业发展主要依靠物质资源的投入向主要依靠技术进步的方向转移。

按照这个战略指导方针,我们当时设想了一个到2000年的上海工业发展的战略目标,即第一方案。它主要包含以下两个方面内容:

(1) 在工业内部,不失时机地、有步骤地发展新兴工业。初步设想,电子工业在工业中的比重从1980年的4.6%上升到1990年的6.8%、2000年的13.3%;生物工程、新型材料、激光、光纤通信和工业机器人等其他新兴工业的比重,1990年达到1.1%,2000年达到7%。两者合计,新兴工业的比重,1990年达到7.9%, 2000年达到20.3%。

上海电子工业与其他新兴技术,有些起步比较早,并且有一定的技术基础,只要指导思想正确和措施有力,实现这一目标是完全有可能的。

(2) 应用新技术,有顺序地、系统地改造传统工业。上海传统工业的特点是技术落后和资源利用率低。因此,广泛应用新技术有顺序地、系统地改造传统

工业,实为当务之急。特别应当注意利用宝钢、上海石化总厂今后提供的充足的钢材和石化原料,大力发展新一代的机电产品、成套设备、专用设备、精细化工和医药化工等附加价值高、技术先进的产品,使上海工业以较快的速度向技术密集型的方向迈进。

按照这个战略目标即第一方案,上海机械工业的比重将从1980年的23.5%上升到2000年的27.08%。其中,精密机床、汽车、电站设备和造船的比重则将有更大幅度的提高;石油化工、精细化工和医药化工的比重将从1980年的11.2%上升到2000年的14.8%。

纺织、轻工在改造过程中,应当把重点放到提高产品质量和扩大新品种上,其中有些轻纺工业的产品应当让出市场并作地区性的转移。

这个目标实现之后,上海工业结构将得到调整和发生重大变化。1)以电子工业为核心的新兴工业,在工业中的比重将从1980年的4.6%提高到2000年的20.35%。2)技术密集程度高的加工工业(包括新兴工业、精细化工、医药化工和大部分机械工业)的比重,将从1980年的36.7%上升到2000年的60%。3)物资消耗高,污染严重或产品同兄弟省、市争夺市场的传统工业的比重则都将有所下降。当然,这个战略目标是否能够实现则有待于实践中的努力。

为了进一步论证上述战略目标即第一方案的经济效益及其合理性,我们再假设其他两个方案,采用定量分析的方法来进行比较。第二方案是假设冶金、化工、机械和纺织等主要传统工业部门都翻两番;第三方案是假设重点发展轻纺工业,其中纺织工业翻两番,轻工、手工业翻三番,即大幅度提高轻纺手工业的比重。

经过计算表明,按照第一方案,上海经济结构调整以后的产值利润率将从1980年的30%上升到2000年的36%;按照第二方案,产值利润率将下降到25%,经济效益明显降低。按照第一方案,能源和钢材的消耗增加一倍就可以达到产值翻两番的目标,运输紧张和环境污染也将有所缓和,产品的竞争能力将得到大大加强。相反,按照第二方案,仅能源的缺口就达1 500万吨,运输紧张和环境污染也将更为严重。因此,不可取。按照第三方案,产值利润率虽然也会有所提高,但将重点放在发展轻纺手工业,势必丧失其他方面的技术优势,对上海、对全国都不利。因此,看来也不可取。通过分析比较,只能得出这样的结论:上海工业只能坚定不移地向物质资源消耗少、经济效益高、技术先进的方向转移。

上海工业发展的战略目标选择第一方案,标志着上海工业将从粗放型向集约型发展,标志着上海工业将进入一个新的历史发展阶段;在这个新的发展阶段中,技术进步因素将成为上海工业发展的灵魂,从而有可能对全国工业的发展继续发挥领先的作用。

上海工业发展的战略目标选择第一方案,既意味着能使上海腾出手来,充分利用各方面的优势,集中必要的力量,去发展新技术,开拓新的生产领域;又能减轻现在上海在传统工业方面的沉重负担。这就是说,某些技术要求不高、工艺并不复杂的中低档产品,甚至某些高档产品,只要内地省、市现有物质技术条件允许,应当有步骤地转移出去。这样做,从宏观的角度来看,是两利的,既有利于内地工业的发展和技术水平的提高,也有利于上海能集中更多的力量去发展新技术。这样做,上海工业的产值和利润可能暂时会有所减少,但从全国这个全局来说,速度和经济效益可能有所提高。

产品转移的回旋余地是十分广阔的。其去向可以是上海本地的卫星城镇和更为广阔的乡镇工业,也可以是上海经济区的各城市,以及更为广大的内地省、市。

在产品转移的过程中,应当注意把产品转移和上海工业布局、城市布局的调整紧密结合起来,从而为改造上海旧城市(旧市区)创造必要的条件。

2. 快速地实现城市经济功能的大规划调整

上海城市经济功能的调整,就是要从原先单一的生产基地发展为工业和第三产业协调发展的综合性经济中心,充分发挥上海城市的优势和潜力。如果说,工业结构的调整在当时还比较容易统一的话,那么,城市经济功能的调整则遇到了更多的阻力。为了说服一些反对意见,我们同样设计了三种方案。第一方案,是在提高经济效益的基础上,使工农业产值翻两番,即传统发展方案,注重工业的发展方案;第二方案,是在工业、商业、建筑业、交通邮电业和农业协调发展的基础上使社会总产值翻两番,即注重物质生产部门的发展方案,也比较接近传统发展方案;第三方案,是大力发展第三产业,使国民生产总值翻两番。对这三种不同的方案,我们利用定量分析的方法,进行了测算和比较。下面分别作一简要的介绍。

第一方案,以实现工农业总产值翻两番为目标。计算表明,实现这个目标,所需投资为1 500亿元;所需物资,即使在新兴工业比重提高的条件下,能源将从1980年的2 000万吨上升为2000年的4 000万吨;钢材将从1980年的250万吨增至2000年的500万吨。由于工业的净产值率较低(39%),国民收入仅从1980年的295亿元提高到2000年的1 068亿元,经济效益并不理想。

第二方案,以实现社会总产值翻两番为目标。在实现这个目标过程中,如果适当加快各非工业部门的发展速度,提高它们在社会总产值中的比重,使商业从1980年的5.8%上升到2000年的10.02%;建筑业从1980年的2.88%上升到2000年的5.01%;交通邮电业从1980年的2.95%上升到2000年的3.76%。而工业则相应从1980年的84.04%下降为2000年的76.92%,则这个方案比第一方案的综合经济效益要好些。(1)投资可减少近100亿元,能源可节约300万吨,钢材可节约50万吨。(2)由于商业的净产值率较高(81%),国民收入可增加80亿元。对五大产业结构作适当调整,不仅是全面发展上海经济所必要的,也是有客观可能的。上海在1957年以前,商业的比重一直占社会总产值的15%左右,比方案中的10.02%要高得多。

第三方案,以实现国民生产总值翻两番为目标。实现这个目标,商业、建筑业、交通邮电业和农业的发展,与第二方案基本一致,所不同的也是本方案的特点是,大幅度地提高第三产业中金融、保险、咨询、科学教育事业和其他服务行业的收入,使非物质生产部门的收入在整个国民生产总值中的比重从1980年的5.24%上升到2000年的12.07%,第三产业的比重将达到35%,工业的比重则相应地有所下降。本方案的综合经济效益与第一方案(即工农业总产值翻两番)相比较,投资将减少250亿~300亿元,能源将节约700万~800万吨,钢材将节约 80 万～100 万吨;按净产值计算,国民收入将增加 175 亿元,比第二方案的经济效益还要好些。

对三个方案进行分析和比较,第三方案突出的特点是重点发展第三产业。第三方案还给了我们这样的启示:如果不从上海的实际情况出发,不扬长避短,单纯地追求工业数量上的发展,不但不能得到较好的经济效果,反而会使各种对上海经济、社会、城市发展不利或有害的因素更为严重。衡量一个地区或城市贡献的大小,能否达到或超过某些数量指标不是主要的;主要的标志应当是经济效益,即这个地区或城市在发展经济中是否获得了较好的经济效益(包括必要的速度),以及对全国经济效益的提高是否作出了贡献。80 年代,第三产业是上海经济发展中的一个薄弱环节,必须予以重视和优先发展。随着农村商品经济的发展和城市企业经营自主权的扩大,城乡经济关系和城市企业之间的经济关系必将采取各种形式进一步加强和发展。市场在经济中的作用越来越大。这是我国经济发展的必然趋势。我们必须预见及此,因势利导,促进城乡经济健康地发展。发展第三产业,特别是加快金融业和内外贸易的发展,正是满足城乡经济发展的客观要求。

上海经济经过三十多年的发展之后,在国内外条件发生深刻的变化之后,在 20 世纪 80 年代中期作出了重要的抉择,制定了新的发展战略。在整个城市经济方面,实现了从单一生产基地向多功能的方向转变,并且按照这一要求,根据专家的意见,考核经济发展的指标也由工农业总产值改为国民生产总值。在工业方面,则加快实现结构的调整和升级。上海这一战略的制定,不仅对 80 年代后期上海经济的发展产生重大影响,对我国其他城市经济的发展产生积极的扩散效应,就是对随后浦东的开发开放,对浦东发展模式的选择,特别是对上海提出重振金融贸易中心地位,对浦东确定金融先行、贸易兴市的发展方针都产生了巨大的深远的影响。

三、上海 80 年代在改革开放方面的探索

我国经济改革的目标是建立社会主义市场经济体制。我国坚持和扩大对

外开放的目标是充分利用国内国外两个市场,两种资源,优化资源配置,积极参与国际竞争的国际合作,使我国经济与国际经济互补互接。在整个80年代,上海在改革和开放两个方面都进行了持续的探索,取得了扎实的进展,经济实力进一步增长。

1. 在改革开放促进下,经济实力进一步增强

1990年,上海的国民生产总值为737亿元,按可比价格计算,同1980年相比,刚好增长一倍,即翻了一番。在这10年中,特别重要的是,固定资产投资大幅度增加,达到1 420亿元,是前30年380亿元的5倍,就是扣除价格因素,仍然有着极为明显的增长。而且投资结构也明显改善,基础设施和第三产业方面的投资比重明显上升。这为90年代上海经济进入高速增长行列打下了基础。

在这10年中,上海经济的另一个重要变化,是产业结构按新战略的方向实现了极为良性的调整。在三次产业结构中,第三产业的比重由1980年的21.1％提高到1990年的30.8％。在第三产业内部,无烟囱产业——金融业、保险业、内外贸易、咨询业和其他服务行业有了飞速的发展。上海经济开始沿着新的轨道发展。

2. 经济改革逐步展开和深化

10年中,上海的改革和全国一样,经历了两个发展阶段。第一阶段,是从1978年党的十一届三中全会到1984年党的十二届三中全会,这一阶段,改革的重点在农村。但上海作为重要的工业城市,企业改革的试点,市场体系的培育也已开始。第二阶段,是从1984年党的十二届三中全会通过城市改革的决定开始,上海进入全面改革阶段。上海在这一阶段改革的特色和重点是,原先高度集中的计划经济体制、产品经济模式逐步被打破,商品经济、市场经济逐步发展。突出的进展有:(1)坚持改革,不断解放思想。(2)坚持以公有制为主,发展多种所有制形式。(3)坚持企业改革,不断增强国有企业活力。(4)不断培育和发展各类市场体系。(5)不断进行分配制度和社会保障体系的改革。(6)在科技、教育方面进行相应的配套改革。(7)注意加强思想工作和强化精神文明建设。

在这一阶段,上海改革中最为引人瞩目和影响深远的是社会主义市场经济

的培育和发展。1984—1988 年,上海着重发展各类商品市场,从 1989 年开始,则把重点放到要素市场的培育和建立上。在这方面,1990 年 11 月 29 日上海证券交易所——改革后全国第一家证券交易所的建立,是上海在发展社会主义市场经济方面带有里程碑意义的标志性事件。具体说,它的历史意义在于:(1)要素市场是市场体系的基础,没有要素市场也就没有真正的市场经济。因此,上海证券市场的建立和发展必将对我国最终建立完整的、发达的要素市场起到"领头羊"和推进机的作用。(2)对上海来说,在历史上曾是国际性金融、贸易中心,在改革以后,随着商品经济和市场经济的发展,上海的金融业和内外贸易呈现出日益兴旺的好势头。上海证券交易所的建立,也必将成为上海再振金融贸易中心地位的催生剂。(3)证券市场是一种高层次的市场。上海在证券交易所成立的前夕,即 1990 年 11 月 27 日就公布《上海证券交易管理办法》,所以,上海证券交易所从成立一开始就是比较规范的,成立后又实施了一系列证券交易方面的具体规章制度,为买卖双方提供了一个公开、公平和高效的交易场所。这种规范的市场是上海、乃至全国将来建立成熟的现代化的市场经济体制的一个重要的试验场。

3. 对外开放逐步扩大

上海的对外开放,在 10 年中也逐步扩大。到 1990 年,上海累计利用外资 31.1 亿美元,其中外商直接投资 13.8 亿美元。上海在利用外资方面迈出扎实的一步。在 10 年中,对外贸易同样逐步扩大,10 年累计出口 407 亿美元。

上海在对外开放中,取得进展最显著的方面是:(1)对外开放的格局初步形成。从 1984 年被宣布为对外开放城市以后,上海先后建立了闵行、漕河泾和虹桥三个各具特色的开发区,在出口加工、高科技开发和金融贸易方面打下了对外开放的基础。(2)上海在对外开放和吸引外资方面的起点较高。在这 10 年中已有一批国际性大公司落户上海。到 1990 年为止,在全市批准的 63 家先进技术三资企业中,有 29 家是由著名国际性跨国公司投资的。在全国每年评选的"十佳三资企业"中上海每次评上的都有 5 家或超过 5 家。(3)上海的出口产品结构明显升级。1990 年,在上海出口的 53.2 亿美元产品中,机电重工业产品为 21％,轻纺产品为 67.8％,农副业产品为 11.2％,同 1980 年相比,机电产品比重明显提高。1985～1990 年,机电产品出口的年递增率为 18.5％,要比整个出口的平均速度高一倍还多。

＊　　　　＊　　　　＊　　　　＊

20 世纪 80 年代,上海新的经济发展战略的制定,改革开放逐步展开,经济实力的进一步增强,在经济发展的指导思想上,在积累改革开放的经验上,在各种物资的提供上,都为浦东开发开放,为浦东的迅速崛起创造了最为直接、最为有用的条件。

上海潜在的历史传统和魅力,上海积累的强大经济能量,上海已经形成共识的新发展战略的威力,都在呼唤浦东开放。浦东开放作为上海新飞跃的先导和突破口,又必将使上海经济在新的历史阶段、在更高的层次上再振昔日雄风。

第四章 长江三角洲地区是浦东崛起的广阔腹地

导　　言

浦东崛起不是偶然的。

浦东有中国经济中最发达、实力最强的长江三角洲作为它发展的广阔腹地。

按照地理学方面的规范说法:[10]长江三角洲是长江下游的重要组成部分,是指江苏省仪征市以下,由长江两岸形成的一个河口三角形地带。它由三个部分组成:长江南岸的太湖平原,长江北翼的里下河平原南缘和长江口沙洲地区。太湖平原则是长江三角洲的主体,是三角洲最富饶的地区。

从经济发展角度说,我们常常使用长江三角洲地区这个更广泛的概念。长江三角洲地区则包括:上海市,江苏省的南京市、镇江市、扬州市、常州市、无锡市、苏州市和南通市,浙江省的杭州市、宁波市、舟山市、绍兴市、嘉兴市和湖州市,共 14 个市以及它们所辖的 74 个县(或县级市)。正是这一个地区无论是在历史上还是在现在,都是中国经济最发达和最具有发展潜力的地区。

长江三角洲地区在 20 世纪 90 年代初,有土地面积 10 万平方公里,人口7 200 万人,被公认为中国和世界著名的河口三角洲之一。

长江三角洲地区地理位置优越,是我国东部沿海开放带和长江产业带的结合部,是我国 90 年代和今后相当一段时间中改革开放经济发展和产业布局的重点地区。按照 90 年代初的统计,长江三角洲地区,以占全国 1％的土地和 6％的人口,创造了 15％的国内生产总值。全区人均国内生产总值已达到全国 2000 年的目标,即提前 10 年完成了小康发展阶段。

作为浦东崛起的广阔腹地,长江三角洲地区值得我们重视的有以下几个方面:

第一,长江三角洲地区,在历史上也有着辉煌的发展时期,也积累了一系列丰富的管理经济的经验和优良的传统。

第二,长江三角洲地区拥有门类齐全、基础雄厚的产业聚落和密集的城市群体,这两者的有机和紧密结合,正在使这一地区形成不仅是中国最大、也是世界级的城市群和经济增长极。

第三,长江三角洲地区,内部经济联系密切,埠际贸易发达。改革开放以后,生产要素在区内的流动更为活跃。这些都是推动浦东、上海成为国际性金融、贸易中心的重要力量之一。

第四,长江三角洲地区,历来同世界各国在经济上有着广泛的联系。改革开放以后,这种联系有了新的发展,无论在吸引外资还是扩大出口方面,都进入了一个新的发展阶段。

第一节　长江三角洲地区在历史上的辉煌

中国历来有"上有天堂,下有苏杭"、"天下大计,仰于东南"的说法。长江三角洲一直是中国财富集中之地。

到隋朝大业年间,随着大运河把中国南北方在经济上联系起来,长江三角洲地区迅速繁华起来。地处长江与运河交汇点的扬州很快成为江南财赋、漕运和盐铁转运中心。苏州则因为海内外商人来采购丝绸而成为当时最兴旺的贸易中心。沿运河的淮阴、淮安、镇江、常州和杭州等城市也相应繁荣和发展起来。以手工工场形式出现的丝织业、棉纺业、染坊业也迅速成为这一地区的主要产业。

"江南佳丽地，金陵帝皇洲"，长江三角洲在古代就是我国人口密集、经济和文化最发达的地区之一。

进入近代，随着现代科学技术同三角洲繁华的经济、富饶的土地、发达的文化和方便的交通相结合，长江三角洲很快成为我国近代工业的发祥地之一。特别重要的是，到 19 世纪中叶，随着上海作为中国最大，也是世界著名的新型工商城市的崛起，三角洲在中国经济中的地位愈益突出，愈益重要。

作为浦东发展广阔和理想的腹地，长江三角洲在历史上的优势和特点，概括起来，主要有：

一、有广阔、富饶的土地

长江三角洲地区面积有 10 万平方公里，作为一个河口三角洲地区，其地域之广，在国内外都是少有的。

在国内来说，著名的珠江三角洲地区的面积为 2.5 万平方公里，闽东南三角地区为 2.4 万平方公里，都只有长江三角洲面积的 1/4。就是同国外有名的河口三角洲相比，例如同美国的密西西比河河口，欧洲的莱茵河三角洲相比，面积也要大得多。

长江三角洲不仅地域宽广，而且特别富饶。长江河口是一个三角形的大海湾，三角洲主要由长江顺流而下的大量肥沃的泥沙堆积而成。长江三角洲主要是平原，气候兼有温带和亚热带的特点，四季分明，雨量充足，为发展农林牧副渔——各业创造了异常优越的条件。

长江三角洲地区河道交织，港口密布，海湾众多，又为发展水利和形成四通八达的运输网络准备了先天的良好的环境。

沿着江河分布，长江三角洲形成众多的各具特色的肥沃的冲积平原。处于三角洲中央的是富饶的太湖平原。在它南面的是杭嘉湖平原和宁绍平原；在它北面的是里下河平原。这些平原都是我国最有名的粮仓所在。所谓"苏杭熟，天下足"，正是这些平原十分富饶的写照。

正是这样广阔而优越的土地和自然条件，孕育出我国历史上最具活力的产业带和最为密集的城市群。

二、长江三角洲经济在历史上的繁荣时期

自隋朝以后,长江三角洲地区经济就日益繁荣,在唐、宋、元时期,特别是宋元时期,长江三角洲经济在全国的地位日益重要。在宋朝后期,即12世纪初叶,由于金兵南下,北方人民在金兵骚扰下大批南逃,形成了我国历史上一次大规模的人口迁移,而长江三角洲地区则相对比较稳定,加上人口更加密集,三角洲富饶的土地得到进一步开发,经济更加繁荣。这时经济发展的特色是:(1)农业首先有突破性发展。随着人口猛增,耕地面积急剧扩大;兴建了大量水利工程,增加了灌溉面积,农业生产有了突破性发展。"苏杭熟,天下足"的赞语也就应运而生。(2)手工业出现新的发展势头:纺织业更加兴旺,其中丝织业差不多遍布三角洲各个城镇,而且官府办的和民间经营的都十分兴旺;造纸业、印刷业和文具制造业都名闻全国;制盐、制糖、采茶和酿酒业都日益发展;金属制造业和造船业也开始以较大规模发展;陶瓷业的品种也日益增多。(3)商业日益繁荣。农业和手工业的发展,促进了商业的繁荣。丝绸、纸张、印刷品、文具和精美的陶瓷不仅在三角洲地区深受欢迎,而且也远销全国各地和海外。不论是本国的达官贵人,还是日本的武士世家,都以消费这些商品为荣。(4)在经济发展的基础上,大批繁荣的城市和市镇在三角洲涌现。这时最突出的是南宋朝廷所在的杭州迅速崛起,车水马龙,万商云集,也随即被誉为"江南第一州"。除了各个繁荣的城市外,各地各具特色的江南小镇也雨后春笋般地建立起来。这些小镇作为周围农村的货物散集中心,迅速商业化起来。(5)经济的繁荣也带动了交通的发展。在当时条件下,发展最快的是水运。苏州、杭州和其他许多城市都成为水运枢纽和中心。对外,南北通过运河,东西通过长江,三角洲同全国都有方便的交通;在三角洲内部,由于全地区河道纵横,水运差不多能通达所有重要的市镇。陆路和海运,三角洲同样有着极为良好的车道和港口。

这里特别要指出的是,到明清时期,长江三角洲地区的经济则更上一层楼,经济发展达到封建社会时期的顶峰,成了全国经济最繁荣的地区。

在农业方面,元代引入江南的棉花种植,这时正处于大发展时期,浙东和江苏沿海种植的"浙花",在质地上已超过其他地方(例如山东的"北花")而名闻全国;玉米和番薯的引入进一步增加了农作物的品种,加上农业生产工具(如牛、马、犁、锄、水车)更加齐全,农业生产空前繁荣。

在手工业方面,除丝织业继续保持繁荣外,棉纺织业开始大规模发展。在黄道婆(上海县华泾镇人)的技术革新推动下,松江、上海一带很快成为全国棉纺织业的基地。仅仅黄道婆所在的华泾镇地区,从事棉纺织业的手工业者就超过 1 000 户。他们生产的棉被面也迅速畅销全国。著名学者徐光启在《农政全书》中赞扬道:"松郡所出皆切于实用,如绫、布二物,衣被天下。"[11] 棉纺织业在松江、上海以及整个长江三角洲的崛起对这一地区的经济发展产生了巨大的影响,一方面棉纺织业的发展促进了冶炼业和铸造业的诞生,使三角洲的产业登上一个新的阶段;另一方面,从长远看,对在民初,随着科学技术的应用,长江三角洲发展为全国最大的纺织工业基地也有着极为重要的作用。

在手工业,特别是棉纺织业的推动下,这一时期的商业更加发达和繁荣。特别可喜的是,这时不仅三角洲许多城市更加繁华,而且商业市场的网络也明显地建立和形成起来。对外,南商北商逐渐有了固定的批发销售渠道;在区内,则形成城市商业中心、市镇销售网点和农村集市的、不同层次的市场格局和网络。

在城市的发展方面,除上海在 19 世纪中叶迅速崛起外,三角洲西翼的南京、镇江、常州、扬州和苏州,三角洲南翼的杭州、嘉兴、湖州和宁波等地也都成为当时著名的工商业城市。根据经济史专家的分析,早在明代,"江浙两省的城市就约占全国大中城市的1/3 左右"。[12] 城市在一个地区的经济发展中有着举足轻重的作用。三角洲地区城市群的兴起,是三角洲成为全国经济最发达地区的重要支柱。

概括起来,长江三角洲地区在历史上,特别是在明清时期,是全国农业最发达的地区,是全国手工业,特别是棉纺织业最先进的地区,是全国城市群最密集、最繁荣的地区,也是全国财富最集中的地区。

长江三角洲经济在历史上的辉煌,是改革开放后长江三角洲经济更为繁荣的基础。

第二节　长江三角洲地区经济的雄厚实力

进入近代,长江三角洲地区是我国最早走向现代化的地区之一;解放后,这里工业化的速度大大加快,到 70 年代末,长江三角洲已成为我国最大的工业基地;改革开放以后,在市场化和国际化的推动下,这里的经济登上了一个新的台阶。

一、长江三角洲地区是中国工业的发祥地

进入近代,从 19 世纪下半叶开始,当近代工业和科学技术同这里许多优越的具体条件相结合时,长江三角洲也就成为中国最早的工业发祥地之一,成为中国最早走向现代化的地区之一。

长江三角洲地区在近代化和现代化过程中,发生了许多深刻的变化。下面着重就近代工业的诞生和发展作一简要的叙述。

我们知道,工业化是现代化的主要内容和先驱。由于各国、各地区的特殊历史背景,各地工业化的进程是各不相同的。长江三角洲的工业化进程也就既带有各国工业化的普遍规律,同时又具有自身的明显特征。

从自身特征角度说,(1)长江三角洲的工业首先是由官办的,即由当时的清政府办的,然后才逐步发展到"官督商办"、"官商合办"和"完全民办"。像当时著名的"江南造船厂"、"苏州洋炮局"都是由清政府创办的。(2)由于为列强所迫,工业化首先是从建立军事工业——制造洋炮洋枪,建造海军船只开始的。

但是,一个国家先发展军事工业,光有官办的工业是不够的,是难以持久的。清政府在创办军事工业的过程中,很快出现许多困难,随着发展规模的扩大不仅资金不断短缺,而且原材料和设备的供应也经常难以满足。因此,很快清政府一方面把一些军工企业由官办改为"官督商办"和"官商合办",另一方面

也开始鼓励创办各种行业的民办企业。

创办军事工业引进的先进设备和技术,培养出的大量近代工业的技术人员和经营管理人员,一旦同长江三角洲地区的原先发达的手工业、特别是同原先手工式的棉纺织业相结合,同这里素质极高的劳动力相结合,民办工业也就逐步发展起来。创业初期,由于列强洋货的大举侵入,清政府的无能,民办工业在19世纪下半叶的发展还不是很快,到20世纪初叶,当孙中山领导的民主主义革命取得成功,当1914年后列强忙于欧战,也当中国民族工业已积累一定经验之时,到20世纪20～30年代,长江三角洲的工业也就以较快的速度发展起来。

前已简述,到明清时期,长江三角洲已是我国棉花生产的重要基地。因此,丰富的原料、高素质的劳动力和近代工业技术结合起来,一旦时机成熟,棉纺织业就在这一带迅速发展起来,也迅速成为这一带的最大支柱产业。从1890年,上海机器织布局正式开车起,1891年新华纺织局又接着投入生产,很快,棉纺织业在上海、苏州、无锡、常州、南通和长江三角洲其他城市陆续地,也是迅猛地发展起来。纺织工业规模之大,是其他工业都无法比拟的。例如上海机器织布局在开工生产后不久就拥有外国工程师多人和中国大批技术人员以及工人约4 000人。这在上海,在长江三角洲,在全国都是属于名列前茅的近代大型工业企业。在江苏的一些城市里,纺织工业同样具有很大的规模。在长江三角洲工业化过程中,棉纺织业从一开始就独占鳌头。

从各国工业化的发展规律看,纺织工业都是最早出现,也是最早的支柱产业。同样,在20世纪初,特别是在20～30年代,纺织工业也是上海、江苏和整个长江三角洲的支柱产业。这时纺织工业的一个重要特征是,不仅长江三角洲地区遍地开花,而且也陆续向长江三角洲地区以外延伸。因此,长江三角洲的纺织工业不仅是区内的最大产业,在全国也占有举足轻重的地位。1918年,即第一次世界大战结束的一年,以棉纺织业中的主要指标——纱锭数为例,长江三角洲的拥有量占全国的80％,上海一地即占有60％,充分显示长江三角洲在全国纺织工业的地位和本地区棉纺工业的强大实力。

在纺织工业的推动下,面粉制造业、制烟、造纸、火柴、制革、碾米、榨油和制皂等大批轻工业同样迅速发展起来,长江三角洲逐渐成为全国最重要的轻纺工业基地。这些产品也都在全国占有重要地位。这里特别需要指出的是,长江三角洲的轻纺产品不仅畅销全国,而且逐渐打进东亚一些国家和南洋群岛一带。

在原先军事工业的刺激下,特别是在轻纺工业需求的推动下,长江三角洲的重化工业也从这时开始,逐渐起步。棉纺业、食品加工业和其他轻工业的迅速发展,迫切需要机器制造业、金属品加工业和冶炼业的配合。在工业化开始阶段,这些设备都是进口的,从第一次世界大战开始,长江三角洲的民族机械工业同样随着轻纺工业的迅猛发展而发展起来。1914～1924 年,上海的机械制造工厂从 91 家上升到 284 家。江苏的无锡、常州和浙江的杭州,机械制造工业都开始相应发展。

同样,钢铁工业和电力工业也在这样的背景下逐步成长起来。

长江三角洲地区,作为我国工业最早的发祥地之一,作为我国最重要的轻纺加工工业基地之一,在发展经济和企业经营管理方面给我们积累了许多宝贵的经验和财富:(1)在走向近代化和现代化过程,作为后发展国家和地区,既要从国外输进先进的设备和技术,又要善于利用机会,抓紧发展民族工业。长江三角洲各城市和各地区,抓住第一次世界大战及战后共 15 年左右时间,加速发展民族工业的做法,是值得大书特书的历史性经验。正是这 15 年的发展,不仅使上海、长江三角洲,甚至全国打下了中国工业化的最早基础。尽管由于当时历史条件的限制,民族工业的发展还带有半殖民地的畸形色彩,特别是重化工业十分不足,但终究迈出了中国工业化的重要一步。(2)善于把近代工业和科学技术同本地的优势结合起来:一是在生产方面,善于把国外先进设备、技术同当地的资源(例如棉花)、富余的劳动力结合起来,创造新的优势产业,把资源优势实现为产业优势和经济发展优势。二是在销售方面,注意不仅占领本地市场(把洋货适度地挤出去),而且通过城市贸易和批发中心,各地的市场网络把产品推向全国,在条件合适时,推向国际市场。这种强烈的商品生产观念和市场拓展意识,是非常值得我们发扬和借鉴的。(3)善于在发展工业的过程中,大力推进企业经营管理的科学化和企业组织形式的现代化:一是在建立现代工厂,也即现代工业诞生的一开始,就不仅从国外引进先进的技术设备(也只能如此,除引进外别无选择),而且也从一开始就引进科学的经营管理方法。这一点是非常重要的。我们可以注意到,有些发展中国家,在引进现代设备的条件下,却保留了传统管理的缺陷,这常常是导致现代化失败的重要根源之一。在长江三角洲,无论是纺织企业,还是一些重工业,都是很注意从一开始就按照现代化企业的要求,从厂内管理到对外推销,注意应用科学的经营方法;二是在企业组织形式方面,一些大型企业常常也是从一开始就走现代化的,也即企业集团的道路。例如无锡荣氏企业集团,从 1905 年同人合股创办无锡振新纱厂起,除厂内严格管理,使机器常新,成本常降低,还特别注意向外开拓,一方面在纺织业方面不断向外发展,在 1915~1922 年的 7 年中,就先后在无锡、上海和汉口等地开了 4 家新厂,另一方面则把企业经营范围扩展到面粉和其他行业,逐步形成为实力雄厚的企业集团。另一位著名的实业家,南通人张謇创办的企业也是如此,他以南通大生纱厂为核心,在交通、农业和工业方面开设了 10 多家企业,组成了规模宏大的大生企业集团。在第一次世界大战后的一段时间内,曾涌现出一大批这类有影响的企业集团,他们在企业规模、经营地区和资产总值方面,不仅在长江三角洲是首屈一指的,而且在全国也是十分闻名的。

二、建国后长江三角洲地区工业的迅速起飞

1949 年建国后,长江三角洲地区的工业发展,进入了一个全新的历史发展阶段。

一方面,长江三角洲有着很好的工业基础和其他必要的发展条件,另一方面,社会主义制度的建立,为长江三角洲经济的发展创造了前所未有的机会。因此,经过一段时间准备后,长江三角洲就进入全面发展的,特别是工业发展的新阶段。虽然中间也经历了不少曲折,在工业发展的同时,由于受到高度集中的计划经济和封闭型经济的束缚,金融、贸易和其他第三产业的发展受到削弱。但是,经过近 30 年的建设,在改革和开放的前夕,长江三角洲地区就工业来说已经起飞,已成为我国最大的轻纺工业和机电工业基地,我国重要的钢铁和石

油化工基地,为这一地区今后的进一步发展打下了坚实的基础。

1949年解放后,长江三角洲地区在经济和工业方面的主要优势和特色是:(1)工业全面发展,不仅轻纺工业继续在全国处于领先地位,而且机电工业、钢铁等基础工业也有了突破性的发展,并同样在全国占有重要地位。根据统计,在当时(20世纪80年代初)建立的上海经济区范围内(包括上海市、常州市、无锡市、苏州市、南通市、杭州市、宁波市、绍兴市、嘉兴市、湖州市和它们所辖的县。同长江三角洲地区相比,不包括南京市、镇江市、扬州市、舟山市和它们所辖的县。),轻重工业产品在全国都占有相当高的比重。以轻纺工业产品为例,上海经济区生产的照相机占64%,电视机占38%,缝纫机占28%,自行车占30%,纺织品占54%,棉布占24%,化学纤维占37%;在重工业方面,钢占15%,钢材占19%,塑料占22%(见表4-1)。加上未包括进的南京等4市,这些产品在全国所占的比重将会更高。(2)经济的综合实力雄厚,不仅工业在全国有重要地位,而且农业和其他行业都比较发达,因此,经济的综合指标在全国也都处于领先地位。根据同一统计,上海经济区的工业总产值占全国的19%,社会总产值占14%,港口吞吐量占47%,财政收入占21%,所占比重都相当高(见表4-2)。(3)科学技术水平比较高。仅在上海经济区范围内,就有高等学校82所,有专任教师3万人,在校大学生13万人;中等专业学校201所,专任教师1万人,在校学生6万人,有自然科学研究机构585个,科技人员5万人(见表4-3)。特别需要指出的是,长江三角洲地区不仅教育、科技方面人数众多,而且研究成果多,质量高。除一般的科学技术外,微电子、生物工程、光纤通信和新材料等新兴技术在全国也处于领先地位。这一地区的另一宝贵的资源和财富是,有大批熟练的技术工人和经营管理人员。(4)城市化程度最高。到20世纪80年代初,长江三角洲地区有中央直辖市1个,省辖市13个,县级市10个,县城64个和建制镇658个。每1万平方公里平均密布的市和镇有68座,是全国市、镇密度最高的,比全国平均高出10倍。1982年,上海经济区范围内有人口5 059万人,其中城镇非农业人口为1 399万人,占28%,比同年全国的21%高出7个百分点。

表 4-1　1982 年上海经济区主要指标

产　品	单　位	全　国	上海经济区	占全国比重(%)
发电量	亿千瓦小时	3 277	317	9.7
钢	万吨	3 716	564	15.2
钢　材	万吨	2 902	544	18.7
硫　酸	万吨	818	68	8.4
烧　碱	万吨	207	40	19.4
合成氨	万吨	1 546	110	7.1
塑　料	万吨	100	22	22.0
化　纤	万吨	52	19	36.6
布	亿米	154	36	23.7
丝织品	万米	91 400	49 145	53.8
自行车	万辆	2 420	721	29.8
缝纫机	万架	1 286	360	28.0
照相机	万架	74	47	63.8
录音机	万台	347	83	24.0
电视机	万台	592	225	38.1
电风扇	万台	919	342	37.2

资料来源:《1982 年上海经济区统计年鉴》。

表 4-2　1982 年上海经济区综合经济实力

指　　标	单　位	全　国	上海经济区	占全国比重(%)
工业总产值	亿元	5 577	1 065	19.1
社会总产值	亿元	9 894	1 424	14.4
港口吞吐量	万吨	23 764	11 163	47.0
财政收入	亿元	1 124	231	20.6

资料来源:《1982 年上海经济区统计年鉴》。

表 4-3　1982 年上海经济区教育科技人员

指　　标	数　目	专任教师	在校学生	科技人员
高等学校	82 所	30 376 人	12.66 万人	
中等专业学校	201 所	9 504 人	6.36 万人	
自然科学研究机构	585 所			49 548 人

资料来源:《1982 年上海经济区统计年鉴》。

三、改革后长江三角洲地区的新发展

长江三角洲地区的历史潜力和解放后形成的强大经济实力,在改革以后出现新的活力,整个经济有了新的发展。

我国改革的目标,是建立社会主义市场经济体制,让市场在资源配置中起到基础性的作用。随着改革从农村发展到城市,随着改革在长江三角洲地区全面展开,改革使长三角地区历史上最辉煌时期的各种优势,建国后形成的强大经济优势,特别是工业方面的优势,包括地理位置的优势、雄厚产业的优势、高素质劳动力的优势、经营管理方面的优势都更充分地发挥出来,从而使整个地区的经济再一次进入了全新的发展阶段。

长江三角洲地区在改革后新发展的主要标志:

1. 乡镇企业的崛起,特别是乡镇工业的崛起

我国改革是从农村开始的。农村改革的一个最重要成果,是极大地激发了广大农民的积极性,极大地提高了农业劳动生产率,从而使原先被束缚在土地上的大批农村劳动力,在市场推动下进入乡镇企业。从 1979 年开始,随着大批劳动力进入乡镇企业,乡镇工业作为农村工业化、现代化的主力在长江三角洲迅速崛起。

以长江三角洲的核心地区,即太湖平原的苏州、无锡和常州三市为例,这里土地面积仅为 1.75 万平方公里,却居住着 1 310 万人,平均每平方公里的人口密度为 750 人,是全国,也是全世界人口密度最高的地区之一。在计划经济和城乡分割的条件下,由于大量劳动力窝在少量的土地上,虽然土地肥沃,农业发达,但在地少人多的矛盾中,人们也并不富裕,这里最宝贵的资源——大量高素质的劳动力得不到利用。改革以后,在市场机制的推动下,由于农业劳动生产率的提高,生产要素逐步自由流动,当丰富的剩余劳动力同原先城镇的技术和其他生产要素相结合的时候,加上原先具有的产业优势、地理交通优势,乡镇企业,特别是乡镇工业就像雨后春笋、大潮澎湃似地涌现和翻滚起来。太湖平原,以至整个长江三角洲地区,像 19 世纪末,是中国最早的工业发祥地一样,像解

放后成为中国最大的工业基地一样,迅速成为中国乡镇工业发展最早、发展最快,也是发展规模最大的地区。

以无锡市及其所辖的无锡县、江阴市和宜兴市为例,改革前的 1978 年,乡镇工业的产值才 10 亿元,1990 年达到 245.6 亿元,12 年增长 24 倍。其发展速度之快,在中国,乃至世界的工业发展史上,都是罕见的。其中,无锡县一个县的乡镇工业产值即达 100 亿元,已超过我国中部和西部不少中等城市的产值规模。在苏、锡、常地区乡镇企业蓬勃发展和强劲的带动下,整个江苏省的乡镇企业迅速发展。从 1979～1990 年,年产值超过 500 万元的乡镇企业,由 1 956 个上升到 6 017 个,而其中的 2/3 集中在太湖平原。1991 年,江苏全省乡镇工业的产值高达 1 474.4 亿元,占全省工业总产值的 46.6%,同属长江三角洲的浙江省,乡镇工业的产值也猛增到 893.9 亿元,占的比例更高,达 49.6%。

从苏、锡、常地区以及整个长江三角洲改革后的经济发展进程看,由于市场机制通过乡镇企业使这里丰富的剩余劳动力得到利用,使整个资源组合更加优化,乡镇企业成为地区经济增长的最主要推动力。

2. 市场经济的发展

中国的市场经济是伴随改革而发展起来的。改革首先从农村起步,市场经济也是从农村逐步发展起来的。乡镇企业由于从未列入国家计划从一诞生就是面对市场的,因此,也就必然成为市场经济的有力推动者。

从乡镇企业的发展中可以清楚地看到,它完全是同市场共命运,在市场的大海中生存、竞争和发展的。(1)在企业发展和经营的目标上,在决定企业生产什么、生产多少以及怎样生产上,都取决于社会的需要,即取决于市场的需要,也根据市场需求的变化随时调整企业的生产规模和产品品种。(2)在企业的管理体制上,则自主经营,独立核算,自负盈亏,自担风险,企业在市场竞争中有极强的使命感和责任感。(3)在企业生产经营的指挥和决策上,也是乡镇企业最早实行厂长负责制。经营者敢于负责,善于决策,大大提高了经营决策的效率。(4)在企业内部机制上,干部能上能下,职工能进能出,报酬能低能高,形成高效灵活的用人制度、用工制度和分配制度。(5)在销售上,则大力开拓地区市场、全国市场,并努力走向国际市场。乡镇企业管理体制和运行机制的市场化,正是乡镇企业所以能在短时间内蓬勃发展和成为长江三角洲地区经济发展主要推动力的根本原因。

特别可喜的是,乡镇企业的发展还推动了国有企业的市场化和地区各类市场体系的建立和发展。

在激烈的市场竞争中乡镇企业脱颖而出。在乡镇企业的示范效应影响下,在整个改革的战略部署下,我国国有企业同样逐渐摆脱计划经济的束缚,在经营目标、经营方式和内部运行机制上,逐渐走向市场。

在乡镇企业推动下,在长江三角洲地区,各类市场体系也像雨后春笋般迅速成长起来。首先是各类商品市场,包括农副产品市场和工业品市场逐步培养起来;接着是生产资料市场和各种生产要素市场,特别是资金市场、技术市场和人才市场日益兴旺。乡镇企业得益于市场经济而充满了生命力,乡镇企业反过来又刺激了各类市场的繁荣。

3. 长江三角洲地区整体经济实力进一步增强

乡镇工业的崛起和市场经济的出现和发展,使长江三角洲这一宝地焕发出新的活力和生机。整个地区经济的实力进一步增强,在全国的地位更加重要。

从地区的综合指标看,我们仍然以有完整统计的原上海经济区 10 个市(包括所辖的县。下同)的资料作为实例。1982 年,这 10 个市的工业总产值为 1 065 亿元,1991 年上升到 5 411.3 亿元,经济实力进一步增强。工业化程度大大提高,在全国工业中的比重也有了进一步的上升。

长江三角洲地区综合经济实力增加的另一个重要标志是,地区中的城市和县镇的单个实力也大大上升,各城市和各县镇在全国的知名度也大大提高。例如在全国 35 个国内生产总值超过 100 亿元的大城市中,长三角地区占了 10 个,它们是上海市、南京市、杭州市、苏州市、无锡市、常州市、扬州市、南通市、宁波市和镇江市,接近占 1/3;在 1991 年评出的全国综合经济实力最强的 100 个县(包括县级市。下同)中,长三角地区有 41 个,其中名列前 10 名的,即十强县,长三角地区竟占了 8 个,它们是无锡县(第 1 位)、武进县(第 2 位)、江阴市

（第 3 位）、常熟市（第 5 位）、吴县（第 6 位）、张家港市（第 7 位）、绍兴县（第 8 位）和萧山市（第 10 位）；在 1990 年评出的全国财政收入最高的 100 个县中，长三角地区有 44 个，在前 10 名中，长三角地区同样占了 8 名，它们是嘉定县（第 1 位）、无锡县（第 3 位）、川沙县（第 4 位）、萧山市（第 5 位）、常熟市（第 7 位）、江阴市（第 8 位）、上海县（第 9 位）和武进县（第 10 位）；在 1990 年评出的全国工业产值最高的 100 个县中，长三角地区有 50 个，占了一半。在前 10 名中，长三角地区便占了 9 个，而且包了前 9 名，它们是无锡县、江阴县、常熟市、武进县、张家港市、萧山市、吴县、吴江县和绍兴县。这些令人印象深刻的数字，最充分、最鲜明地反映了长三角地区在经历了近代、解放后，特别是改革后的发展所具有的强大的经济实力。

第三节　有机的产业带与密集的城市群相结合

长江三角洲地区又一个特点是：有机的产业带与密集的城市群相结合。门类齐全、密切配套的产业带和世界罕见的密集的城市群，互相推动，正是这一地区形成强大综合经济实力的永不枯竭的源泉。

一、有机的产业带及其特征

从历史上经济发展的全盛时期到改革开放的新阶段，长江三角洲地区一直是我国最重要的轻纺工业带。

首先是纺织工业，从黄道婆的技术革新开始，从当时松江"衣被天下"起，一直到改革引发的新一轮经济增长高潮止，纺织工业一直是长江三角洲的最重要的支柱产业之一。1988 年，纺织工业在全地区工业总产值中的比重为 17.8%，仅次于机械工业，居第二位。

长江三角洲地区的纺织工业以上海为中心，主要集中在太湖平原的苏锡常地区，但区内的其他城市也拥有相当的基础。纺织工业在区内大部分城市的工业中也都名列前位。在工业中占第 2 位的城市有：苏州（占 22%，在全区仅次于上海占第 2 位)、绍兴(占 45％,在全区占第 4 位)、南通(占 24％,在全区占第 7 位)、嘉兴(占 21％,在全区占第 11 位)、湖州(占 45％,在全区占第 9 位);在工业中占第 2 位的城市有:无锡(占 15％,在全区占第 5 位)、常州(占 18％,在全区占第 8 位)、杭州(占 26％,在全区占第 3 位)和宁波(占 20％,在全区占第 6 位);在工业中占第 3 位的城市有:扬州(占 11％,在全区占第 10 位)和舟山(占 14％,在全区占第 13 位)。正是这种密集的纺织工业带把长三角地区组成为全国最大的纺织工业基地,组成为全世界著名的纺织品生产中心之一。

长江三角洲的轻工业和家用电器工业同样在全国占有重要地位。无论是备受当时消费者欢迎的手表、自行车和缝纫机组成的老三件,还是改革后蓬勃快速发展起来的新三件——电视机、洗衣机和电冰箱,这里都是最主要的产地。

更为可喜的是,在长江三角洲地区的产业结构中,不仅轻纺工业有着重要地位,而且在 1949 年解放后,特别是在改革开放以后,作为产业结构高度化和现代化的标志,重化工业,特别是以机电制造业为核心的重加工业有了明显的发展,在不少城市的工业结构中已超过纺织工业名列第 1。以机械工业为例,在工业中占第 1 位的城市有:上海市(占 30％,在全区居第 1 位)、杭州(占 42％,在全区居第 2 位)、无锡(占 25％,在全区居第 3 位)、宁波(占 36％,在全区居第 5 位)、南京(占 35％,在全区居第 6 位)、扬州(占 23％,在全区居第 7 位)、常州(占 28％,在全区居第 8 位)和舟山(占 30％,在全区居第 14 位)。同样,基础工业中的冶金工业、化学工业、石油工业和建材工业也都相应有了发展。特别有意义的是,一批重化工业中的大型企业在长江三角洲地区建设起来。在钢铁工业方面,除原先的上海钢铁厂系列和南京钢铁厂外,全国规模最大、技术最先进的宝山钢铁厂已屹立于东海之滨;从金山石化、金陵石化、仪征石化到镇海石化,大型石化产业聚落也已形成,使长三角地区的产业带更具现代产业色彩,更具发展潜力。

改革后,长江三角洲地区产业结构的另一个引人瞩目的变化是,第三产业开始得到重视并取得了初步的进展。1988 年同 1980 年相比,在三次产业结构中,第一产业(主要是农业)的比重有所下降(下降 1.7％),第二产业下降 2.7％,

第三产业上升了 4.4%。

我们知道,一个国家的经济一般按照发展顺序分成三次产业。第一产业包括农林业和水产业,是生产初级产品的;第二产业包括工业和建筑业,是对初级原料和初级产品进行加工的行业;第三产业则包括各种生产性和生活性的服务行业,例如金融保险业、内外商贸业、交通运输业、邮电通信业以及其他服务行业,它们起着提高第一、第二产业生产效率和满足人们各种物质和精神需要的重要作用。社会生产的总过程,包括生产、交换和消费各个环节。一方面,第三产业是在第一、第二产业发展的基础上产生的,另一方面,没有第三产业,没有发达的、功能齐全的金融业、内外贸易、交通电信业和其他服务行业,第一、第二产业所生产的各种产品就不能顺利地进入交换和消费领域。因此,第三产业是社会化大生产高度分工的产物,是一个国家或一个地区经济发达和社会进步的标志。改革后,长江三角洲地区,在商品经济和市场机制作用下开始以较快的速度发展,是全区产业结构走向现代化的一个重要开端。

经过长期的,特别是改革后的发展,长江三角洲的产业带出现了如下特征:(1)从产业的发展阶段说,长三角地区已处于全面的工业化阶段。我们知道,从世界各国发展的总体进程看,一个国家或地区可分为农业化、工业化和后工业化(或称为信息化、服务化)三个发展阶段。衡量的标志是:三次产业的比重和人均收入水平。一般说,农业(一次产业)比重超过 50%,是农业化阶段。二次产业比重最高是工业化阶段,第三产业超过 50%或更高,则渐渐进入服务化和信息化阶段,即为后工业化阶段。1988 年,长三角地区三次产业的比重分别为16.2%、59.4%和 24.4%。很显然,长三角地区正处于全面工业化阶段,还蕴藏着巨大的发展潜力。(2)从工业本身来说,具有两方面的特点:一是门类齐全,各行业发展比较均匀。轻纺工业、机电工业和冶金、石化等基础工业的比重分别为:34.4%、30.2%和 28.0%,使地区内工业配套能力极强;二是产业的集约化程度正在逐步提高,虽然劳动密集型产业仍占较大比重,但资本密集和技术密集型产业的比重正在提高。(3)从产业的组织和经营看,长三角地区生产的产品,竞争能力和经济效益都比较高。例如,全区工业企业、固定资产实现的产值率,比全国平均高 70%,全员劳动生产率比全国平均高 37%,资金利税率比全国平均高 20%。这些都是非常宝贵的。

二、密集的城市群及其特征

优越的地理环境,众多的人口和长期良好的经济发展,使长江三角洲地区孕育出全国、也是世界少有的密集的城市群。

所谓城市,可以从不同的角度,例如法律的、地理的或经济的角度加以定义,但城市的基本特征,按规范的说法为"人口和经济活动在空间的集中"。[13]用经济学的术语来说,"城市是一个坐落在有限空间地区内的各种经济市场相互交织在一起的网状系统"。[14]从这些定义中可以看出:(1)城市是人口集中的地方。所以被称为城市的都有一定的人口规模,不同的人口规模还形成大、中、小型不同的城市。(2)城市是经济活动集中的地方,不同的经济结构形成不同的城市经济功能,例如有的城市是综合性经济中心,有的城市则突出某一专门功能,例如工业城市或旅游城市等。(3)城市——从经济上说,主要是一个由各类市场交织组成的网状系统。因此,各类市场的组织和繁荣,是城市经济的重要功能和主要标志。

人口和经济的集中——最初是由农业的发展和乡村规模的扩大开始的,随着专业分工和交换的加剧、经济事业的日益增多而逐渐形成城市,而一旦城市化进程开始,市场力量、人口和经济集中产生的集聚效益就必然更多地把人口和经济活动吸引到城市中来,城市中的工业、商业、交通运输业和其他服务行业也就越来越发展起来,越来越兴旺起来。长江三角洲地区,从古代到近代,从1949 年新中国成立一直到改革开放,正是在这样一个互相交织的过程中,由于人口密集、交通方便和经济发达而形成了一个由各类城市和无数市镇组成的繁荣的城市群。

长江三角洲的城市群,应该说,在古代就已形成,早在隋唐宋元,特别是明清时期,像扬州、苏州和杭州等城市就已经十分闻名;到了近代,随着上海的崛起、长江三角洲开始向工业化和现代化迈进以及国内外贸易、航运业的发展,城市化进程进一步加速;解放后,特别是改革开放以后,由于大规模的工业化和改革后城市在市场机制作用下经济向多功能方向的发展,城市规模进一步扩大,城市数量也有了新的增加,终于形成国内最大的城市群。

长江三角洲地区城市群的特色,概括起来主要有:(1)城市按人口和经济规模可以分成不同层次,起到互相配合的作用。全区有特大型城市、大型城市、中型城市、小型城市和大量市镇组成互相联系、互相配合的密集的城市群。按1991年的统计看,市区人口超过100万的有:上海市(786万)、南京市(252万)、杭州市(135万)、宁波市(109万)和湖州市(103万);超过50万的有:无锡市(94万)、苏州市(85万)、嘉兴市(74万)、常州市(68万)和南通市(58万);少于50万的有:镇江市(46万)、扬州市(44万)、舟山市(42万)和绍兴市(28万)。(2)按地域分布和产业特色,全区可以分为4个城市群体。一是苏锡常城市群,这是位于太湖平原的最富饶的地区,是全国最重要的加工工业区。这3市以电子、机械工业为核心,广泛发展各类加工工业,也是全国乡镇企业最发达的地区。全国经济实力最强的10个县,多数集中在这一城市群的周围。二是宁镇扬城市群,这一地区以石油化工和机械制造业的发达著称。三是杭嘉湖城市群。这里历来是我国农业发达的油粮基地、建材基地,也是著名的旅游风景区。四是宁(波)绍舟城市群,这是一个新兴的工业地区。宁波的重化工业和绍兴的纺织品市场都日益引人瞩目。各城市群的不同特色,使全区城市之间起着良好的互补作用。(3)在这些城市群中,我国的特大城市——上海市则起着综合经济发展中心的独特作用。上海是全区的枢纽,发挥着两个扇面的作用。上海也由于周围有密集的城市群作为依托,而在全国、在东亚地区的地位更加突出。

第四节　长江三角洲地区作为浦东腹地的主要作用

长江三角洲地区处于特殊优越的地理位置,在发展商品经济方面积累了许多优良传统和经验。新中国成立后,特别是改革后形成的强大经济实力和广泛的市场网络以及中国和世界上都罕见的密集的城市群和产业带,都对浦东的崛起,发挥着一系列极为重要的作用。

一、为浦东崛起提供旺盛的市场需求

浦东迅速崛起的动力是什么?全国,以至世界看好浦东发展的机制是什么?经济发展的理论告诉我们,一个城市或一个地区之所以比别的地方发展快,是因为外部对这一城市或地区的商品和劳务有着特别旺盛的市场需求。浦东崛起的重要动力之一,就是环绕着浦东的长江三角洲地区为它的商品和劳务提供了强有力的旺盛的市场需求。

长江三角洲地区对浦东的市场需求主要表现为:

1. 对各类商品的需求进一步增大

长江三角洲同上海(浦东)之间的商品交换历来十分活跃,在大规模工业化过程中相互之间也存在着紧密的合作和专业之间的分工。浦东开发开放之后,这种地区之间的合作和分工进一步向深度和广度方面发展,长三角地区对浦东的需求也就进一步扩大:(1)原先存在的垂直分工范围进一步扩大。由于浦东工业在开放后出现飞跃式的增长态势,浦东工业对三角洲提供的原料、初级产品和零部件的需求也急剧扩大。由于长三角地区紧靠浦东,相互间的交通又十分发达,因此,在两者之间的分工中,转移成本比较低。这样,当浦东迅速崛起,经济高速增长时,长三角地区会因为浦东的需求而增加供应。同时,当长三角地区增加供应,生产规模同样扩大时,又同样急剧地增加了对浦东更高层次商品(例如设备、仪器、仪表、主件)的需求。由于长三角地区本身经济增长也极快,因此,这种需求就更加旺盛。(2)原先就具有的水平分工同样进一步扩大了需求。上海(浦东)就整个生产技术水平和产品状况而言,比长三角地区在层次上较高,特别是在机电设备制造方面。但长三角地区也是一个综合性的加工工业基地,因此,在长三角地区与上海(浦东)之间也存在着广泛的水平分工关系。这种关系同样随着两地经济规模的扩大而增加市场需求。(3)长三角地区本身就是一个巨大的区域性市场,目前又正处在大规模工业化和城市化的上升阶段,因此,对浦东各项新兴产业或技术密集程度较高的产业有着强大的需求。浦东新崛起的电信工业、电子工业、家电工业、精细化工工业和医药工业在长三角地区都能找到广阔的市场。

2. 对各类服务商品的需求进一步扩大

浦东在崛起过程中,特别是以金融、贸易为中心的第三产业迅速增长。这些服务业当然是面向全国的,但首先是面向长江三角洲地区的。前面已经指出,浦东开放引起外资大规模进入长三角地区,引发长三角地区的进一步开放。但在进入长三角地区的外资中,主要是投资于工业和其他物资生产部门。因此,这些新企业的涌现和整个地区工业的进一步扩张,对浦东(上海)作为金融贸易中心的需求同样进一步急剧增长:(1)长三角地区对浦东(上海)蓬勃发展的货币市场、证券市场和外汇市场的需求必将进一步增长。长三角地区,特别是苏南地区历来是上海这些市场的最大需求者之一。浦东开放后长三角地区经济规模的进一步扩大,正刺激这些需求成倍增长。(2)长三角地区成为浦东(上海)各类期货交易市场的积极参加者。长三角地区是我国经济实力最强的地区之一。长期来一直是钢铁、有色金属、石油、煤炭和其他生产资料的最大需求市场之一。浦东(上海)接连建立各类交易所之后,即成为国内大宗商品的交易中心之后,长三角地区的许多城市也就成为这个中心的最积极的参加者,成为这些交易所的强有力推动者。(3)长三角地区扩大开放后,经济的外向程度不断提高,对外贸易大幅度上升,对上海、浦东作为进出口货物中转中心的需求同样不断扩大。长三角地区不少城市和企业同样是外高桥保税区(自由贸易区)的积极参加者。(4)长三角地区对浦东(上海)交通运输服务系统的需求,特别是国际运输系统的需求也将进一步上升。只要浦东在这方面能提供安全、快捷、方便和高效的服务,这种需求将不断增长。(5)长三角地区对上海(浦东)可能提供的各类中介服务,包括咨询、法律、财会和评估等服务的需求也日益旺盛。长三角地区经济越是市场化和国际化,这种需求也越是增加。

3. 对技术转让的需求进一步增大

上海作为全国相对比较先进的工业基地和强有力的技术开发中心,在改革以后,已经形成全国最大,也是最为活跃的各个层次的技术市场。长三角地区的许多企业是这些市场的需求者。上海各类研究机构同长三角地区的各个城市,特别是各县的乡镇企业在技术开发、技术转让方面也有着十分密切的联系和广泛的合作关系。因此,浦东崛起之后,随着上海和浦东工业的进一步升级,随着浦东张江高科技园区的逐步形成,长三角地区对浦东(上海)在技术开发和技术转让方面的需求必将进一步增大:(1)在技术转让方面,有可能从主要是转让轻纺产品的加工技术发展到转让电信技术、电子技术、精细化工技术等技术含量更高的技术,从而把技术转让的层次提高一步。(2)随着浦东开发后,更规范的国家级技术市场在上海建成,必将促进长三角地区更大规模地从这一市场引进上海的、全国的和国际上的新技术、新工艺和新的管理软件。

二、为浦东崛起提供各种生产要素

经济发展理论同样告诉我们,一个城市或一个地区之所以能迅速崛起,除外部对它提出旺盛的市场需求外,还在于它能获得投资、劳动力和其他生产要素的充足的供应。从浦东的崛起过程看,长江三角洲地区正是这些方面的强有力的提供者之一。

1. 长江三角洲地区是浦东吸引内资的主要来源之一

浦东作为一个大规模开发新区,起动和迅速增长的第一要素是要有足够的资金。浦东的筹资渠道是多元化的。有外资,有内资。在内资中,主要的方式有:国家拨款、地方财政、银行贷款、发行债券、发行股票以及吸引国内各地区和企业的直接投资。长三角地区即是浦东各重要股票和浦东发展银行股东的所在地,特别是浦东各项建设事业的直接投资者。在浦东3 500家内资企业中,长三角地区各市、县政府和广大企业的投资者超过一半。这些投资遍布工业、金融业、房地产业和对外贸易各个领域。长三角地区是浦东最早、规模最大的投资者之一。

2. 长江三角洲地区是浦东新劳动力的主要供应者之一

在长三角地区供应的各种生产要素中,大量劳动力进入浦东,也是浦东迅速崛起的重要推动因素之一。

当浦东宣布对外开放,百废待兴之时,除资金外,还有什么比劳动力更为重要呢?像南浦大桥等十大基础设施骨干工程,陆家嘴等四大功能开发区的七通一平,几十幢、成百幢的办公楼、商用楼、住宅楼的拔地而起,哪一处不需要成千上万个各种专业的劳动力!这些震撼中外的宏伟建设哪一样没有新进入的劳动者的贡献!

如果我们透过统计的表面数字看实质,就会发现一个非常有趣的问题。浦东人口每年仅增长 2.5% 左右,但浦东的国民生产总值却每年增长 20%～30%。当然,这里起作用的有因为工业升级、第三产业比重上升而致的劳动生产率的提高。但同时,我们也应该看到,新进入浦东的大量劳动力也作出了自己不可磨灭的贡献。而这些劳动力,大多数来自长三角地区。

3. 长江三角洲地区也是其他生产要素的提供者之一

浦东和长江三角洲的进一步开放,使地区之间生产要素的流动进一步扩大和加快。浦东所需的各种建筑材料和其他物资源源不断地从长三角地区流进;浦东高速发展急需的设计人员、施工技术骨干以及其他行业的人员,也源源不断地从长三角地区流进。浦东崛起刺激区内生产要素的加速流动,生产要素的加速流动又刺激浦东进一步高速发展。

三、促进聚集经济与规模经济的形成

区域宽广和实力雄厚的长江三角洲,作为浦东发展腹地的另一个重要作用,是可以促进浦东聚集经济和规模经济的形成。浦东不仅作为中国经济的新增长点,而且也是作为同国际经济接轨的新联结点而崛起。因此,浦东不仅要积极参与国内竞争,更重要的是要积极参与国际竞争,这就既要在浦东形成高效的聚集经济,又要同长三角地区一起,形成有竞争力的规模经济。

1. 促进浦东聚集经济的形成

一个城市或一个地区发展的实践告诉我们,资金和劳动力的移动和聚集对

这一城市和地区的壮大起关键作用。两者的聚集程度高,就会使这一地区形成一个大型城市或高度发达的地区。如果两者聚集程度低,也许就永远不能跨越小规模的初创阶段或永远只能成为一个工业小镇。

城市发展的历史还告诉我们,一个城市之所以形成或崛起,开始主要是地理位置良好,或因为具有通往内陆腹地的天然港口,或因为地处各方交通要道的中心。但一个城市能否进一步发展,规模日益壮大,则仅靠这些条件是不够的,还必须有投资和人口的不断聚集。一旦一座城市或一个地区聚集到相当规模,就会产生极高的聚集经济效益,又进而促使城市的进一步扩大。城市经济学家威尔伯·汤普逊曾描述过这一聚集过程。他说:"如果城市地区的持续增长是以达到某种临界规模(25万人?),从而具有这样一些结构特征:诸如产业多样化,各种社会力量出现,固定资产投资增加,各类市场丰富多样,领先工业不断涌现,那么,几乎可以肯定,这些特征能够确保城市继续不断增长。"[15]

浦东新区正是在投资和人口不断聚集(每年的投资超过100亿元,新进入的流动人口超过10万人)的条件下迅速崛起的,长三角地区在这方面同样作出了自己的贡献。

2. 促进浦东规模经济的形成

我们知道,企业达到相当规模是降低成本的主要途径之一。随着城市聚集程度和规模的扩大,本地市场、周围形成的外部市场的需求的扩大,不仅形成高效的聚集经济,也形成高效的规模经济。

从各国发展的实践看,规模巨大的企业集团,综合商社和连锁商店都是形成规模经济的有效形式。这些大型企业集团,在生产上,可以实现高度的专业分工,或垂直分工,或水平分工,从而使每件产品的生产规模达到最佳状态;在经营上,可以把工业、商业和交通运输业结合起来,进行综合经营;在销售上,可以建连锁网络,从而,使企业从生产、经营到销售的每一个环节都处于最佳状态,降低成本,提高效益,增强竞争能力。浦东开放以后,随着生产要素在区内飞快流动,就为浦东和长三角地区企业间加强合作,实现规模经济创造了十分良好的条件。

＊　　　＊　　　＊　　　＊

为什么全国、乃至全世界看好浦东？为什么浦东开发后在很短的时间内就成为国际投资热点？这不仅因为浦东有着极为优越的地理位置和投资环境,也不仅因为有浦西(上海)作为它发展的坚实依托,也因为浦东还有着长江三角洲这一富饶而繁荣的地区作为腹地。既有需求,又能供应,使浦东发展有了难得的用武之地和施展浑身解数的宽广舞台。

第五章　长江流域地区经济的巨大潜力与浦东崛起

导　　言

浦东迅速崛起不是偶然的。

浦东还有整个富饶而具有巨大发展潜力的长江流域作为它发展的更为广阔的腹地和天然的市场。

长江是中国发展的象征。长江流域同东部沿海一起,历来是中国经济中最具实力,也是最具潜力的两个经济带之一,也是 90 年代中国经济重点开发和重点开放的地区之一。

长江是中国的第一长河。从它在"世界屋脊"的唐古拉山脉主峰各拉丹冬雪山南侧到上海浦东北侧的吴淞口入海,全长 6 300 公里,仅次于非洲的尼罗河和南美洲的亚马孙河,位居世界第三。干流经青海、西藏、四川、云南、湖北、湖南、江西、安徽、江苏和上海等 10 个省区市。长江的支流有 700 多条,除以上省区市外,支流还流经浙江等省。全流域总面积 180 万平方公里,约占全国土地总面积的 1/5。全流域习惯上分为三段:从长江在青海的发源地到湖北省的宜昌市被称为上游,长 4 500 公里;从宜昌市到江西省的湖口被称为中游,长 940公里;从湖口一直到出海口为下游,长 830 公里。

由于长江上游尚待开发,航运也比较困难,因此,在长江航运上,又习惯上把从四川宜宾到湖北宜昌称为上游;宜昌至武汉称为中游,武汉至上海称为下游。

从经济发展和经济联系角度,人们又经常使用长江流域地区这一概念。长江流域地区通常包括:四川、湖北、湖南、江西、安徽、江苏、上海和浙江等八个省、市。全地区面积为230万平方公里,占全国的24%;人口4.5亿,占全国的41%,从经济实力角度看,国内生产总值占全国的40%,都在全国占据着举足轻重的地位。

作为浦东崛起更为广阔的腹地,我们将特别关注如下一些方面:

第一,长江流域地区的经济潜力在浦东崛起中的地位和作用。长江流域地区在经济上历来同上海有着紧密的联系,新中国成立后,特别是改革开放后,随着经济上横向联系的加强,这种联系更为密切。

第二,长江流域地区丰富的资源和一系列经济上、人文上的独特优势,使浦东在形成国际性金融、贸易中心方面更具吸引和更有发展潜力。

第三,长江流域地区布局辽阔、实力雄厚的产业带,同浦东、上海,同长江三角洲地区形成的互相补充和互相合作的产业格局,对浦东产业的合理布局和结构升级创造了极为良好的基础。

第四,长江流域地区,特别是长江沿岸的城市带,同浦东、上海,同长江三角洲地区城市群形成的互相补充和互相合作的城市格局,也是浦东、上海建成世界级经济中心城市的坚实支柱。以武汉为中心的长江中游经济区和城市群,和以重庆为中心的长江上游经济区和城市群,将同沿海地区南部的珠江三角洲经济区和城市群,同北部环渤海湾经济区和城市群遥相呼应,成为中国最重要的经济区和城市群的组成部分。上海、浦东正处在中国沿海和长江流域两个经济带的结合部,中国沿海的发展为浦东崛起在理论上和物质上作了充分准备,长江中、上游地区进入中国开放和高速发展行列,将使浦东、上海在中国,以至东亚经济中的地位更为突出。

第五,长江流域地区地处中国中心,又面向海洋,在国内可以通过京广线和京九线以及其他方便的交通线路,同中国北部的西北地区和华北地区,同中国南部的西南地区和中南地区建立密切的经济联系;在面向国际时,既可以通过海洋,参与东亚以至整个太平洋地区的国际合作,又可以通过西南和西北地区同东南亚和西亚地区进行经济交流。广泛的国内外联系，在更大规模上使浦东得益。

长江像黄河一样，都是中华民族的发祥地。滔滔长江更滋养了沿岸繁荣的经济。从上海一直到四川的长江流域地区更有着巨大的综合优势和广阔的发展潜力。浦东必将因为有长江流域地区作为更辽阔的发展腹地而如虎添翼。

第一节　长江流域地区在浦东崛起中的地位和作用

长江流域地区在历史上，在解放后都同上海有紧密的经济联系，并在经济上同上海有很强的互补关系，这种联系和互补关系是浦东迅速崛起的重要因素之一。

一、长江流域地区在历史上同上海的经济联系

长江一直是中国的黄金水道。长江不仅培育了沿岸各省市的经济，而且也通过这一黄金水道促进了沿岸各省市在经济上的交流。长江上游地区、中游地区各省市由于地域邻近，经济上联系很多，但由于从近代开始，上海就是中国以至东亚地区最大的金融中心和贸易中心，也是重要的生产中心和航运中心，因此，长江流域地区同上海在经济上的联系，可以说比邻近地区更为密切，更为重要。

对上海来说，能在不长时间内崛起成为中国最大的国际性工商城市，很重要的动因之一，是有长江流域地区作为经济上的腹地，有长江流域地区在经济上和人力上的广泛支持；对长江流域地区来说，上海在近代经济、科学技术、企业管理以及思想、文化和教育方面的影响和辐射，对推动它们走向现代化也起了极为深远和巨大的作用。

1. 长江流域地区在上海形成金融中心中的作用

上海在 20 世纪 30 年代已是中国最大的金融中心。1936 年，上海的银行、钱庄和信托公司的金融资产达到 32.7 亿元，占全国总资产 68.4 亿元的 47.8%。

这些金融机构的影响和能力辐射全国,特别是长江流域;这些金融机构的存款和其他业务也来自全国,特别是长江流域。例如,在上海 58 家银行总行中就有28 家在内地开设 629 个分支机构和数千家营业点,这些分支机构和营业点,很多也设在长江沿岸城市。上海在资金调剂和融通方面起着中心和枢纽作用,而这些分支机构和营业点也起着重要的资金上的支撑和流通作用。另外,当时上海的证券交易所和外汇中心,甚至上海的钱庄也把它们的交易经营范围延伸到长江流域地区的广大城镇。反过来,这些地区的资金也通过这些网络不断涌入上海,成为上海证券交易和钱庄业务的重要资金来源。

2. 长江流域地区在上海发挥贸易中心中的作用

早在 20 世纪 30 年代,上海就是中国最大的贸易中心。进出口贸易常常占到全国总额的 50%。在出口贸易中,很多货源都来自长江流域地区。以当时出口的主要物资茶叶、桐油和猪鬃为例。茶叶多来自浙江、江苏、安徽和江西;桐油和猪鬃多来自四川。当然,从上海进口的商品中,有一部分也是转往沿江各城市的。

除去对外贸易,上海也曾是国内埠际贸易的中心。20 世纪 30 年代,上海的埠际贸易最高时曾占到埠际总贸易额的 70%~80%。上海之所以能占有这样高的份额,一方面是上海商界有深入内地广大城镇的商业网,包括在长江沿岸的广泛的商业销售网;另一方面也是依靠各地在物资上对上海的支持。一般说,在 1949 年解放前,各地输到上海的商品多为能源、原料和土特产品,这对上海经济的繁荣是非常重要的。

3. 长江流域地区在上海建成生产中心中的作用

解放之前,上海工业虽然薄弱,但轻纺工业却相当发达。在 20 世纪 30 年代,上海的棉纺织工业、丝织业、面粉业和其他轻纺工业在全国都占有重要地位。这些工业的产品也输往全国,首先是输往长江流域地区。但上海一无能源,二无其他工业原料,能源和原料也多来自长江流域地区。例如煤来自安徽淮南和江西萍乡煤矿;棉花多来自江苏和其他省市;小麦和稻米多来自江浙和两湖地区。没有这些沿江省市提供源源不断的工业动力和原料,上海的工业是无法顺利发展的。

4. 长江流域地区在上海成为航运中心中的作用

上海在历史上也是中国最重要的航运中心。早在 1908 年上海到南京的沪宁铁路就已经通车,第二年,即 1909 年,上海到杭州的沪杭铁路跟着通车。这两条铁路建成以后,很快成为全国客货运量最大、最为繁忙的铁路干线,成为促进长江三角洲经济发展和经济交流的重要动力。

从 20 世纪初起,上海到长江三角洲各地、到长江沿岸的重要城镇的公路网也迅速形成。从上海出发,往返于各地的汽车公司一年比一年增多。这些运输公司有些是上海企业经营的,有些则是由各地的商户经营的。

这里特别要指出的是,长江这条黄金水道的重要作用。

早在明清时期,长江航运的作用已日益增强。到上海开埠之后,长江航运业进入了近代化的开发进程。1853 年,美国的驻华公使马沙利第一次乘坐"洋船"从上海出发,沿江往西进行考察。从此,各种火轮很快出现在长江下游河段上。1861 年,美国洋行拥有的机船"火箭号"从上海直驶到了汉口,随后,几十家外国洋行也派出自己的船只,跟着"火箭号"从长江下游驶向长江中游。这些轮船或驶向安徽,或驶向江苏、湖南,或直达湖北,这时期的长江航运,多数为外国洋行所拥有,少数为官办船局所控制。直到 19 世纪末,即 1897 年,官商盛宣怀宣布"内河小轮之权利,招商局不再过问"之后,民族工商业界加入了长江航运这一重要交通领域。上海向西的航线也很快直抵长江上游的重庆。

长江航运业的发展和兴旺,为长江沿岸的经济交流,特别是在长江沿岸城市同上海之间在经济上的交流,起了巨大的推动和促进作用。上海同沿岸各地的"中心—腹地"关系也更为紧密。

二、长江流域地区在解放和改革后同上海经济的联系

1949 年解放后,虽然随着高度集中的计划经济体制的推行,长江流域地区同上海在经济上的横向联系和市场联系日渐减弱,但上海经济发展中必不可缺的能源和原材料的需求,有不少仍然来源于长江流域地区许多省市。

解放后,上海逐渐建成为中国最大的工业基地。到 20 世纪 70 年代末,上海每年消耗的煤炭为 1 500 万吨,石油为 800 万吨,生铁为 400 万吨,钢材为 250 万吨,水泥为 250 万吨,木材为 140 万立方米和其他大量物资。这些能源和原材料通过国家计划,廉价供应上海,是上海之所以能在短期内建成为全国最大工业基地的物资基础。这些物资中有相当一部分来源于长江流域地区。例如,煤炭来源于淮南,生铁来源于马鞍山,木材来源于江西,等等。上海经济仍然离不开长江流域地区的支援。

从 80 年代开始,除了这些物资或通过计划,或经过市场,或经过双方协议继续供应上海外,长江流域地区同上海在经济上的横向联系逐渐发展。到 80 年代末,随着中国改革的广泛深入,随着市场经济的不断发展,这种横向联系不断向新的阶段发展。

从联系的内容和方式看,这种发展表现为:

(1) 由原来单纯的物资串换、协作加工,发展到资源的联合开发和产品的联合生产。资源的联合开发,一般是由上海出资金、技术和设备,长江流域地区有关省、市提供资源。这种开发主要集中在能源(主要是煤炭)、钢铁(主要是生铁)、有色金属(主要是铜)和木材上。在产品开发方面,则形式更为多样,或由上海企业到当地建厂,或上海同当地企业联营,这方面主要集中在轻纺工业。资源的联合开发和产品的联合生产,使上海和长江流域各地互相补充、互相合作、共同推动双方的经济发展。

(2) 由一般的技术交流、合作攻关发展到完整的、成批的进行科技成果转让和技术的系统开发。横向经济的广泛发展和技术市场的发育和兴旺,使科技成果转让成为上海与长江流域各地经济上的一种新的更高层次的联系方式。上海是中国重要的科技研发基地,从 1949~1988 年的 40 年中,上海共创造重大科技成果 17 000 多项,其中在 1979~1988 年,就创造近 13 000 项,是历史上科技成果产出最多的时期,也是科技成果转让最多的时期。技术市场的发展使这些成果迅速传播到全国各地,其中大部分扩散到长江流域各地。例如,1988 年,上海有技术市场 780 家,技术交易额 6.6 亿元;通过双方单位直接签订的各类技术合同 5.5 万项,合同资金 4.6 亿元。据估计,其中 60% 以上是在上海同长江流域各地进行的。

(3) 由单个企业间的松散合作发展为建立责权利紧密结合的经济联合体或企业集团。这同样成为长江流域与上海在经济上联系的新形式。大、中、小各种类型的这种联合体和企业集团,改革以来,特别是进入 20 世纪 80 年代以后,如雨后春笋般地在长江两岸涌现。到 80 年代末,以工业为主的这种联合体和企业集团已发展到 1 972 个,投入资金 30 亿元,参加这些联合体和集团的成员厂家共有 4 195 个。从长江流域地区到上海办厂开店的企业也已超过 1 000家。随着社会主义市场经济体制逐渐在各地建立,这种经济合作形式将成为长江流域地区同上海、浦东经济合作的主要渠道。

三、长江流域地区与浦东的合作模式

浦东开放以后,长江流域地区同上海、同浦东在经济上的联系进入了一个新的发展阶段,双方之间的合作方式也正在发生深刻的变化。

目前,浦东开发开放尚处于初期阶段,长江流域各地区在支援浦东方面更起着重大作用。

浦东开发开放是一项跨世纪的工程。浦东的开发开放将经历城市化能量积聚前期、城市化能量积聚后期和城市化能量释放期三个阶段。这种阶段性和国际机遇的时间性决定了 90 年代下半期是决定浦东新区能否在 21 世纪初建成的重要时刻。这一时刻应抓住浦东发展战略的核心点,集中力量,包括长江流域各地的支援,抓住稍纵即逝的国际机遇,是提前实现把浦东建成具有世界一流水平的国际性、多功能和现代化新区的这一战略目标的关键。

第一,在浦东城市化能量积聚前期,由于大规模基础设施建设的展开,由于大量企业的进入,由于人口向中心地区的不断集中,从而又形成投资的一次又一次热潮。基础设施投资、房地产投资和工业投资成为支撑浦东经济增长的三大支柱。这些投资固然大量来源于海外,但也大量来源于内地,其中包括来源于长江流域地区。至于人口的集中,更主要来源于长江流域地区。

第二,在浦东城市化能量积聚后期,由于前一阶段的基础设施投资、房地产投资和工业投资已初步形成规模,人口向中心城区的集聚开始加速。人口集聚规模的扩大,为第三产业的发展创造了条件,对第三产业的投资急速增加。在这一阶段,城市的经济增长从单纯依靠投资支撑转为投资与产业的双重支撑,城市功能多样化的格局迅速形成。在这一阶段,长江流域地区的资金、人口会向浦东继续适度集聚,但长江流域地区也会在浦东获得极好的发展机会。

第三,在浦东城市化能量释放期,由于前一阶段已形成有坚实基础的第二产业和第三产业,故具备了作为中心城市发挥辐射功能的物质条件。这一阶段浦东经济发展将有如下特点,首先,浦东新区本身产业结构高度化的步伐将明显加快。这表现在整个国民经济中第三产业所占的比重和第二产业中高新技术产业所占比重的上升进一步加速;其次,浦东新区作为资源配置中心的作用得以显现,这表现为浦东作为贸易中心和金融中心的地位初步确立,并成为影响波及长江流域、全国乃至世界的经济信息传播中心。这时,浦东对长江流域的辐射作用将大为强化。浦东将成为长江流域地区的融资中心,成为长江两岸一系列项目的投资来源;浦东将成为长江流域地区新的国际和埠际贸易中心;浦东将成为长江流域高层次人才的供应中心;浦东还将成为长江流域思想、文化和教育的辐射中心。长江流域地区同浦东、上海的合作、互补关系将进一步加深。

第二节　长江流域地区的丰富资源与综合优势

长江流域地区之所以能在上海发展与浦东崛起中发挥极大作用,首先就在于全流域拥有丰富的资源和极强的综合优势。

一、长江流域地区的丰富资源

1. 丰富的能源资源

能源是经济发展的物质基础。能源既是工业的粮食,更是城市现代化过程中居民不可或缺的动力。从浦东崛起和上海的未来发展角度,长江流域具有的丰富的能源资源是最需要的,是特别重要和有意义的。

长江流域最丰富的能源资源是水能资源。

根据水电部门于 1979 年完成的新勘查资料,长江流域水能资源的理论蕴藏量达 2.68 亿千瓦,占全国总蕴藏量 6.4 亿千瓦的 42%。在长江的干流和支流上,可建造 500 千瓦以上水力发电站 4 469 座,总装机为 1.97 亿千瓦,年发电量为 1 万亿千瓦小时,占全国可开发水电量的 53.4%。

从长江的河段来说,水能资源主要集中在上游地区,从发源地到宜宾之间,可开发的水能资源占 49%,其中干流占 32%,支流占 17%;从宜宾到宜昌之间,可开发的水能资源占 40%,其中干流占 15%,支流占 25%;宜昌以下占 11%。早在 20 世纪 70 年代,在长江上已经兴建了著名的葛洲坝水电站,其电力除满足当地需要外,还通过超高压的输电线路一直输送到上海和长江三角洲地区。因此,长江流域的电能资源将是浦东崛起和上海迈向国际大都会的重要物质支援。

2. 丰富的农业资源

长江流域土地的富饶是举世闻名的。

全流域共有土地 27 亿亩,其中,有可耕地 3.7 亿亩,林地 7.2 亿亩,牧地 4.7 亿亩,水域 1.1 亿亩,待开发宜农、宜林、宜牧的土地 3 亿亩,组成了我国最绚丽多彩和最有发展潜力的农业产业带。

流域地区的成都平原,江汉平原,洞庭湖、鄱阳湖和巢湖地区,以及太湖平原,都是我国著名的产粮区,所产稻米占全国的 70%。它们或被称为“天府之国”,或被誉为“鱼米之乡”,历来是我国农业最发达的地区。

虽然我国农业的机械化、电气化和自动化的水平尚很低,但像成都平原和太湖平原这些中国著名的农业区,农业的集约化程度已经很高。粮食,特别是水稻的单位面积产量已达世界先进水平。这些平原和洞庭、鄱阳和巢湖等三湖地区,在水利灌溉、种子改良和化肥使用上都达到了相当先进的水平。它们生产的稻米、小麦、油料、花生以及各种水果、肉类都是全流域工业化和城市化的重要物质基础,也是浦东崛起和上海未来发展所不可或缺的。至于流域地区所产的棉花、蚕丝、茶叶和烟草,则更是沿江两岸城市发展轻纺工业的主要原料。

3.丰富的淡水资源

长江流域地区也拥有中国最大的淡水资源。

在整个流域地区,长江的主流、支流拥有宽广的水面,加上各种大湖和小湖,遍布而成群的水库,淡水面积巨大。据水利部门计算,长江流域地区的淡水面积占全国总量的一半。其中可以养殖水产的面积为 0.5 亿亩。淡水产品的产量占到全国总量的 60%。在浦东宣布对外开放时,年产的水产品已达8 000 万吨。

长江流域的水产不仅数量巨大,而且品种丰富,其中,像鲈鱼、鳜鱼、银鱼和清水蟹等都是淡水产品中的珍品。随着改革后人民生活水平的提高,这些宝贵资源越来越受到大家的欢迎。

4.丰富的林业资源

从气候上说,长江流域地处我国亚热带植被区,终年雨水丰沛,阳光充足,适合大批树木的繁殖和生长,沿江有着许多天然森林和大批人工植造的林木。主要树种有云杉、冷杉和水杉。木中珍品有柚木、楠木和樟木。同时,全流域尚有大量的各种果木,主要品种有桃、梨、橙、橘和银杏果等。丰富的林木和果树使流域再添风姿。

5.丰富的矿物资源

长江流域的地下矿物资源也极为丰富。

据统计,在全国业已查明的 135 种矿产中,长江流域地区拥有 110 种。其中,像钨的储藏量不仅在全国占有重要地位,而且在世界上也是名列前茅的。另外,像钛、磷、汞、钒等,其储量超过全国的 60%;超过全国储量 50% 的尚有铜、锑、锰和天然气等;超过全国储量 30% 的还有铁、硫、金、银和石棉等。这些丰富的矿产资源或已在开发,或尚待开发,都是全流域,甚至全国工业化过程中十分需要的原料,有着巨大的经济价值。

二、长江流域地区的综合优势

丰富的自然资源,相当发达的经济,加上历史悠久的人文资源,使长江流域地区具有独特的综合优势。

1. 工业相对比较发达

1990年,即浦东宣布开放的一年,长江流域地区乡以上的工业产值5 665亿元,占全国工业总产值的43.5％。

全流域地区工业实力雄厚,配套齐全。这里既是我国工业最早的发展之地,又是全国最大的工业地带。钢铁工业、石化工业、机电工业、造船工业、电子工业、纺织工业、食品工业都比较发达。许多工业企业,在全国都占有重要地位。例如,在钢铁工业中,上海宝山钢铁厂、湖北武汉钢铁厂都雄居全国同行业企业的前茅;在石化工业中,上海金山石化、江苏仪征石化,无论产量、品种,也都是同行业中的佼佼者。特别是从上海开始,杭州、无锡、南京等一系列流域地区内城市,都是我国高新技术工业的开发地区。

2. 交通相对比较发达

长江流域地区是我国交通最发达的地区之一。

从交通的大动脉——铁路网来说,横贯东西的铁路有沪杭甬线、沪宁线、浙赣线、湘黔线、黔昆线、成昆线。连接南北的有京沪线、京广线、焦枝线、宝成线、皖赣线等。使流域内、流域地区同我国南北地区都有比较发达的交通联系,加上天然的水运和正在兴起的空运,使全流域地区能运用水、陆、空立体运输相互连在一起。

3. 相对优异的人文条件

长江流域不仅经济发达,也是哺育中华文化的摇篮。从长江上游到中、下游,在历史上就有着灿烂的蜀文化、楚文化和吴文化,出过许多著名的文人和创造过许多影响全国的文化流派。进入近代以后,也是接受新思想、新文化、新科技、新教育最早的地区。长江流域也是我国大学最集中的地区,是新闻、出版、电影、艺术和文学最繁荣的地区,是产出科技成果最多的地区。这种优异的人文条件,使长江流域地区充满历史的魅力和发展的潜力。

4. 有十分丰富的劳动力

长江流域地区有人口 4.5 亿人,其中有劳动力人口 2.7 亿。在比较发达的经济和优良的人文条件下,这些劳动力的素质也比较高。

长江流域地区人口稠密,城市化程度也比较高。全地区共有大、中、小城市近 150 座。全流域人口密度平均每平方公里为 200 人,像成都平原,三湖地区,特别是长江三角洲地区,人口密度更高,每平方公里达 600～800 人。我国正处于高度成长的发展阶段,长江流域密集的人口为经济起飞准备了大量的、素质较高的劳动力资源和巨大而少有的区域市场。

长江流域丰富的资源和独特的优势,为浦东开放后,全流域经济起飞准备了足够的物质基础,也是浦东本身迅速崛起的重要的物质上的后盾。

第三节　长江流域地区相互联系的产业带

丰富的资源和方便的交通,优异的人文条件与广阔的市场,培育和创建出全国少见的、实力雄厚的长江产业带。

这个产业带既在长江流域地区形成一个互相分工和协作的系统,又同全国产业有着广泛的联系。

长江流域地区产业带既是经济相对发达的产业基础,又蕴藏着未来发展的巨大潜力。

一、长江流域地区的工业带

长江流域地区的工业带是长江流域地区中实力最强的一个产业,在整个国民经济中所占的比重也最大。

长江流域工业带的主要组成有:

1. 长江流域地区的钢铁工业带

钢铁工业对一个发展中国家来说,是国民经济发展的重要支柱。1990 年,我国钢产量已经超过 8 000 万吨。

长江流域的钢铁工业带是全国的一个重要组成部分,并在全国占有很高比重。到 80 年代末,全地区钢和钢材的产量已经超过全国总产量的 50%,进入 80 年代以后,随着流域地区一系列钢铁基地的扩建和新建,这一比重将继续上升。

沿长江两岸,从上海的宝钢开始,经过南京、马鞍山、武汉、重庆到攀枝花已形成一条布局合理实力雄厚和层次分明的钢铁工业带。这里既有像上海宝钢、湖北武钢那样的现代化的大型钢铁基地,又有像南京、马鞍山、重庆和攀枝花那样的中型基地。随着我国改革深入和对外开放的不断扩大,特别是随着我国经济国际化程度的不断提高,在长江入海口两边沿海地区,在沿江原有钢铁城市和地区,预计将利用本地矿产,或从海外进口矿产,继续大幅度增加钢铁产量,增强长江钢铁工业带。

2. 长江流域地区的能源工业带

无论是煤炭,还是水能,长江流域地区都有极为丰富的资源,因此,长江沿岸也已形成装机容量占全国首位的能源工业带。

1990 年,长江下游地区上海、浙江、江苏和安徽 4 个省市组成的华东电网,全网的装机容量已近 4 000 万千瓦,单机容量已达 30 万、60 万千瓦。大型发电厂从长江口上海的外高桥电厂起,经过江苏的望亭、谏壁一直到安徽的淮南、淮北,已形成一个规模大,技术新的电力工业走廊。[16]

更为可喜的是,经全国人大通过,长江中、上游的三峡水电站已进入启动阶段,到 21 世纪初,这座举世瞩目的巨型电站的几十台发电机陆续投入使用,同葛洲坝电站一起,通过超高压输电线路,把长江上、中、下游,把长江沿岸几十座大、中城市联入长江流域地区的统一电网。

3. 长江流域地区的石油和石化工业带

长江沿岸另一个重要的工业带是石油和石化工业带。从下游到上游,沿江有上海、南京、安庆、九江、武汉、荆门和岳阳七大炼油基地;从上游到下游,沿江还有宜宾、泸州和长寿的天然气化工,临湘、安庆、南京、仪征和上海的石油化工基地。其中像四川境内的天然气化工工业,上海的金山石化和江苏的仪征石化在全国都占有重要地位。石油化工像钢铁一样,是为许多工业部门和农业发展提供大量原材料的部门,都是整个国民经济的支柱工业。

4. 长江流域地区的纺织工业

长江流域地区不仅重化工业有相当基础,而且轻纺工业也十分发达。全地区 8 省市纺织工业的产值超过全国的 50%。

长江流域地区纺织工业的特点是质量好,品种多,不仅在地区,而且在全国,以至在全球都异常出名。可以毫不夸大地说,长江流域已不仅是中国,而且是世界上最大的纺织品生产基地之一。

长江沿岸的能源工业、钢铁工业、石化工业、纺织工业和其他一系列工业组成了我国综合实力最强的区域工业带。随着浦东开放,大批海外资金进入长江流域,这一工业带焕发出更为强大的新的活力。

二、长江流域地区的运输带

同工业相匹配的是,长江流域地区拥有方便的运输带。

1. 长江流域地区在水运方面的潜力

长江干流,支流河港纵横,四通八达。干流长 6 300 公里,可通航的里程为 3 638 公里;支流 700 多条,可通航的里程更长。仅主要干流 7 条——即岷江、乌江、嘉陵江、湘江、沅江、汉江和赣江等就有通航里程 5 200 多公里。如果加上流贯全地区属于长江大水系的湖泊和各种大小河流,则通航里程可长达 7 万公里,占全国内河航运可通里程的 70%。长江可通航里程比美国全国可通航里程还高很多。

在长江干流和支流航道中,终年可通航 100 吨级船舶的里程为 32 700 公里,可通航 1 000 吨级船舶的里程为 14 700 公里,可通航 2 000 吨级船舶的里程为 6 116 公里。1985 年,长江航运的货运量达 2.7 亿吨,占全国内河总量的 80%。作为我国的黄金水道,据专家估计,具有 14 条铁路的货运能力,在运输方面存在着巨大的潜力。

2. 长江流域地区众多的港口群

同发达的水运网络相适应,在长江大小航道上,也建设有众多的港口群。

在长江可通航的干流上,在 3 638 公里的航线上,就有数十个大小港口。例如上海、南京、武汉和重庆等 4 大国家级重点港口;中型港口有南通港、张家港港、镇江港、芜湖港、九江港、枝城港、宜昌港和宜宾港等。这些港口城市,特别是上海、南京、武汉和重庆 4 大港口城市,还都是船舶制造和修理基地。

3. 水运同铁路等的联合运输

长江纵横交错的河道和密如繁星的港口,还同运河和铁路组成联合运输网,使长江流域地区的运输更为方便。

首先,长江同一系列运河组成联合运输网。在长江三角洲地区,同京杭运河的江南段可组成 310 公里的联合运输网;在安徽省内,正在疏通江淮运河,把长江同淮河连接起来;从芜湖规划开辟芜申运河,即通过长江、青弋江、水阳江、过溧阳从大浦江进太湖,连接黄浦江至上海;在湖北准备恢复两沙(从沙市到沙阳)运河,沟通长江和汉水。这方面的规划实现,长江流域地区的水运事业更为发达。

其次,长江运输可以同连接东西和横贯南北的各条铁路实现水陆联运,使长江水系更多地发挥潜力。

三、长江流域地区的金融带

在历史上,长江流域各地之间,特别是长江流域各地同上海之间 直存在着紧密的金融联系。改革开放后,随着上海作为全国金融中心地位的恢复,随着各地第三产业的逐步发展和跨地区银行业务的活跃,长江流域地区的金融产业也正在形成。这一产业带同工业带、运输网络相比,尚比较薄弱,尚处于发展初期阶段。但也正因为如此,这一产业带也最具有发展潜力和前景。

长江金融产业带起步的标志是：

1. 跨地区银行间拆借业务的兴起

1986 年 8 月上海建立短期资金市场,10 月上海经济区建立了跨省市"资金横向融通联络网",并由上海工商银行牵头。接着不久,上海农业银行与沿江的江苏、浙江和湖北等省的 22 个县(市)也建立起横向资金融通关系。这适应了改革后长江流域经济横向联合和正在起步的市场经济的需要。因此,这些融通关系一建立,就显示出强大的生命力。1986 年当年,上海金融系统同业间跨地区拆借的金额即达 90.8 亿元,其中拆入 46.2 亿元,拆出 44.6 亿元;1987 年,拆借金额迅速上升到 296 亿元,其中,拆入 138 亿元,拆出 158 亿元;1988 年,进一步上升到 800 亿元,其中,拆入 399 亿元,拆出 401 亿元。

2. 开办再贴现业务

1986 年中国人民银行上海分行在全国率先开办再贴现业务,开创了银行票据承兑贴现的新的金融业务。1986 年 10 月,上海同江苏、浙江、安徽和江西一起签订协议,在工商银行之间,开展跨省市票据承兑业务,从此,沿江跨省市金融业务获得进一步发展。

3. 交通银行的建立和发展

1986 年 10 月,中国交通银行重新建立。1987 年 4 月,交通银行总行迁入上海。从此,交通银行先后在浙江、江苏和沿长江其他省市设立分支机构,开展跨地区的银行业务,长江流域地区的金融产业带开始更具规模。

20 世纪 90 年代初,浦东发展银行随着宣布浦东开放而应运而生,并也像交通银行一样,将在沿江广泛发展银行业务,使长江金融产业带又添一生力军。

4. 债券、股票和期货市场

随着我国市场经济的全面发展,特别是生产要素市场的全面兴起,债券、股票和期货市场在上海重新恢复,使长江金融产业带再添一股新的力量。

金融产业在现代市场经济中占有重要地位,长江金融产业带的形成和逐步壮大繁荣,必将成为长江整个产业带的最活跃的支柱产业,也将成为浦东、上

表 5-1　沿江 8 省、市的产业特征和优势

	资源优势	物质技术基础优势	产业优势	产品优势	出口创汇优势	软环境
湖南	铁矿、有色金属矿、煤炭、非金属矿产多，水资源、旅游资源丰富	煤炭采选、钢铁、冶炼、有色金属、机械制造、食品、纺织、包装、石化	农业、纺织、机械、有色金属、建材、食品、旅游业	粮食、纺织品、钢铁、煤炭、建材、化纤、烟花爆竹	浏阳烟花、丝绸湘绣、竹编工艺、瓷器、生猪、钨砂	紧靠广东、香港，又接长江两头
安徽	煤炭、铁矿石、非金属矿、农副业资源丰富	采煤、钢铁冶炼、机械制造、化肥生产、电子、麻类生产	煤炭、钢铁、化工、机械、电子、农副业	煤炭、生铁、钢、化肥、拖拉机、收音机、红麻、黄麻		处于东部与中部的联结处
江苏	煤炭、金属矿、水资源丰富，海岸线长	机械制造、钢铁、采煤、电力、纺织、轻工、家电、石化	机械制造、纺织、钢铁、电子、轻工、农业、渔业	钢材、煤炭、机床、汽车、纺织品、家用电器、轻工	肉类、食品、棉纺织品、丝绸品、土特产品	地处沿海和长江下游，有开放城市和开发区
上海	地处长江入海口，交通便利，我国老工业基地，最大工业城市，金融业、贸易业比较发达	钢铁冶炼轧制、化工、机械制造、船舶制造、纺织、轻工、家用电器、日用消费品、电子、通信、汽车	钢铁、化工、机械、电子、造船、纺织、轻工、日用消费品、汽车、通信	钢、钢材、化学产品、塑料、机床、船舶、纺织品、服装、家用电器、自行车、缝纫机、汽车、发电设备	肉类、食品、棉纺织品、丝绸品、轻工产品、石化、机电设备	人口、技术、信息、资金最密集的工业基地，历史上有地位，国际上有影响
浙江	农副产品资源丰富，海产、渔业资源条件优越，旅游业发达	加工业占全部工业的90%，以农副产品为原料的68%，纺织、食品、家用电器、机械制造	轻工、纺织、农副产品加工、食品、水产品、手工艺品	纺织品、食品、家用电器、海产品、农副产品	丝绸、纺织、服装、竹制品、工艺品	发展外向型经济有一定基础

（续表）

	资源优势	物质技术基础优势	产业优势	产品优势	出口创汇优势	软环境
湖北	磷矿、石储量居全国前位，黑色金属矿、有色金属矿、水资源丰富	汽车制造、钢铁冶炼轧制、水电、化工、纺织	汽车、钢材、电力、化工、纺织	汽车、钢、钢材、电、化工产品、轻工纺织产品	纺织品、丝绸、轻工、工艺品、土特产、汽车	地处长江与京广线交点，有独特优势
四川	水资源居全国之首，生物资源品种多，矿产中铁矿、锂、芒硝、碘、天然气储量居第一，硫、磷、铅、锌、盐、石棉丰富，劳动力资源丰富	农业、畜牧业、天然气、化肥、生丝、食品、食用植物油生产能力强，371 587个大中型企业，54万科研机构，人员、工业装备、技术居全国前位	农业、机械制造、建筑建材、电力、纺织、食品、高技术产业、钢铁、化工产品	粮、油、肉、柑橘、蚕茧、发电设备、化肥、桐油籽	肉类、食品、果品、纺织、服装、机床、矿产	人口众多，物产丰富，天府宝地
江西	有色金属，特别是钨资源多，稀土、黄金藏量也多，木材资源、煤资源、旅游资源丰富	农业、煤炭、有色金属冶炼、机械、石油、林业产品、文教用品	煤炭、电力、机械、有色金属、肉类加工、纺织、水产	钨、铜、煤、拖拉机、棉、麻、医药、水产	钨、水产、纺织品	京九线横串全省。南联广东，北接长江

资料来源：主要转引自马洪、房维中主编：《中国地区发展与产业政策》，中国财政经济出版社1991年版，第20—22页。其中有的省是作者增补的。

海金融中心的重要组成部分。

四、沿江各省市在产业方面的优势和特征

我们从流域整体分析了长江产业带之后,列出沿江地区 8 个省、市在产业方面的优势和特征(见表 5-1)。只有互相了解各自的优势和特征,才能更好地促进全流域在产业上的互补和合作;特别是促进浦东和沿江各省在产业上的分工和协调。

第四节　长江流域地区各具特色的城市群

长江流域地区另一个重要优势,就是在上游、中游和下游地区都形成了各具特色的城市群。除以上海为中心的长江三角洲城市群外,沿江尚有以南京为中心的长江中、下游苏皖赣城市群;以武汉为中心的长江中游鄂湘赣城市群;以重庆为中心的长江上游城市群。

长江流域地区城市群的特色是:(1)城市群的层次非常鲜明。全流域既有像上海这样的全国性的经济中心,在每一地区又都有相应的区域性经济中心,显示出长江流域经济中心的多样性。这种城市群的多样性,为长江流域城市间的分工和互补创造了极好的条件。(2)每一个区域性经济中心又都和周围地区的中、小城市组成经济区或区域性城市群,即以区域性大城市为中心,形成有机的生产和流通网络。(3)以一个中等城市为中心,以市带县,把城市、小城镇和周围农村地区在经济上密切联系起来,形成以城市为依托,条块结合,城乡结合,内外畅通的经济网络,使各地资源得到比较好的利用。

长江流域地区经济中心的多样性和多级性,决定了以中心城市为依托的经济区的多样性和多极性。每一个城市,作为经济上的聚集和辐射中心,既在自己作用的范围内发挥自己的影响,又处在别的城市,特别是更高一级的中心城市的聚集作用之下。在这些城市群中,多数城市仅参加一个城市群,但由于这些城市群是开放型的,少数介于两个城市群之间的城市,例如镇江、扬州和九江

市则参加在上、下两个城市群和经济区范围之内。反过来,别的城市,包括更高一级的城市,要发挥自己更大的聚集和辐射作用,也要以其他城市作为自己的腹地和后盾。这种互相作用,互相推动,互相分工和共同繁荣的关系,正是长江流域地区城市群的一大特色。

一、以南京为中心的城市群和经济区

以南京为中心的长江中、下游城市群,由苏、皖、赣三省的南京、扬州、镇江、马鞍山、芜湖、铜陵和九江等城市组成。1986 年 6 月,在横向经济联合热潮的推动下,在这些城市的基础上,又扩大到南昌、合肥、安庆等总共 18 个城市,进一步组成南京区域经济协调会,在金融业、工业和流通领域加强协调和合作。经济区总面积 16 万平方公里,人口 6 000 万。从 1986 年成立到 1991 年底为止,以南京为中心的 18 个城市之间共实施联合协作项目 3 010 项,这些项目每年可以增加产值 30 亿元。更为重要的进展是在电子、机械、化工、建材、轻工和纺织等行业组建了 86 个跨地区企业集团和经济联合体;在流通领域,建成 11 个行业之间的商品流通网络,交流商品的金额达 124 亿元,融通的资金达 110 亿元。1991 年 11 月,在合肥召开的一次区域经济协调会上,又通过《南京区域经济联合发展规划》;1992 年 10 月,由交通银行南京分行发起,联合南京、合肥、芜湖、九江、南昌和镇江等大城市又组成联合发展有限公司,使南京区域经济的联合登上一个新的台阶。

本城市群和经济区的中心是南京市。以长江水系作为联系的纽带。由江苏的宁镇扬地区、安徽的沿江两岸和江西的昌九走廊等重要经济带联合组成,具有较强的经济实力和良好的发展前景。

南京市是江苏省省会和省的经济中心,是经济区的核心城市。到 20 世纪 90 年代初,全市国内生产总值已超过 200 亿元,在中国经济实力最强的 40 个城市中占第 15 位。全市工业和第三产业同步发展。1992 年,工业产值完成 491 亿元;第三产业的比重已达 34.4%。改革以来,南京提出"呼应浦东,横联东西,辐射南北,发展南京"的发展战略,积极参与沿海和沿江的发展,特别是积极推动了跨地区的经济联合。

合肥市是南京经济区的重要参加者之一,是安徽省的省会。合肥市有人口近400万人,其中市区人口100万人。1992年工业产值137.8亿元,是一个正在迅速发展中的城市,并正同安徽省长江两岸的城市安庆、芜湖等一起,把全省经济的发展重点放到沿江经济带,放到同整个长江经济带和城市群的联合和合作上。

南昌市是江西省省会,也是南京经济区的重要参加者。由南昌和九江组成的昌九工业走廊在改革以后发展迅速。1992年南昌市的工业产值为143.6亿元,九江市的工业产值为83.9亿元。随着九江长江大桥的建成和京九线的建设,为江西北通长江,南联广东创造新的发展条件。

南京经济区的优势在于:(1)它地处东部沿海和中、西部的联结处,是东部沿海资金、技术和人才向中、西部地区转移的最近地区,也是海外资金沿江西移的首选地区。(2)地区资源比较丰富,经济有相当好的基础,电子、石油化工、机械制造、钢铁和建材工业在长江流域乃至全国都有一定地位。(3)区内科技和教育事业发达。南京、合肥和南昌三市是我国大学比较集中的地方。著名的中国科技大学、南京大学和河海大学都在经济区内;科技力量也比较雄厚。(4)区内人文和旅游资源丰富,虎踞龙盘的六朝古都,气势雄伟的镇江以及名闻国内外的黄山和九华山都使经济区增加不少魅力。

南京经济区的作用是:提高了长江中、下游联结处的经济地位。南京经济区形成和不断发展壮大后,长江流域地区的经济格局和城市群由原先的上海、武汉和重庆为中心的三大经济区变为"一河四点(片)"的新格局,这对推动整个长江流域的经济合作和使上、中、下游地区协调发展,都有着极为有益的补充作用。

二、以武汉为中心的长江中游城市群和经济区

以武汉为中心的长江中游城市群,由鄂湘赣三省的武汉、黄石、九江、鄂州、岳阳、沙市、荆门和宜昌等大、中城市组成。随着武汉市宣布对外开放,武汉经

济协作区逐步形成。范围也扩大到包括河南在内的 4 省 25 个城市,有面积 30 万平方公里,人口 1.1 亿人。

武汉市在经济区中处于核心地位。

武汉处于我国中原的腹地,是长江和京广线的交汇处,是东西间长江经济带和南北间京广线经济带的联结点,地理位置优越,交通运输方便。既受到东部沿海,特别是浦东和上海的吸引和辐射,也受到广东和香港的吸引和影响,同时,在我国中部地区的长江两岸和铁路沿线又有着自己的聚集和辐射范围。它在长江经济带中的作用,既能吸收浦东、上海开放的影响和扩散,又能对长江上游的开发起到就近推动的积极作用。

优越的地理条件,使武汉早在明末清初,即成为我国的四大名镇之一。在 20 世纪初,更曾被誉为"东方的芝加哥"。1862 年对外开埠之后,很快成为中国中部地区的工业重镇和商品扩散中心。20 世纪 30 年代,对外贸易曾超过天津和广州,仅次于上海,占全国第二位。1949 年解放之后,则一直是我国重要的钢铁工业基地,机械、化工和纺织工业也有相当好的基础。在我国城市经济 40 强中排名第 18 位。

黄石市是一座有人口 55 万的中型城市,是武汉经济区的重要组成部分,是长江流域原材料工业的基地之一。全市的冶炼业源远流长,有我国历史最悠久的古代采矿场和冶炼场。在近代是我国民族钢铁工业的发祥地之一,是著名"汉冶萍钢铁公司"的有机组成部分。新中国成立后,市内的大冶铁矿、大冶钢厂和大冶有色金属公司等大、中型企业,不仅在长江流域,而且在全国都占有十分突出的地位。黄石市资源丰富,交通方便,在对外开放和发展区域经济方面,都有着十分良好的前景。

鄂州市和黄石市一样,也是长江流域新辟的开放城市,已建有经济技术开发区。鄂州地处武汉和黄石之间,离两边都在 50 公里之内,鄂州的经济发展和对外开放都可以利用武汉、黄石的基础设施和其他方面的条件,又可发挥自己土地和劳动力比较便宜的优势。

湖南省岳阳市被誉为"湘北门户",也是湖南唯一的临江口岸,地处长江、京广线和湘、资、沅、澧四水的交汇点上,是一座以电力、化工、石油和纺织为主导产业的新兴工业城市。1992 年被批准为对外开放城市后,经济很快进入快速发展轨道。1992 年岳阳市的国内生产总值已经接近 100 亿元,在中等城市中也属于佼佼者之一。随着长江流域地区成为我国对外开放和经济发展的重点地区,岳阳正凭借着自己在地理位置和工业基础方面的长处,力争成为湖南直接对外的贸易口岸和长江中游的重要经济贸易中心之一。

宜昌市位于长江中、上游的联结部,历来是"上控巴蜀,下引荆襄的重镇。"目前更因为是超级工程三峡电站的所在地而为举世所瞩目,成为长江流域充满吸引力的一个新兴城市。三峡电站的兴建使宜昌成为长江流域重化工业新的发展基地和外商投资的热点。

武汉经济区的优势和作用是:(1)是长江流域能源的生产和供应基地。1988 年已全部建成的葛洲坝水电站,装发电机组 21 台,总容量 271.5 万千瓦,所发电量占华中电网所增发电量的 50% 以上,还远送至上海和其他长江三角洲地区。三峡电站投入使用,加上一系列大型火力发电厂的建设和使用,使武汉经济区成为长江流域最大的能源发电和供应基地。(2)是长江流域除上海外的又一个钢铁工业基地。经济区形成以武钢为中心,以冶钢、鄂钢和汉钢为骨干,包括长江中游两岸 100 多家冶金企业的钢铁工业走廊。长江流域在对外开放的促进下,正进入大规模工业化和城市化的发展阶段,这一钢铁工业走廊的形成和发展有着特殊的重要意义。(3)是东西南北的交通要道。1992 年武汉港有码头 432 个,年吞吐能力 5 000 万吨以上。5 000 吨级的轮船可以直达上海。经济区内的港口尚有:枝城港(吞吐量为 1 500 万吨)、九江港(900 万吨)、宜昌港(800 万吨)和城陵矶港(700 万吨)。这些港口不仅相互形成长江中游的港口群,而且同南北的铁路相衔接,组成水陆联营的交通网。(4)有江汉平原、洞庭平原和鄱阳平原组成的我国著名的农业基地。

长江中游的能源基地、原材料基地和农业基地是长江下游经济快速发展的重要物质基础之一,是浦东开放和崛起的重要物质基础之一。

武汉经济区正按照各城市的优势和特点,不断扩大区内经济的横向联合。

根据不完全的统计,全区每年完成的跨地区协作项目 500 多个。在经济协作的基础上,经济区又以武汉为中心成立了科委主任联席会、科技情报交流和职工技协联谊会。随着改革深入,又建立了经济区的技术市场,促进了科研成果的迅速转移。

武汉经济区还按照市场发展的需要,相继成立短期资金市场、国库券市场和股票交易网络,是长江流域除上海之外最重要的资金市场和证券市场,也是上海金融中心的重要组成部分和依托力量。

三、以重庆为中心的长江上游城市群

以重庆为中心的长江上游城市群,由万县、宜宾、涪陵和泸州等 16 个城市组成。

重庆市不仅是长江上游的最大城市,也是我国大西南的重镇。在我国城市经济 40 强中排名第 9 位。1992 年工业产值已经超过 500 亿元,国内生产总值超过 300 亿元,经济实力雄厚。

重庆市位于长江和嘉陵江的交汇处,既是西南地区和长江上游最大的港口,借助于上海可以出海,又背靠四川盆地和成都平原,有"天府之国"作为自己的发展腹地,加上长江上游两岸的城市群,处在长江上游城市群的核心地位。

重庆市的优势是:(1)有丰富的自然资源。主要品种有煤炭、天然气和铁矿等。煤炭的探明储量为 16.4 亿吨;天然气储量为 435 亿立方米,这些储量多半临近长江,便于开采和运输。铁矿的储量为 3 亿吨,主要分布在靠近贵州的南部山地。(2)是上游地区最大的工业基地。以冶金、机械、化工、纺织和食品为 5 大支柱部门。重庆工业配套齐全,综合开发能力较强。特别是重庆军工企业多,具有较为先进的技术和装备。改革以来,军工企业开始转向军民结合、多元生产的发展道路,为重庆工业注入了新的活力。(3)科技教育都比较发达,全市有大专院校 17 所,科研机构 160 多家,在航天、电子等方面有大量人才。(4)重庆是由中央批准的进行综合改革试点的第一个大城市,在改革超前的推动下,重庆正大步进入新的发展阶段。

万县市是重庆经济区的东方门户,是川江上的著名城市。1992 年全市辖 3 区 8 县,面积 3 万平方公里,人口 825 万。由于万县地处三峡,素来是川东、鄂西、黔东和陕南的水陆交通枢纽和物资集散地。同重庆一起,也是我国对外开放很早的城市,1917 年就建立了海关,成为周围相邻地区物资的通商口岸。1949 年以后,又形成工业、旅游和农村特产 3 大优势产业。万县是三峡电站的库区,正抓住移民和工业的重新组合优化结构,为建设新的万县而努力奋斗。

涪陵市位于长江和乌江的汇合处,是闻名中外的榨菜之乡,是具有 2 000 年历史的古城。1949 年以后,地方经济有了很大发展。工业以食品、建材和机械为主,粮食、柑橘和生猪都被列为国家级的生产基地。另外蚕茧产量 5 000 多吨,精制小包装榨菜年产 6 万吨,也是涪陵的一大特色。近期,正抓住长江三峡电站的开发,加快发展步伐。

泸州是长江上游著名的酒城,也是川、黔、滇的交通枢纽和物资集散之地。泸州在工业上在长江上游也占有重要地位,是全国 9 大工程机械和 15 大化工基地之一。在农业方面,粮、猪、果、茶和药材等也都是重要的生产基地。

以重庆为中心的长江上游城市群,同中、下游的城市群一样,同样形成由 16 个城市组成的区域经济区。重庆经济协作区发展很快,并出现两个明显的特点:(1)制定联合发展的规划和实施细节。经济区先后共实施联合发展项目 1 054 个,新增产值近 15 亿元,互相融通商品总额 246 亿元,融资 90 亿元,推动了区内经济的共同繁荣。(2)建立现代化的电信网络,一方面由重庆市牵头,密切区内的通信网络;另一方面,又同武汉和上海相协作,加强长江上游同中、下游地区的通信联系。仅由泸州至上海的通信线路就增加了 4 077 路,为长江流域地区经济加强协作创造了新的条件。

重庆经济区资源丰富,人口众多,有自己的特殊优势,尚蕴藏着巨大的发展潜力。

四、长江产业带与城市群的有机结合

长江流域地区是中国近代工业的发祥地之一,也是当代中国最具有经济实

力和发展潜力的地区之一。长江流域很大的一个特点,是雄厚的产业带与密集的城市群互相结合,互相促进。

(1) 长江产业带的特色。长江产业带所拥有的钢铁、石化、机械、电子和纺织等工业,在全中国都占据极为重要的地位。由上海、南京、武汉、重庆以及马鞍山和攀枝花等地组成的长江钢铁长廊,年产量接近 5 000 万吨,超过全国总产量的一半。由四川、湖北、湖南、江西、安徽、上海和浙江等各省、市形成的长江纺织基地,其产值也占全国的 50%。炼油、电力、石化、机械、电子、汽车和家用电器等轻、重工业也都在长江沿岸形成各自互相协作和配套的产业带。

长江产业带的特色是:(1)企业规模大。像宝山钢铁厂和武汉钢铁厂都雄踞中国钢铁工业的前列。又如上海大众和武汉二汽也都是中国汽车工业的佼佼者;葛洲坝水电厂和谏壁火电厂更都是名列全国第一。(2)工业行业齐全。基础工业、加工工业和消费品工业都相当发达,专业分工,互相协作,形成较高的经济效益。(3)技术装备先进。在钢铁、石油化工和其他工业中,它们的主要企业的设备,或是从发达国家引进,或是由本国科技开发,其技术水平都接近国际先进水平。

(2) 长江城市群的特点。长江流域的一个重要经济优势是,同雄厚产业带并存的还有世界上少有的密集的城市群。

长江流域从东到西,共有 24 座大中型城市,组成四个紧密的城市群:第一个是以上海为中心,包括苏州、无锡、常州、杭州和宁波等 10 个大、中城市组成的长江三角洲城市群,周围还有众多县级市和繁荣的大市镇;第二个是以南京为核心的,包括镇江、扬州、马鞍山、芜湖、安庆等大、中城市组成的城市群;第三个是以武汉为中心,包括黄石、九江、岳阳、宜昌等大、中城市组成的城市群;第四个是以重庆为中心,包括万县、涪陵、泸州和宜宾等大、中城市组成的长江上游城市群。这些城市群的特色是:(1)都是中国东部、中部或西部重要的综合经济发展中心,有的还是国际性的或区域性的经济发展中心。(2)都是长江和有关铁路、公路以及航空港的交通枢纽。(3)4 个城市群各具特色,有的是能源、原材料生产基地,有的是加工工业特别发达的地区,有的是国际性经济中心,相互之间互补性强,可以互相协作,相得益彰。

(3) 抓住机遇,联合开发,尽早腾飞。长期以来,长江流域由于各自分割和对外封闭,这些巨大的优势和潜力未能得到充分发挥。进入 20 世纪 90 年代,随着中国改革和开放的重点转移到浦东开发和长江流域,长江这条潜龙正在乘机腾飞。(1)国家正在规划把沿长江同沿海一样,作为今后经济发展和生产力布局的重点。全国确定的 10 多个重点开发地区,6 个在长江流域。(2)由上海、南京、武汉和重庆四大城市发起,长江沿岸 24 个城市组成的经济协调发展委员会,已活跃地开展工作,互补互助,联合开发的态势已经形成。(3)国际资金正趁着中国对外开放的新潮大批涌入长江流域。

国际的、国内的和流域的三大力量的联动,必将促进长江产业带和城市群更紧密地结合起来,从此虎啸风生,龙跃云飞,长江巨龙的腾飞指日可待。

第六章　难得的历史性机遇与浦东崛起

导　言

浦东的迅速崛起不是偶然的。

在宣布浦东作为中国90年代对外开放的重点地区时,浦东、上海和整个中国都遇到近150年来最好的国际环境。浦东的开放面临着难得的历史性机遇。

机遇是一个时间性概念。所谓历史性机遇,就是指在这一段历史发展时期,例如在近20～30年期间,由于各种条件的配合异常良好,因此,如果能抓住这段时间,加紧发展,所获得的效果就特别好,也即是能收到事半功倍的难得的理想效果。

浦东开放面临的历史性机遇有:

第一,世界经济增长的中心正在迅速向亚太地区转移。亚太地区这列快速飞驰的经济列车,也推动着区内许多国家进入经济的快速发展行列。这对宣布对外开放的、准备与亚太接轨的浦东来说是极为有利的。

亚太中的东亚地区,或西太平洋地区,是全球经济发展最快,又是最具发展潜力的地区。中国沿海,特别是浦东、上海,正处于这一地区的中央。浦东与这些地区在经济上可能进行的交流,是任何远离这一范围的国家和地区所无法相比的。

第二,冷战结束后,经济交流越来越成为国家关系中的主流。全球经济一体化、多极化和区域化的发展趋势进一步加快,这种新的趋势为浦东全方位对外开放提供了更为广阔的有利空间。

第三,世界性产业结构大调整和在全球的转移,为浦东对外开放后扬长避短,参与国际分工创造了大量机会和条件。

第四,国际性跨国公司的全球经营战略,特别是向发展中国家发展的战略,为浦东吸引大规模和高层次的外资提供了可能。

第五,世界经济发展的长周期,从 20 世纪 90 年代中期开始,将进入为期 25 年左右的上升阶段,如果我们利用浦东开放,能抓住这一极好而难得的机遇,对浦东、上海和整个中国的发展来说,更将具有十分重要而深远的历史意义。

第一节　亚太经济的高速增长、发展模式及其影响

第二次世界大战之后,世界经济的一个重要特征,是亚太地区经济的持续快速增长,是亚太地区经济在全球的地位日益重要。20 世纪 60 年代是日本的崛起。70 年代是亚洲四小龙的高速成长。80 年代是东盟诸国的经济起飞。这些被公认为世界经济发展中的奇迹,无论是它持续高速发展揭示的规律,无论是它的发展模式,还是它们在发展中相互提供的机会,如果我们善于借鉴和利用,对浦东开发都将产生十分有益的影响。

一、亚太地区持续高速发展的启示

在世界发展的历史上,在相当长的历史时期中,经济增长的速度一直是很低的。

根据美国学者西蒙·库兹涅茨的考察[17],发达国家英国、法国和美国等国,在很长时期中,经济增长的速度始终很低。以英国为例,在实现产业革命后的 110 年时间中,即从 1695 年至 1805 年,每 10 年的增长速度才达到 15% 左右,每年的增长速度仅为 1% 多一点。就是在 1924～1967 年的近期的 43 年中,每 10 年的增长率也仅为 22.5%,即每年的增长率为 2% 左右。法国在 1870～1966 年的近 100 年中,每 10 年的增长率也为 20.5%,即每年的增长率也小于

2%。后起之秀的美国,发展速度虽然比英国和法国要快,但在 1859~1967 年的一百多年中,每 10 年的增长速度也只有 40% 左右,即每年的增长速度不到 4%。就是 20 世纪五六十年代,即在这些国家所谓发展的"黄金时期",一般最快的速度也都在 5% 左右。但是从日本开始,到四小龙,到东盟诸国,它们却开创了一个真正高速发展的时代,开创了一个使人耳目一新,给人以深刻启迪的全新的发展时代。

以日本为例,从 60 年代开始,在 1961~1965 年期间,经济增长的速度年均为 12.4%;在 1966~1970 年期间,年均增长速度为 11.0%。再以四小龙为例,在整个 60 年代的年均增长速度韩国为 13.3%,台湾地区为 13.5%,香港地区为 11.7%,新加坡为 8.7%;在整个 70 年代以至 80 年代,这些国家和地区的增长速度仍然未减。东盟诸国的发展成绩同四小龙相比,也毫无逊色。

日本、亚洲四小龙和东盟诸国高速增长给我们最重要的启示是:(1)经济是可以高速增长的,原先发达国家已经达到的发展速度是可以超过的,经济增长速度高达 10%,甚至超过 10% 是可能的。(2)经济是可以连续高速增长的,日本从 1955 年到 1972 年,持续高速增长长达 18 年;四小龙更连续高速增长 20 年以上。(3)后发展国家和地区是可以后来居上的。同西方发达国家相比,日本是后发展国家,由于持续高速增长,在经济规模和实力上,已超过英国、法国和德国,成为世界上仅次于美国的第二经济强国。四小龙和东盟诸国都是发展中国家和地区,同样是可以在发展速度上大大超过西方发达国家的,同样是可以在人均产值上接近发达国家水平的。(4)在亚太地区,依靠互相交流,相互依赖,每个国家和每个地区,都是可以借鉴别人经验,先后进入高速发展的行列的。

这些启示,对亚太地区每个国家和地区都是重要的,对浦东开放和发展也是重要的。它告诉我们,一个国家或地区,只要善于抓住时机,借鉴别国经验,经济是可以高速增长的,而且是可以持续高速增长的。

二、东亚发展模式及其启示

亚太经济为什么能持续高速增长?这是同它形成的发展模式紧密相依的。

亚太发展模式,更确切地说,东亚发展模式有其地区特色,有其不同于西方发展模式的一定的特点和优势。研究这种模式及其启示,对我们的发展也是有用的。

根据东亚国家和地区学者的长期研究,也包括西方一些比较客观的专家的比较分析,东亚模式的主要特点有:

1. 全国上下集中力量发展经济

一些著名的经济学家曾多次指出,一个国家的政府和人民,是否有强烈的发展经济的愿望,是一个国家经济能否增长的前提。我们看到,东亚的国家和地区,在最近的二三十年中,不仅有这样的愿望,而且还把国家的主要力量——财力、物力和人力集中到发展经济上。当第二次世界大战结束后,地球上的许多地区或热战或冷战,而在东亚地区,相对而言,则把主要精力放在发展经济上。冷战结束后,不仅更加注意本国、本地区的经济发展,而且,在国与国的关系中,在地区与地区的关系中,在全球率先重视经济上的交流和合作,把邻国、邻地区看作是经济上互补的重要合作对象。一系列有争议的边境地区,多数已化干戈为经贸,有的互相组建为成长三角,有的发展为贸易集市。这种互补性的、互利的经济合作正在推动东亚地区经济的进一步增长,也正在提高东亚地区在全球经济中的地位。

2. 全力发展以出口为导向的外向型经济

东亚和其他国家的专家都一致认为,发展以出口导向为主的外向型经济是这些国家和地区经济能保持长期增长的又一个重要因素。事实证明,在经济日益全球化的今天,哪个国家和地区能更多地参与国际经济活动,哪个国家和地区发展就快。

在实施外向型经济发展战略时,这些国家和地区则非常注意把引进外资同扩大出口有机地结合起来。研究和借鉴它们这些方面的经验和做法对我们是非常有用的。

(1) 在引进外资方面。发展中国家经济起飞的关键是要有足够的资金。亚洲四小龙和东盟诸国都把引进外资作为解决国内或地区内资金困难,扩大经济规模的重要途径。

亚洲四小龙在 20 世纪 60 年代曾大力推行引进外资的政策。对投在外向型出口行业的外资,给予减免税收和其他大量优惠,在进口设备和原材料方面给予方便。对其因经营得法而获得的合法利润则保证其汇出。

例如韩国从 1946 年至 1979 年,共获得美国资本 150 亿美元。1971 年至 1979 年,日本给韩国的政府贷款额也达 2 000 亿日元。此外,还接受了其他发达国家和国际金融机构的大批贷款和资助。我国台湾,从 1951 年至 1968 年,共接受美援 15 亿美元,日本则在 1965 年和 1971 年两次给台湾 620 亿日元的政府贷款。从 70 年代起,外资银行进入台湾,大量贷款给台湾的企业。台湾还创办不少出口加工区,以利于外资不断进入。

在东盟国家,以印度尼西亚为例,从 20 世纪 60 年代起开始制定吸引外资的政策,大大放宽外资进入的条件。从 1967 年至 1971 年,外国在印度尼西亚的直接投资总计达 18 亿美元。这对加快印度尼西亚经济发展起了很大作用,特别是大大加快了印度尼西亚石油的开采工作。

泰国自 20 世纪 60 年代起,就注意不断改善投资环境,扩大引入外资的规模。60 年代,进入泰国的投资尚不多,每年仅为 1 亿铢。进入 70 年代,特别是到 80 年代,泰国吸收外资的规模迅速扩大,外国直接投资从 1970 年的 9 亿铢上升到 1980 年的 38 亿和 1990 年的 572 亿铢。大量外资投入出口导向型工业和其他部门使泰国经济很快进入东亚高速增长的行列。

(2) 在扩大出口方面。亚洲四小龙和东盟在吸引外资的同时,都把扩大出口作为外向型经济的重要组成部分,而且是特别重要的组成部分。因为,50 年代的实践表明,如果在吸引外资的同时,过多的发展进口替代型经济,不仅外汇难以平衡,而且会由于这些国家和地区国内市场狭小,规模经济无法形成而使经济发展陷于困境。因此,从 60 年代开始,多数国家和地区就从进口替代型战略转向出口导向型的新发展战略。而这一战略的关键部分,即是努力扩大出口,参与国际分工和竞争。没有出口的不断扩大,引进外资也将难以持续。

出口导向型战略对亚洲四小龙的出口来说也是如虎添翼。从 1965～1973 年,新加坡和香港地区的出口年增长率都在 10％以上。台湾地区和韩国更是分别达到 30％和 32％。进入 70 年代,从 1973～1983 年,香港地区出口年增长率为 10.3％,新加坡为 17.9％,台湾地区为 18.8％,韩国为 14.8％,而同期西方发达国家为 4.2％,低收入国家和地区为 0.9％,中等收入国家和地区为 7.3％。可见这一战略的效果是多么显著。

亚洲四小龙和东盟诸国,在实施外向型战略之后,不仅经济保持高速增长,而且,由于积极参加国际分工和竞争,产业结构和产品结构也不断升级,逐步成长为新兴工业化国家。

3. 实行政府指导型的市场经济

日本、亚洲四小龙和东盟诸国都属于市场经济型的国家和地区,但它们在这方面也同西方国家有很大差别。除香港地区之外,它们实行的都是政府指导型的市场经济。这种体制的特点是:(1)在政府宏观调控下,市场在资源配置中起着基础性作用。政府虽然一般不干预企业的经营活动,但政府利用财政和货币政策在宏观调控方面发挥着巨大作用。(2)政府经常制定经济发展战略、长期或短期经济计划,指导经济发展,促进经济的增长。(3)政府经常根据变化的环境,制定强有力的产业政策,引导企业及时调整产业和产品结构,提高竞争能力。(4)政府常常执行鼓励出口的积极政策,推动外向型经济发展。(5)政府鼓励国内企业间的竞争,但也注意防止恶性竞争,政府经常协调企业之间的关系,促进经济良性发展。

国际上大量的研究报告表明,这种政府指导型的市场经济体制,非常适合东亚国家和地区的国情,对经济持续增长起了巨大的推动作用。

三、亚太地区高速增长提供的良好机会

亚太经济的持续增长和地区内各国在经济上的合作越来越密切,为这一地区内各国提供许多发展和商务机会。亚太经济发展所提供的各种机遇对处于中国东部沿海经济高速增长地区的浦东来说更为直接。我们在《迈向 21 世纪

的浦东新区》[18]一书中作过详细分析,这些机遇主要有:

1. 高速增长吸引外资大量涌入

虽然人们常把亚太与北美、西欧称作世界经济中的三个主要发展极,但由于亚太地区长期的高速增长,外部资本加速流入这一地区,其他地区与该地区的投资贸易关系日益增强,这个增长中心同时又是吸引中心。根据世界银行的统计,东亚吸引的外商直接投资已占全球的三分之一。

2. 国际性中心城市的崛起扩大了商务机会

长期高速增长造就一批国际性中心城市,如东京、香港和新加坡。在这些城市中集中一批国际大银行、贸易机构和跨国公司总部,或者同时建成一批技术密集型产业。同时,新一轮中心城市正在涌现,如曼谷、汉城、吉隆坡、雅加达等。这些中心城市的崛起,为亚太地区提供了巨大的商务机会。

3. 区内相互贸易迅猛发展

持续高速增长使区内贸易迅速成长。一方面,日本与东亚各国(地区)的贸易逐渐超过其对美国的贸易。日本的出口开始面向东亚市场;日本也已逐步成为东亚地区产品的重要进口市场。另一方面,各国在区内贸易的比重迅速上升。更为可喜的是,东亚地区区内经济合作正日益成为各国(地区)的共同要求。

4. 区内相互投资逐步增加

一方面,像日本等发达国家对外投资迅速增加。早在1989年底,日本在东亚地区的累计直接投资额就已达到544亿美元。日本投资的增长旨在加强与东亚和东盟国家(地区)间的经济联系,实行其产业的转移。日元升值和继续升值的趋势,进一步增加了进行产业转移的迫切性。另一方面,新兴工业化国家(地区)对区域合作的作用逐步增大。20世纪90年代,新加坡考虑把它的部分储备金投资到东亚国家。新加坡的外汇储备约400多亿美元,中央储备金350亿美元。在上述政策的带动下,1993年新加坡企业出现对华投资热,苏州新加坡工业园区的出现就是明证。新加坡的大规模资本输出无疑会刺激整个东南亚资本的全面北上,从而给浦东带来新的机遇。

第二节 世界经济一体化进程与浦东的全方位开放

冷战结束后,世界经济正呈现出前所未有的绚丽多彩的发展特点。一方面,世界经济一体化的进程大大加快;另一方面,世界经济区域化的发展同样十分明显。世界经济一体化与区域化的同步发展,必将给浦东带来更为广阔的发展机会和领域。

一、世界经济的一体化与生产要素在全球的流动

第二次世界大战之后,世界经济一体化的进程逐步加快,特别是从 20 世纪 70 年代开始,在电子、通信领域发生新技术革命的强有力的推动下,世界经济活动日益全球化,其中,最显著的特点,就是生产要素,特别是资金在全球的广泛流动。我们都已看到,在当今世界上,成百亿、成千亿的资金,或通过贷款或通过直接投资在世界各地流动,已成为司空见惯的事情。要素流动的结果,生产国际化和资本国际化就成为全球经济活动中的重要特征。这对各国和各地区经济发展产生了前所未有的极为深远的影响,这在资金短缺急需发展的国家和地区面前,也出现了同样是前所未有的利用外来资金发展自己的极好机会。

1. 生产国际化的趋势日益强化

生产的国际化,首先是由资本的国际化引发的。

第二次世界大战以后,不仅各国政府之间的贷款,世界银行和国际货币基金组织对发展中国家的贷款规模不断扩大,而且国与国之间,尤其是发达国家对发展中国家的直接投资更是迅猛增加。这些来自海外的投资成为许多发展中国家经济发展的重要推动力。

第二次世界大战之后,全球直接投资一直呈快速上升的趋势:战后的第一个 15 年,即从 1945 年至 1960 年,直接投资的增长额比较慢,平均每年仅增加 5 亿美元左右,投资总额也仅从 510 亿美元上升到 585 亿美元;1961 年到 1975 年的 15 年中,增长的数量迅速加大,1975 年直接投资上升到 2 820 亿美元,即平

均每年增长 150 亿美元;1976 年到 1990 年的第三个 15 年,这种增长的势头更猛,1990 年直接投资总额已达 15 000 亿美元,即平均每年增长 800 亿美元。这样数量巨大的投资强有力地推动了接受国的经济增长。

如果说,在 20 世纪六七十年代,投资国主要是欧美国家的话,那么,从 80 年代开始,日本,随后是新兴工业化国家和地区也开始向海外投资,使全球资本流动达到了新的高潮。

日本在 1971~1974 年发生第一次世界能源危机后才开始对海外投资发生兴趣。但到 1984 年为止,每年到海外的投资不超过 100 亿美元。1985 年 9 月日元大幅度升值后,日本的海外投资掀起引人注目的高潮。1989 年,全年海外投资已达到 675 亿美元。即差不多每年增加 100 亿美元。从此,日本成为世界上主要的资本输出国家之一。日本资本输出的增加,为东亚国家吸引外资增加了新的渠道。

海外的直接投资有相当一部分是投资到工业上的。仍以日本的海外投资为例。工业在投资中的比重一般在 25%~30% 之间。这种投资往往是同本国产业向海外转移联系在一起的。资本和产业的转移必然使生产日益跨国化和国际化。这一发展过程,一方面,世界各国,包括发达国家和发展中国家之间的经济联系和相互依赖关系日益增强,逐步形成有一定程序的、能有效运转的国际经济体系,世界经济活动日益一体化;另一方面,也为发展中国家发展经济开辟了新的重要途径。

发展经济学的基本原理告诉我们:落后国家贫困的根源,在于在经济不发达的条件下,劳动力相对于资本等资源明显过剩,大量劳动力处于失业、半失业和隐蔽失业状态。要使落后经济从贫困中摆脱出来,就必须使过剩的劳动力能够充分就业,为社会创造出新的财富。要做到这点,很明显就需要注入资金。在本国资本积累有限的条件下,引进外资,即吸引工业化国家的资本进入本国和本地区,就成为推动就业,推动经济增长和摆脱贫困的重要途径。

东亚经济起飞和迅速工业化的经验还告诉我们,在世界经济跨国生产的条件下,随着国际间比较优势格局的变化,发展中国家可以利用发达国家劳动成本大幅上升,将劳动密集型的轻纺工业大量外移的机会,发挥自己劳动力资源丰富和廉价的优势,在吸引外资和接受这些产业转移的过程中实现自己的工业化。因此,生产的日益国际化出乎预料地为发展中国家和地区带来了难得的发展机会。战后的日本,在相当一段时间里是依靠美国产业转移获得机会的;随后的四小龙,接着又是东盟国家,都是依靠这一途径实现工业化的。因此,其他国家和地区,如能抓住这种机遇,同样是可以加快自己的经济发展的。

2. 国际贸易的增长速度快于经济的增长速度

生产的跨国经营和国际化,结出的一个重要硕果是,国与国之间的贸易跟着增长了。而且,国际贸易的增长很快表现出一个特点,就是它的增长速度快于整个世界经济的增长速度。以日本为例,从 1955 年到 1989 年的近 35 年中,国内生产总值增加 8.4 倍,年均增长率为 6.8%,而同期日本的出口和进口贸易则分别增加 33.8 倍和 18.9 倍,年均增长率分别为 11% 和 9.2%。亚洲四小龙由于内部市场狭小,在引进外资实现工业化的过程中,更注意贸易的国际化,许多项目引进的目的就是为了出口,因此,出口的增长速度更高于经济增长的速度。这些国家和地区的经验进一步告诉我们,发展中国家还可以利用自己劳动力比较便宜的优势,发展出口导向型工业。利用扩大出口不仅可以偿还引进的外资和外债,而且,还可以通过高速发展的出口贸易积累资本,使自己从发展中国家在短时期内就进入新兴工业化国家。日本、亚洲四小龙,都已成为全球性的出口大户,也是外汇储备名列前茅的国家和地区。例如,1989 年,日本的外汇储备高达 1 064 亿美元,台湾为 910 亿美元,新加坡为 779 亿美元。这些成功的经验告诉我们,只要我们善于利用世界经济日益一体化过程中提供的各种机会,无论大国、小国还是一个地区,都是可以大大加快自己经济发展的历史进程的。

二、全球贸易发展进入新的历史阶段

长期以来,全球贸易的增长速度一直高于经济的增长速度。值得注意的是,全球贸易发展正在进入一个新的历史阶段。[19]

1. 世界新贸易组织成立的深远意义

经过多年的,艰苦的谈判之后,1993年末关贸总协定乌拉圭回合谈判结束,1995年世界新的贸易组织正式建立,这是世界经济一体化发展进程中的一个重大跨越,也是全球贸易进入新的历史发展阶段的重要标志。

新体制将由约30个契约性的协议及法律文件所组成,构筑了未来广义国际贸易的规范与纪律。这样,在从商品到广义服务,从投资到知识产权这一广泛的国际经济关系中,一套新的体制即将出现,国际贸易高速发展的历史新阶段即将到来。

2. 国际贸易的预期高速增长

就商品贸易来说,乌拉圭回合协议减税产品涉及的贸易额为1.2万亿美元,减税幅度为40%。协议生效后的10年中世界贸易额将因此而增加12%,即7450亿美元,并在此后以每年2300亿美元的增加额增长。

在乌拉圭回合谈判处于困难阶段的时候,关贸总协定前任总干事邓克尔曾说,我们现在正在攀登顶峰,这是攀登顶峰中的困难。即将建立的世界贸易新体制确实将使世界经济一体化登上一个顶峰。

3. 世界贸易新体制提供的机遇

世界贸易的新发展究竟从什么意义上讲是一种机遇呢?应该说,它对于旨在建立开放型经济的国家、地区来说才是一种机遇。开放型战略顺应世界经济一体化趋势,可以"因势利导",赢得正向的发展动力;相反,封闭型经济则不但不能利用外部动力,而且必须承受外部加速发展的压力。具体就各个地区来说,按一体化的世界经济要求建立的开放型经济能够获得更多的市场机遇,而封闭型经济则失去这一机遇。

另一个值得注意的是一体化的时间表。许多贸易互惠措施将在20世纪末几年中到位。药品类产品的关税将在协定生效后降到零,大部分关税削减将在5年内逐步实施,少数敏感部门的关税则在10年内逐步削减。在知识产权保护问题上,除了最不发达国家还有11年时间外,大部分发展中国家要在5年内逐步实施协定。于是将面临两种选择:或者甘愿落后维持封闭或低开放度,或者下决心开放并积极利用世界贸易发展提供的新机遇。这就是 20 世纪最后几年的特殊重要性所在。

第三节 全球跨国公司的发展为浦东引进 高层次外资创造了条件

世界各国,首先是工业发达国家跨国经营,跨国公司的蓬勃发展,是推动世界经济日益一体化的重要力量,也是推动生产国际化和资本国际化的重要力量。利用跨国公司的全球经营战略,为浦东引进高层次外资制造了有利条件。

一、跨国公司的发展及其作用

跨国公司,是指在 2 个或 2 个以上的国家和地区,拥有自己生产经营业务的企业。一般情况下,这些企业的总公司设在母国,并在母公司统一指挥下从事国际性的经济活动。这些企业可能是跨国公司独资经营的企业,也可能是同其他国家(可能是当事国,也可能是其他跨国公司)合资的企业。跨国公司的特点与优势是:(1)在资金、技术和人才上拥有强大的力量,因此,跨国公司往往是一系列新技术、新经营方式的制造者和提供者。(2)在生产成本上有很高的竞争能力。分布与活跃在全球各个地区的跨国公司,它们可以在劳动工资最低的地方进行生产,在法律比较宽松的地区进行研究和开发,在市场和价格最适宜的地方进行销售。

跨国公司的这些特点和优势,使跨国公司的发展,在第二次世界大战之后,特别是在近一二十年中,犹如燎原之势,发展极为快速。在 1968 年,跨国公司的母公司有 7 276 家,子公司为 27 300 家。20 年之后,到 1988 年,母公司已达 2 万家,子公司更超过了 10 万家。到 90 年代初,跨国公司的母公司进一步猛增到 3.7 万家,子公司则增加到 20 多万家。这些跨国公司拥有的财产占到全球企业拥有财产的 1/3。跨国公司已成为全球经济中的重要力量。

需要特别指出的是,从 20 世纪 70 年代开始,发展中国家和地区的跨国公司也迅速崛起。早在 60 年代,亚洲的四小龙和拉丁美洲的巴西、阿根廷和墨西哥等就已开始跨出国门,到境外投资办各类企业。进入 70 年代以后,随着这些国家和地区经济实力的上升和发展外向型经济的需要,兴办跨国公司进入高潮。到 70 年代末,发展中国家和地区所拥有的跨国公司母公司已近 1 000 家,子公司已发展到近万家。这些子公司分布在全球 120 多个国家和地区。发展中国家和地区的跨国公司已成为全球跨国公司队伍中的一个新的参加者和竞争者。

发展中国家和地区的跨国公司,除具有一般跨国公司的优势外,尚有如下特征:(1)就地域而言,发展中国家和地区的跨国公司主要投资于邻近的发展中国家和地区,例如亚洲四小龙的资金主要流入东亚地区,拉丁美洲国家也主要投资于相近国家。发展中国家和地区的跨国公司也到发达国家投资,但所占比例较低,而且主要是投资于证券和房地产业。(2)就产业而言,也主要投资于劳动密集型产业和一般电子行业,即从比较利益角度,将这些产业转移到劳动力价格更为便宜的邻近的发展中国家。这样,不仅发达国家,而且发展中国家中的新兴工业化国家也在促进资本和产业的跨国流动中发挥了自己的积极作用。

二、全球跨国公司的构成及其战略

在全球的跨国公司中,以对外投资总额计算,美国、英国、德国、荷兰、日本和加拿大的跨国公司所占比例最大。六国对外投资总额超过全世界总额的 80%。这六国在 1980 年时,对外投资总额为 4 020 亿美元,占全球的 85%;到 1988 年,六国累计总额已接近 1 万亿美元(9 152 亿美元),占全球的 87%(见表 6-1)。因此,这六个国家的跨国公司的动向非常值得注意。

表 6-1 世界六大海外投资国在全球所占比率

国家＼投资额	1980 年累计（亿美元）	所占比率（％）	1988 年累计（亿美元）	所占比率（％）
全球总额	4 713	100	10 493	100
美 国	2 154	46	3 269	31
英 国	721	15	1 837	18
德 国	390	8	973	9
荷 兰	320	7	702	7
日 本	245	5	1 864	18
加拿大	190	4	507	4
小 计	4 020	85	9 152	87

资料来源：根据"日本交易振兴会"资料排列。

从表 6-1 中还可以看到，各国所占比率在 80 年代有一些变化。其主要倾向是：(1)美国的比率在下降，即从 1980 年占 46％下降到 1988 年的 31％，但仍是全球最大的海外投资国。(2)英国和日本所占比率明显上升，两国所占比率分别从 15％和 5％上升到都占 18％。日本的上升更为突出。它们同美国一起，成为全球最重要的三大海外投资国。

这些国家跨国公司在全球的经营战略正在发生重要变化：(1)从过去主要是在发达国家之间相互投资转向以较大规模向发展中国家投资。(2)随着东亚地区经济的持续高速增长，美国、欧洲和日本跨国公司的全球经营重点迅速向东亚地区倾斜，东亚地区已成为全球跨国公司的投资热点。

这里首先要指出的是，在传统上重视欧洲内部市场、投资重点放在欧共体内部的一系列欧洲国家，既包括欧共体国家，例如德国、法国和英国，也包括瑞士等非欧共体国家。从 90 年代开始，这些国家纷纷制定向东亚发展的战略。例如，德国已经把对亚洲的政策确定为保障德国未来的优先任务。德国政府、企业家已经联手向亚洲进军，德国对亚洲的投资，特别是对东亚的投资也迅速增加。就是像瑞士这样的小国，也积极同亚洲国家发展经济关系，并通过同亚洲国家签署贸易、航空和投资保护等协定同亚洲国家建立牢固的关系。

日本也正在把海外投资的重点,从美国和欧洲转移到东亚地区。随着日元在进入 90 年代后继续升值,同产出转移一起,进入东亚的日本资本每年都以 2 位百分数的速度上升。

跨国公司海外投资产业重点的结构也正在发展变化。以最大的海外投资国美国为例,由于国内产业结构正在进行极为深刻的调整,其海外投资同样正在发生显著的变化。美国的产业结构正在高度服务化,因此,美国在金融业、保险业、咨询业和其他知识产业方面将是极强的投资国;同样,随着美国工业高度集约化和技术密集化,美国在飞机、汽车、计算机、微型电脑、医药和机电一体化设备等方面,也将是到海外投资的重点。这些产业也是发展中国家所需要的。作为世界上最大的发达国家的美国,同作为世界上最大的发展中国家的中国,在产业上有极高的互补性和相容性,因此,在浦东大规模开发过程中,认真地研究美国公司到海外的投资特点和重点是非常重要的。

再以日本为例,则以转移国内不适合生存的产业为主,在重化工业方面,将逐步将石油化工、建材工业,甚至部分钢铁工业外迁;在轻纺工业方面,则会将纺织、服装、印刷等劳动密集型工业以更大的规模转移到亚洲地区;在服务业方面,则证券业、银行业、房地产业等也是日本海外投资的重点。中国邻近日本,浦东更在这方面有自己的地理优势,因此,密切注视日本产业结构的变动、外迁的态势,也是引进日本资金与产业所必不可少的。

三、跨国公司投资的新特点与浦东开放

世纪之交的前后 20 年中跨国公司的投资出现了一些新特点,这些新特点使跨国公司投资对中国经济发展、对浦东开放产生着特殊的正面影响。这就是跨国公司的全球经营战略为我国全面吸收海外投资所提供的机遇。对于浦东的发展目标来说,这种机遇尤其具有重要的价值。

首先,90 年代以来,跨国公司寻求的是从全球出发的要素的最优配置,寻求的是生产和销售活动规划的全球性。在这样的全球经营战略下,形成公司内部的国际分工体系、贸易体系和市场体系。每个子公司的经营活动,都是其全球

经营链上的一个环节。全球一体化经营战略的实施打破了国界的限制,不同国家和地区都有可能成为跨国公司国际分工体系中的生产地或营销地。

其次,跨国公司的全球经营战略带动了跨国银行、跨国贸易公司、跨国科研机构和其他跨国部门经营的全球化,从而也在很大程度上打破了由经济发展水平决定的生产配置国际格局,这为发展中国家吸引跨国公司进入创造新的有利条件。具有巨大市场潜力的浦东和长江三角洲必然成为跨国公司青睐的地区。

跨国公司的全球战略导致向发展中国家投资的增长。1981～1985年,流向发展中国家的直接投资占全球国际直接投资的26％,1986～1990年为28％,1992年达到32％。在发展中国家内部对国际投资展开激烈竞争,导致各国普遍加快外来投资体制的国际化步伐。

浦东在开发过程中,除实施各项优惠政策外,还必须在体制上机制上加快同国际接轨的步伐。

第四节　世界性产业结构调整及其在全球的大转移

世界经济一体化的一个重要特征,就是促进产业结构的世界性调整和在全球的大转移,特别是随着生产要素——资本和技术在全球流动的加快,产业在全球的转移也大大加快了。许多发展中国家的成功经验表明,积极利用全球产业转移,并善于同本国的资源优势和产业升级结合起来,是发展中国家利用外资,加快本国经济发展的重要途径之一。

为了研究产业在全球的转移,我们从产业的分类和结构不断升级谈起。

一、产业分类与结构升级

一个国家或地区的整个经济,从产业角度看,一般分为三次产业,即以农业为主的第一产业,以工业为主的第二产业和以金融贸易业为主的第三产业。这是以产业发展的先后顺序为基础划分的,也是世界各国通用的一种分法。因此,从产业发展的规律看,一个国家的产业结构也是不断从第一产业向第二、第三产业发展和转移,即从第一产业不断向第二、第三产业升级,因此,越是经济发达国家,第二、第三产业,特别是第三产业的比重也就越高。

1. 工业化城市化与结构升级

我们知道,一个国家经济的现代化过程,也就是一个国家工业化和城市化的过程。大规模工业化的结果,是第二产业的比重上升;长期不断城市化的过程,即人口向城市不断集中,城市不断现代化,第三产业的比重上升。这是许多国家产业发展和产业升级的普遍规律,表6-2充分展示了这一规律。

2. 工业的发展阶段及其升级

在产业结构调整和升级中,另一个重要特征,是工业内部结构的不断调整和升级。这对产业在全球的大转移有着更为重要的意义。[20]

表6-2　一些国家产业结构的变化

国　家	年　份	产业结构(%)		
		第一产业	第二产业	第三产业
日　本	1925	30	28	42
	1963~1967	11	40	49
	1971	9	40	51
美　国	1925	14	30	56
	1963~1967	5	35	60
	1971	3	32	65
英　国	1925	15	31	54
	1963~1967	8	35	57
	1971	5	32	63

資料来源:《近代日本经济史要览》,转引自《产业经济学导论》,人民大学出版社1985年版。

从18世纪60年代开始的第一次工业革命到现在已有200多年。从发达国家工业的发展看,工业内部结构的变化,一般经历了从轻纺工业→重化工业→新兴工业三个重要阶段。据联合国统计,1979年,发达的资本主义国家,重化工业的比重为72.3%;苏联和东欧国家为70.7%。重化工业成为一个地区和城市经济发达的重要支柱。但是,随着重化工业规模的飞速扩大,重化工业的发展遇到了许多难以克服的危机和矛盾。因此,从 20 世纪 70 年代开始,特别是在 1973 年发生第一次世界性能源危机后,许多国家,首先是工业集中的大、中城市为了寻找出路,抓住新技术革命提供的良好时机,开始从重化工业向物质消耗少、污染少和市场需求正在上升的、附加价值高的技术密集型工业的方向转变。这种转变一般又分为两个步骤:第一步,在重化工业内部提高机械加工工业的比重,降低原材料工业的比重;第二步,大力发展以电子工业为核心的新兴工业。在这方面日本的转变最快,到 1980 年,日本机械加工工业在重化工业中的比重已达 71.1%;电子工业则每年都以 15% 左右的速度向前发展,很快成为日本最重要的支柱工业之一。日本在促使现有工业向新兴工业方向转变的同时,近几年更提出了专门建设新的技术密集型城市的计划,以便集中发展技术密集型工业。美国和西欧各国也正朝着这个方向加速发展。苏联工业从 70 年代中期起,同样开始了这种战略性的转变。莫斯科市在这一转变中起了开路先锋的作用。1982 年同 1975 年相比,莫斯科全市机械加工工业的产值增长 51.5%,其中仪表工业增长 66.7%,电子计算机设备制造业增长 72.7%,而黑色冶金工业仅增长 7.5%,化学工业增长 19.3%,纺织工业反而下降 2.1%。全市工业也向技术密集型的方向迈出重要的一步。少数发展中国家也在这一潮流中努力使自己的工业向高技术的方向升级。近 10 年的发展证明,谁在这一转变中丧失时机,谁就会在新兴工业的发展中落在后面。

伴随着工业内部结构从轻纺→重化→新兴工业的"升级"过程,一个国家、首先是城市的工业发展路子也从粗放型向集约型方向转移,技术进步因素在城市工业产值增长中的作用不断提高。早在以轻纺工业为主向以重化工业为主的转移阶段,特别是 20 世纪 50 年代和 60 年代重化工业大发展的时期,在发达国家城市工业的增长中,技术进步因素已占 50%～60%(英国 52%,日本 60%,联邦德国 62%)。也就是说,城市工业的增长已由主要依靠生产要素数量的投入转为主要依靠技术进步。

3. 工业发展阶段之间的转移与跨越

世界工业发展的历史证明,一个地区或城市工业化的进程,大体都经历了从轻纺→重化→新兴工业三个阶段,但是,由于各个地区和城市的特点、所采用的发展战略和受到世界性技术革命影响的时机不同,每个城市的发展重点和每一阶段持续的时间却有相当大的差异。如果发展战略正确,又正逢世界技术发展的飞跃时期,阶段之间的转移时间就能大大缩短。例如,完成第一次工业革命的时间,英国的许多地区和城市用了六七十年的时间,美国和法国只用了四五十年,日本的时间更短。由于后进国家可以从先进国家引进技术革命的成果和管理工业的经验,"后来居上"成了工业发展中的一条重要规律。第二次世界大战之后,新加坡、巴西、韩国等10多个新兴工业化国家和地区,仅用二十多年的时间,就不仅迅速完成从轻纺工业到重化工业的过渡,而且也都已开始大力扶持新兴工业。在这方面,新加坡和中国香港的发展经验特别值得重视。从三个发展阶段的转移过程看,新加坡轻纺阶段持续的时间极短,在20世纪60年代开始工业化进程时,就着重发展造船、炼油、化工等重化工业,到70年代后期,又及时调整工业发展方向、淘汰和控制劳动密集型和资本密集型工业,向电子、工业机器人和精密机械等物质消耗低和增值大的技术密集型工业方向转变。香港则长期以发展轻纺工业为主,纺织、服装和玩具等部门一直是它的支柱工业。重化工业虽然也有一定发展,但比率极微。从70年代开始,香港抓住世界新技术革命提供的机会,绕过重化工业阶段,迅速从轻纺工业为主直接向以技术—工艺密集为特征的电子、精密仪器和钟表等工业方面升级。其发展历程证明,一个城市如果善于从本身的特点和优势出发,并且注意吸收世界先进地区科技发展的成果,使自己的工业及时从粗放型向集约型转变,它的工业就能比较快地从低级阶段向高级阶段转移,实现工业化进程的时间就可以大大缩短。条件具备,甚至能在发展的阶段之间实现飞跃或跨越。

4. 我国同国外城市工业发展的对比

根据国家统计局的资料,到20世纪80年代末,我国共有设市城市245个。

至 20 世纪 90 年代,这些城市的工业发展,或处于以轻纺为主的第一阶段,或处于以重化为主的第二阶段。在大、中城市中,重化工业的比重更高一些。以全市人口(包括市辖县)超过 200 万的北京、上海、重庆、天津、长春、广州、沈阳、大连、青岛、武汉、成都、南京、济南、西安、哈尔滨、兰州和太原等 17 个大城市为例,重化工业比重超过 50% 的有 10 个,占 58.8%。即使在轻纺工业比重较高的另 7 个大城市中,重化工业也占有一定的比重。但不论从我国城市工业发展的整体看,还是从大、中城市工业的发展看,同发达国家相比,在工业发展的阶段方面,都存在着明显的差距。以北京、上海和常州三个城市同日本类似的东京、大阪和广岛三个城市作一些具体的对比,见表 6-3。

表 6-3　国内外城市工业结构比较

	北京(%)	东京(%)	上海(%)	大阪(%)	常州(%)	广岛(%)
纺织工业	10.9	1.0	22.2	3.5	40.7	0.4
食品工业	7.3	7.8	5.4	7.6	4.3	10.8
冶金工业	9.9	5.1	11.7	17.0	3.3	2.5
化学工业	16.5	6.3	13.2	13.3	13.3	2.7
机械工业	26.0	45.6	31.0	31.7	28.6	70.3
石油和煤制品工业	7.5	0.2	2.1	0.2	0.3	0.1
其他工业	21.9	34.0	14.4	26.7	9.5	10.2
合　　计	100.0	100.0	100.0	100.0	100.0	100.0

注:1. 北京是 1982 年的数字,上海、常州是 1983 年的数字;
　　2. 东京是 1981 年的数字,大阪、广岛是 1980 年的数字。

从表 6-3 列出的数字中可以看到:第一,在我国的大、中城市中,纺织工业依然是最大的工业部门之一。在常州市占第一位,在整个工业中的比重为40.7%;在上海市占第二位,比重为 22.2%;在北京市占第三位,比重为 10.9%。而在三个相应的日本城市中,纺织工业的比重已很低。大阪市比重最高,也仅为 3.5%,东京为 1.0%,广岛更只有 0.4%。第二,冶金、化工、石油和煤制品等原材料工业,在我国三个城市中也都占有较高的比重,特别是北京高达 33.9%,上海也占 27.0%,常州占 16.9%;在三个日本城市中,只有大阪达 30.5%,东京仅占 11.6%,广岛为 5.3%。第三,机械加工工业在我国三个城市中虽也都占有较高的比重(上海为 31.0％,常州为 28.6％,北京为 26.0％),但同日本三个城市相比仍然存在着很大的差距,广岛高达 70.3％,东京 45.6％,大阪最低也达31.9％。

以上的对比虽然简要,对比年份不相同,两国城市工业发展的历史和特点也有很大差异,但仍旧鲜明地勾勒出了我国城市工业发展中存在的不足和问题。显然,在第一阶段向第二阶段的转移中,在我国城市,特别是大、中城市中,纺织工业保持的比重太高;在第二阶段向第三阶段的转移中,原材料工业的比重同样明显偏高,而机械加工工业的比重则尚待进一步提高。消耗物质少的新兴工业更处于初期发展阶段。

从工业发展的规律和国内外对比中,我们可以得到三个很有启迪性的结论:(1)一个国家工业的发展是动态的,不能停滞在一个阶段,工业不断升级是工业发展的普遍规律。(2)一个国家的工业升级是可以加快和跨越的,这是后发展中国家的重要优势,要好好利用。(3)我国许多城市,包括上海的工业结构同国外相比是落后的。因此,我们应该利用各国产业结构的升级和在世界范围的转移,在吸引外资时,加快我们产业结构的升级步伐。

二、结构演进动因与产业转移

1. 推进产业结构演进的主要动因

产业结构为什么能够不断地升级? 从各国发展的历史进程看,推动产业结构演进的动因主要有:

(1) 取决于一个国家或地区的需求结构。这里起主要作用的是投资结构与消费结构。投资——包括基本建设投资和技术改造投资,既是社会总需求的重要组成部分,又是形成新的产业的基础。从三次产业角度而言,正是随着社会的发展和进步,对第二产业和第三产业有着日益强烈的要求,投资结构也就必然向这些领域倾斜。大规模工业化要求大量投资工业各个领域;随着社会对金融业、内外贸易、交通运输、邮电通信和各项服务业需求的剧增,投资必然也随着向这方面倾斜,而加大投资又进一步促进这些产业的发展。

社会总需求的另一个重要组成部分——居民消费结构对产业的形成也产生巨大影响。居民消费结构的变化首先是由收入水平的提高而不断升级的。但同时,消费结构的变化也促进消费品工业的发展和扩大。例如服装工业、家电工业等都直接同消费结构紧密相联。因此,消费结构的变化就会推动产业结构,特别是工业内部结构的演进。

(2) 取决于一个国家或地区的资源结构。这里的资源包括土地原料等自然资源,也包括劳动力、资金等拥有状况。如果拥有丰富的矿物和能源资源,一个国家的资源密集型工业往往就会发展得多些,石油工业、钢铁工业和化工工业就会发达一些。同理,如果一个国家拥有富裕而廉价的劳动力,劳动密集型工业会比较容易成长,像纺织、服装和玩具等制成品就会拥有较强的竞争能力。因此,一个国家或地区的资源供给状况也是决定和推动产业演进的重要因素之一。

(3) 取决于一个国家和地区经济国际化的程度。一个国家或地区产业结构的演进,除取决于国内因素外,还受到经济国际化程度的影响。国际化程度越高,这种影响越大。例如亚洲四小龙这样的国家和地区,由于内部市场的狭小和资源的贫乏,它们的产业结构就主要取决于国际因素,即取决于国际上的消费需求和资源供给状况。

(4) 取决于一个国家和地区资源价格的变动。一个国家或地区的产业结构,还取决于资源价格的相对变动。一个国家或地区在城市化过程中,大量人口进入城市必然推动第三产业的发展,但同时,第三产业(各类服务业)价格的不断上升(各国的发展证明,第三产业价格的上升远快于第二,第一产业价格上升的幅度),又进一步吸引资金、劳动力进入第二产业,从而,又在更大规模上推动了第三产业的发展,所以,第三产业的比重就越来越大。

相反,像工业中的劳动密集型工业,会因为劳动力价格的上升而走向衰落。例如纺织工业、服装工业和一般制造业,都拥有大量劳动力。随着工业化和城市化的进展,居民消费水平的提高,特别是进入第三产业的劳动力工资的不断上升,在工业中的劳动力,包括在纺织服装等行业的劳动力,它们的价格也会跟着上升,这些行业的成本会大幅度跟着上升。在世界经济一体化,全球贸易一体化的条件下,这些工业就渐渐失去了竞争能力。像美国、英国和日本等发达国家,都先后出现了这种状况。在20世纪初,美国、英国和日本用机器生产的"洋布",曾经打垮了许多发展中国家的"土布",但到20世纪五六十年代,发展中国家同样可以用机器生产的"洋布",同时又依靠自己劳动力廉价的优势,逐渐地占领了一系列发达国家的市场,而发达国家的这些工业也就或衰落(如美国)或转移到劳动力价格便宜的地区(如日本)。因此,资源价格的相对变动,也是推动产业结构,包括工业内部结构演进的重要力量。

2. 产业的全球性转移

从工业的不断升级角度,将工业分为轻纺工业、重化工业和新兴工业三类;从资源集聚程度,通常把工业,更广义一点把产业分为劳动密集型、资本密集型、技术密集型等三类。前面已经分析,随着资源价格的相对变动,特别是随着劳动力价格的不断上升,产业结构也跟着发生深刻的变化,产业在世界各国的比较优势也发生深刻的变化,正是这种比较优势的变化,奠定了产业在全球转移的基础。加上跨国企业在全球的经营和发展,就更使产业在全球转移的速度大大加快。

关于产业转移问题,国际上有两个十分著名的理论,即法农的"产品循环理论"和赤松的"雁行发展理论"。简单介绍一下这些理论,对我们更深入地理解产业在全球的转移是有帮助的。

(1) 关于"雁行发展理论"。

"雁行发展理论"是由日本学者赤松首先提出的。赤松在研究日本纺织工业的兴衰史过程中,发现了很有启迪的规律:一个后发展国家的纺织工业,其发展过程像一群"大雁飞行那样",经历了进口、国产和出口三个阶段,或像三只大雁循序飞行那样,很有秩序,很有规律。1)第一阶段,即工业化开始阶段。在本国纺织行业尚未实现现代化时,大量国外生产的"洋布"进入日本,占领和开拓了日本的纺织品市场,这即是产品进口阶段。2)第二阶段,即本国纺织工业发展阶段。本国资本看到纺织品生产有利可图,就会引进技术和设备,在条件成熟时,进一步自己生产相应的机器设备,自己生产纺织产品,并会努力使自己的产品逐渐达到同国外相同的质量和水平。到这时候,后发展国家就可依靠本国劳动力价格相对便宜的优势,以成本低廉为基础把国外产品挤出本国市场。这就构成产品国产阶段。3)第三阶段,即发展国外市场阶段。国产产品既可以在本国市场战胜国外产品,那么,也一定会在国际市场上具有相同的竞争优势。这样,第一步是在国际市场上,例如在其他后进国家,把原先由成本高的国家占领的市场搞过来;第二步则可进入成本高的国家的本国市场。

后来,许多学者则进一步把"雁行发展理论"应用到其他产业部门,发展为后发展国家实现工业化,并提高自己相对的优势、参与国际竞争的一个重要理论。

事实证明,这一理论是有实践指导意义的。另一些后发展国家和地区——例如六七十年代的亚洲四小龙以及随后的东盟国家等,也是沿着这一轨迹——从进口、国产发展到大规模出口的。事实也确是这样,像日本的纺织品曾替代欧美各国占领世界市场那样,许多发展中国家的纺织品又替代日本占领世界市场,也包括占领日本的市场。

长江后浪推前浪,江山代有新品出。这是一条十分有价值的普遍规律。

(2) 关于"产品循环理论"。

"产品循环理论"是由美国学者法农首先提出的。法农是从美国作为一个发达国家的角度提出这一理论的。法农观察和分析美国产品从在本国市场出现到进入国际市场又返销本国的过程之后,同样发现很有启迪意义的一些规律,并得出同亦松先生大致相同的结论。

法农产品理论的主要内容为:1)第一阶段,本国开发和生产。即依靠本国科研和开发力量,在本国生产出第一批新产品;随着新产品的成熟和大批量生产,本国市场渐渐饱和。2)第二阶段,开发国际市场。由于有先开发优势和实现规模生产,在相当一段时间内,这些产品在国际市场上具有相当强的比较优势,广泛地占领了一系列国家的市场。3)第三阶段,产品返销本国。在产品占领国际市场过程中,发现有些国家(主要是后发展国家——即发展中国家)的劳动力或原料远比本国便宜,因此,输出技术和资本,在当地生产销售远比在本国生产出口合算,最后,发现这些产品返销本国也比本国生产便宜,从而完成了"本国生产—出口—返销本国"的一个"产品循环周期"。

随后,许多学者也把"产品循环理论"应用到整个产业部门,发展为产品循环和产业不断升级的理论。因为,当产品在第三阶段返销本国后,就必然迫使所在国去研究和开发新的产品,从而促进产品的升级换代和整个产业的不断进步和升级。

法农的理论同赤松的理论一样,也具有巨大的实际指导意义。对广大发展中国家来说,产品循环理论描述了产品和产业在全球转移的清晰过程,只要我们善于把握这些转移的时机,发展中国家也就可以大大加快自己经济发展的进程。

三、七八十年代世界产业转移的新机会和新特点

第二次世界大战之后,全球已经发生过几次大规模的产业转移浪潮,第一次是欧美发达国家向日本的转移;第二次是欧美各国再加日本向亚洲四小龙转移;第三次是欧美各国、日本再加四小龙向东盟和中国内地转移,接着还将向越南、印度和其他亚洲国家转移。这些大规模的产业转移,一方面大大推动了全球经济的一体化和区域化;另一方面,也大大推动了发展中国家吸引外资、吸引技术和加快经济增长的步伐。

进一步研究产业转移的新特点和新机会,从而,抓住时机,使中国从世界性产业转移过程中获得更多好处。[21]

1. 科技产业化出现新特点,加快了高新产业的国际扩散

20 世纪七八十年代,新的科技革命产生了一大批高新技术产业。按照产业转移的历史常规,必须到这些产业充分成熟以后,后进国家才有可能接受转移。但是,90 年代又出现了一大批新的科技发展领域,包括信息与微电子技术、智能制造技术等,由于其特别快的更新速度,促使一些刚刚开始发展的新产业很快

在全球扩散,为后进国家提供了快速获得新产业的机遇。如果善于利用这些新特点,我们就不仅能接收劳动密集型等成熟型产品,而且能接收新开发的高新技术产品。

2. 市场在新产业转移中的重大作用

国际知识产权保护机制的健全,技术贸易的发展,技术作为投资要素的普遍化,都使发达国家可以更多地以科技成果作为产品向海外进行生产性投资,取得研究开发投资的回报。如果当地具有潜在的市场,就更能引入跨国公司在这方面的成果。

进入 90 年代后,信息时代到来的特征已加速显露,新一代通信设备迅速扩大,计算机网络飞快扩展。人口越多,经济规模越大,市场容量越大,为信息产品提供的发展机遇也越大。我国地大人多,是发展这一最新技术的极好场所,应善于及时而果断地抓住这一机遇。

3. 冷战结束促进了世界产业的新转移

冷战体制结束,其最显著的表现是各主要发达国家之间的力量对比出现新的变化。世界主要发达国家之间相对实力地位格局发生逆转的时期,往往是国际投资和国际产业转移特别活跃的时期。这是因为,一方面,经济实力地位上升的发达国家需要扩大资本输出来开拓新的世界市场;另一方面,经济实力地位下降的发达国家则需要通过加快产业转移来寻找成本较低的生产基地以恢复其国际竞争力。这种特点将大大加速世界性产业的转移。

第五节　世界经济的长周期与浦东开放

浦东开放的机遇,还面临着世界经济长周期刚好处于上升阶段的难得的历史机遇。

从英国发生的第一次工业革命起,世界经济发展已经历了四次长周期波动,每次周期波动都导致世界性产业转移,甚至增长中心的转移。许多专家预计,从 20 世纪 90 年代中期开始,世界将进入新一轮长周期的上升阶段,即将有持续二三十年的经济繁荣时期。

一、关于"长周期波动理论"

对于世界经济发展的波动周期,国际上曾有许多学者研究过。其中,最先系统地提出长周期理论并被大家所公认的是俄罗斯经济学家 H.康德拉季耶夫。在 20 世纪 20 年代,康德拉季耶夫发表了题为《经济生活中的长周期》一文。在 20 年代末和 30 年代初,该文被先后译成德文和英文,并得到广泛传播。该文提出,根据英国和法国的统计资料,在世界经济发展中,每经过五六十年显示出周期的波动。他认为,形成这一周期波动的主要因素包括主要工业产品的产量和消费量、价格水平、利率、工资和国际贸易等,技术发展也同长周期波动有着密切关系。

康德拉季耶夫的长波理论公布后,引起经济学家的浓厚兴趣和热烈的争论。几十年中,争论的中心有:一是引起长波周期的动因是什么? 二是长波周期的阶段如何划分?

在后来的研究中,对长波理论做过深入研究并产生广泛影响的是美国经济学家熊彼特。熊彼特认为,决定长周期活动的关键因素是技术创新。创新必然会把新技术引入经济生活,各种技术起的作用各不相同。长周期的根源起于影响深远、实现时期长的技术创新。熊彼特还把长周期的时期划分为:(1)18 世纪 80 年代至 1842 年,即工业革命时期,纺织工业的创新活动起了主导作用。(2)1843～1897 年,即蒸汽和钢铁时代。(3)1898 年以后是电气、化学和汽车时代。熊彼特提出的时期划分,同康德拉季耶夫周期是吻合的。

还有一些学者对长周期理论也作了许多解释。比较出名的有荷兰的杜因、美国的罗斯托和日本的筱原三代平等。他们认为,除了技术因素起主要作用外,货币供应量、利率变动和价格因素等也起着重要作用。在时期划分上,筱原三代平认为,近期经济繁华期的顶峰是 1970 年前后,从 70 年代初期开始,由于世界性的能源危机和其他因素,世界经济进入长周期的下降时期,世界主要国家的经济也就或进入萧条时期,或进入滞胀时期,或进入长期低速增长时期。

预计,这一下降时期将持续到 90 年代中期。

二、21 世纪初全球经济将进入繁荣时期

筱原三代平等学者认为,按照长周期理论,从 90 年代中后期起到 21 世纪初的 25～30 年中,世界经济将进入新一轮上升和繁荣时期。

支持这一观点的学者认为,从世界经济正在出现的许多新趋势看,虽然不能完全预卜,但一系列事实是很能支持筱原氏的论点的。

这些趋势和事实是:

(1) 从 20 世纪 70 年代开始的、以微电子为核心的新产业革命,到 21 世纪初将取得重大突破,进入收获时期。可以预计,如果微电子技术、生物工程、新型材料、激光工程、人工智能等一系列新兴技术能有大的突破,并在全球扩散、转移和大规模产业化,这将给各国带来多么巨大的机会,世界经济也必将登上一个新的台阶。

(2) 冷战结束后,以美国为首的大批应用于军事工业部门的先进技术,经过一段时间的军转民之后,预计到 21 世纪初也将进入收获时期。可以想象,每年花成千亿美元研究、开发的新技术,像"星球大战"技术、卫星通信技术、高度信息化技术、遥感技术等,当它们大批进入民用部门,进入国民经济各部门之后,同样将结出异常丰硕的经济果实。

(3) 全球信息高速公路的形成和联网。进入 90 年代以后,首先从美国,接着是欧洲和日本都在投入巨额资源,研究、开发信息高速公路。预计,到 21 世纪初,这些研究、开发将开花结果,信息高速公路将进入建成和全球联网阶段。可以想象,当信息高速公路把科研、生产和销售,把学校、工厂和居民都高效和方便地联结起来之后,整个经济生活将发生巨大而深刻的变化。许多专家已经指出,信息高速公路就其对经济发展的影响而言,可以同历次新技术革命相比。

(4) 再加上,自从冷战结束后,发展经济已越来越成为各国政府的首要任务,成为各国人民最为关注的事情。虽然世界上还有许多矛盾,但再经过几年的调整,特别是到 21 世纪初,全球经济肯定可以获得更为强劲的发展势头。

浦东模式及其对长江流域的影响

第二篇

第七章 浦东发展的模式、目标、功能与机制

导　言

浦东是上海和全国在 20 世纪 90 年代发展和对外开放的重点地区。浦东开发对上海、长江流域和全国都有极大影响,因此,浦东选择什么样的发展模式和目标,形成什么样的功能、结构和机制,也就不能仅从浦东本身的发展角度,而是要从更广和更高的角度,即要从有利于上海、有利于长江流域、有利于全国的发展的角度进行选择。

正是从这一点出发,上海和全国的学术界、经济界和政府部门,在宣布浦东开放前后,就对浦东发展的一系列问题,特别是浦东发展的模式问题进行过反复的论证和研讨,提出过一系列报告和建议,并在浦东宣布对外开放后不久就形成了共识。这也是为浦东崛起所作的重要理论和思想准备之一。

第一,关于浦东的发展模式。从总体上,先后提出的就有作为浦西市中心区工业和人口的"转移基地模式",作为吸引外资建成新的"生产基地模式",作为吸引外资"以生产为主的综合发展模式",作为吸引外资"以金融贸易先行的综合发展模式"等许多建议和设想。在具体开发方式上,先后提出的就有:"一般性经济技术开发区模式"、"深圳式经济特区模式"、"在内地再造香港模式"、"在上海仿造新加坡模式"、"全方位、多层次开发的新区模式"等一系列不同方案。这些宝贵建议和方案的提出、论证和认真细致的研讨,为浦东发展模式的形成和确定作出了各自有益的贡献。

第二,关于浦东的发展目标。什么样的发展模式,就决定了什么样的发展目标。随着"以金融贸易先行的综合发展模式"和"全方位、多层次开发的新区模式"的形成和确定,把浦东建成为"具有世界一流水平的开放型、多功能的现代化新区的发展目标"也就呼之欲出了。

第三,关于浦东的功能与结构。同样,发展目标确定之后,进行什么样的功能开发和形成什么样的产业结构也就十分清楚了。在金融贸易先行的条件下,浦东开发在资金、商品的集散功能方面,在形成以第三产业与工业相结合的产业结构方面的方向也就日益明确。

第四,关于浦东的运行机制。这一点是争论最少的。专家学者和政府官员都一致认为,浦东应该在全国改革开放的总体布局下,率先形成社会主义市场经济的运行机制。应该在企业转换机制,在建立现代企业制度方面;应该在建立市场体系,特别是建成规范的、现代化的市场体系方面;应该在转变政府职能方面,在建成高效精干的政府机构方面走在全国的前列。

在讨论、形成浦东发展模式、目标、功能、结构和机制时,应该指出的是,正是因为大家站得高、看得远,从全国发展的战略高度,甚至从我国参与全球经济分工的战略高度,从有利于上海、长江流域和全国改革与发展的高度出发,才很快形成了共识。可以预料,从这种角度形成的共识和确定的目标,也必将使浦东的发展和崛起产生远远超出它本身的巨大而长远的影响。

第一节　浦东发展模式的选择

早在 80 年代中期,讨论上海新的发展战略和制定上海城市新的总体规划时,许多专家就提出大规模开发浦东的设想和建议。到 20 世纪 80 年代末和 90 年代初,这种建议和讨论形成高潮。关于浦东发展模式,专家从不同角度提出许多不同的建议和设想,也引发了热烈而有益的争论。虽然方案有很多,但争论的核心问题是:浦东应该发展为新的工业生产基地呢？还是应该形成为新的金融贸易中心？

一、工业生产基地与金融贸易中心之争

浦东经济应选择什么样的发展模式？是工业生产基地？还是金融贸易中心？要解决这个重大问题，就必须全面研究世界上一些大城市发展的经验教训，也必须深入分析上海自身发展的历史进程。

1. 从世界城市发展的经验教训看

如果我们仔细研究一下世界大城市经济的兴衰历史，城市经济功能过于单一是不可取的。浦东发展模式应像东京那样，建设成为金融贸易先行的多功能的综合性经济中心，即市中心地区应成为发达的金融贸易中心，而在市周边地区则有基础雄厚的工业地带，从而使浦东城市经济既充满生机和活力，又具有持续和强大的发展潜力。

日本的东京，在市中心，有着大批银行、保险和证券等金融机构，有着大批国内外的大公司总部，有着大批从事贸易的综合商社，市区经济异常繁荣和活跃，而在郊区和周边地区，则有着实力雄厚、技术先进的东京横滨工业走廊。金融贸易和工业相得益彰，互相促进，经济有着持久的发展动力。

美国东部一系列大城市发展的教训则告诉我们，像底特律、匹兹堡等单一工业城市，或主要生产汽车，或主要生产钢铁，虽然这些城市也有过自己的辉煌历史，但常因受某一产品的不景气影响而使全城处于困境。纽约虽是世界性金融贸易中心，但也因产业过于空心化而失去发展潜力。

2. 从上海自身发展的历史看

人们常会因身在其中而不识庐山的真面貌，也常会因一时的发展而失去全面观察的能力。因此，上海自身发展的历史同样值得研究。上海在 20 世纪三四十年代曾经是远东最大的国际性金融贸易中心，但由于工业基础薄弱，一遇金融危机就会使整个城市处于风雨飘摇之中。1949 年解放后，工业大大发展了，但由于金融贸易功能萎缩而使城市经济丧失了生机和活力。因此，上海的历史教训同样告诉我们，城市经济功能如果单一，它的发展必然是有极大的局限性的。上海应既重振历史上金融贸易中心的雄风，又充分发挥全国最大工业

基地的作用,把上海建成为经济实力强大的世界级的综合性经济中心。浦东是上海的有机组成部分,应为上海重振雄风作出贡献。

二、按综合性经济中心合理产业布局

浦东、上海要成为东京那样的综合性经济中心,也就要像东京那样合理布局产业。

首先要像东京有银座那样,近期在外滩,中、远期在外滩对面——浦东陆家嘴建成金融贸易区。现在,以美国花旗银行为代表的国际性大银行,以日本丸红综合商社为代表的跨国公司正大批进入上海,上海应及时作出规划,形成相对集中的、高效的、现代化的中央商务区。把这一地区的政府管理机构、街道工厂和一般商店撤出。

原有上海和浦东城市布局的最大问题是:商店、工厂和居民住宅杂居。应根据综合性经济中心合理产业布局的要求,形成功能清晰和层次分明的中央商务区、市区商业区、文化教育区和居民住宅区等规范式的各种小区。随着房地产市场的掀起,应抓住这一千载难逢的有利时机,统一规划,合理布局,既发挥市区黄金地段的土地效应,又能再造出一个高度繁荣和秩序井然的新上海来。

其次,工业像金融贸易一样,都是经济的支柱。在调整产业布局过程中,一方面要下决心把市区的纺织厂、化工厂、机械制造厂拆迁到市外去,同时又要全面规划,根据工业发展,特别是工业结构升级的要求,把拆迁、转移同工业技术改造、同吸引外资结合起来。在郊区,特别是海边地区形成布局合理、互相配套的强大工业地带。浦东在开发过程中更应在金桥工业加工区和张江新技术发展区形成上海新的高新技术工业基地。

三、水平分工和垂直分工

浦东地处中国东部沿海的中间、长江流域的出海口,因此,在合理产业布局时,应同沿海 14 个开放城市和沿江 24 个大、中城市,在产业上进行合理分工。应根据不同城市的特点,或实行水平分工,或实行垂直分工。在历史上和改革开放时期,上海在经济上一直处于沿海和沿江的中心地位,浦东越是向综合型经济中心方面发展,在经济上的辐射作用也就越是强大。但另一方面,浦东也应在工业层次上尽量避免同沿海沿江城市在低水平上重复。

从上海同东亚地区的关系看,上海位于西太平洋的半月形带,同东京、汉城、香港和新加坡同处于亚太城市群中,浦东在合理产业布局时,也应同这些城市加强沟通和促进互补关系。浦东越是向综合型强大的经济中心方向发展,就越能把同内地城市的分工和同海外城市的互补结合起来,从而使浦东、上海不仅成为中国沿江和沿海的经济中心,而且也成为亚太地区有影响的国际城市。从浦东、上海所依托的广阔的发展腹地和在西太平洋所处的优越的地理位置看,甚至比东京的发展潜力还要大一些。

四、对大城市经济功能的全面认识

对浦东经济发展模式,实质上也是对上海经济发展模式,为什么会存在不断的争论呢? 其根源主要是认识上的片面性。

从 80 年代中后期的争论来看,主要是一些长期从事工业的同志,往往比较多地看到工业的重要性。但他们的视野过于局限。如果不是单从本身的短期实践,而是从城市经济发展的长期进程出发,就会看到,城市经济功能是一个动态的发展过程,城市的产业也是一个不断升级的过程,不能长期,甚至始终停留在工业为主的发展阶段。[22]

1. 城市三次产业的关系和发展趋势

如本书前面所述,城市全部经济一般按照发展顺序划分成三次产业。第三产业的发展是社会化大生产高度分工的产物,是商品经济发展和繁荣的必然结果,是一个城市经济发达和社会进步的表现。

世界经济发展的历史表明,随着城市经济发展的现代化和产业结构的高度化,像产业不断地从轻纺到重化,从重化向新兴工业转移一样,整个城市经济发展的重点、就业人数和产值构成,也在第一、第二产业劳动生产率提高的基础上,逐步从第一产业向第二产业、从第二产业向第三产业转移。因此,像技术密集型工业的比重越高,一个城市的工业越是先进一样,第三产业比重的高低和发达程度也成为一个城市经济发达和现代化水平的重要标志之一。

从发达国家三次产业发展的历史看,这种趋势异常明显:1870年,在美国三次产业的就业构成中,第一产业占50.8%,第二产业占25.1%,第三产业占24.1%;到1950年,第一产业下降到11.6%,第二产业上升到37.4%,第三产业上升到51.0%;1982年,第一产业进一步下降到3.6%,第二产业下降到28.4%,而第三产业继续上升到68.0%。这种发展趋势,在美国和其他发达国家的城市经济中更加突出。在许多发达国家经济繁荣的中心城市里,第三产业的就业人数已超过70%。

在一个城市的国民生产总值结构中,同就业结构一样,第三产业所占的比重同样越来越高,许多发达国家的中心城市,早在70年代就已超过60%。在世界新技术革命的推动下,城市产业结构进一步知识化,第三产业的比重正在继续提高。

2. 国内外城市产业结构的对比

三次产业顺序发展,第三产业的比重不断提高,是世界经济,特别是城市经济发展的普遍趋势。但在我国城市经济中,由于长期侧重于工业发展,第三产业都是最薄弱的环节。下面我们选择世界上各类国家和部分典型城市进行具体的对比分析:

为了进行比较全面的对比分析,我们先列出各类国家三次产业的结构(见表7-1、7-2);再列出各类城市三次产业的结构(见表7-3)。

表7-1　1982年世界各类国家产业结构表(按产值%)

产业结构	发达市场经济国家			东欧国家		发展中国家		中国
	美国	日本	法国	匈牙利	罗马尼亚	墨西哥	印度	
第一产业	3	4	4	21	18	7	33	39
第二产业	33	42	34	45	57	38	26	43
第三产业	64	54	62	34	25	55	41	18
合　　计	100.0	100.0	100.0	100.0	100.0	100.0	100.0	100.0

资料来源:根据"世界银行发展报告"整理。

表7-2　1980年世界各类国家产业结构表（按就业人口%）

产业结构	发达市场经济国家			东欧国家		发展中国家		中国
	美国	日本	法国	匈牙利	罗马尼亚	墨西哥	印度	
第一产业	2	11	8	21	29	36	69	69
第二产业	32	33	39	43	36	26	13	19
第三产业	66	56	53	36	35	39	18	12
合　　计	100.0	100.0	100.0	100.0	100.0	100.0	100.0	100.0

资料来源：根据"世界银行发展报告"整理。

表7-3　1982年世界各类城市的产业结构表（按就业人口%）

产业结构	发达市场经济国家			东欧国家		发展中国家		中国	
	纽约	大阪	巴黎	华沙	布加勒斯特	新加坡	新德里	上海	广州
第一产业	0.1	0.1	0.1	0.5	1.1	1.1	1.2	24.1	
第二产业	16.2	28.1	25.4	42.6	53.9	36.0	32.8	52.0	
第三产业	83.7	71.8	74.5	56.9	45.0	62.9	66.0	23.9	38.2
合　　计	100.0	100.0	100.0	100.0	100.0	100.0	100.0	100.0	

资料来源：根据"世界银行发展报告"整理。

从表7-1、7-2、7-3中可看出，无论是按国家相比，还是按城市相比；无论是从产值构成看，还是从就业构成看，有几点是十分明显的：

第一，我国第三产业所占的比重最低，以产值构成计算占18%，以就业构成计算占12%，不仅比发达的市场经济国家低很多，也比发展中国家和东欧国家低；就是我国经济比较发达的大城市——上海和广州，第三产业所占的比重也极低，低于世界上各类城市所占的比重。

第二，同是社会主义的，经济相对比较发达的东欧国家，其第二产业所占的比重，同样不仅低于发达的市场经济国家，也比发展中国家要低。这就更值得我们深思和研究。

3. 第三产业内部结构的对比

为了进一步分析世界各类城市第三产业的发展水平和特点，下面就第三产业的内部构成作深一层的对比（见表7-4）。

表 7-4　1982 年世界各类城市第三产业内部结构表(按就业人口%)

	发达市场经济国家			东欧国家		发展中国家		中国
	纽约	大阪	巴黎	布加勒斯特	华沙	新加坡	新德里	上海
全部第三产业	83.7	71.8	74.5	45.0	56.9	62.9	66.0	23.9
商业服务业	46.2	55.2	54.1	9.4	11.7	42.8	50.9	9.1
运输通信业	6.9	7.2	8.3		7.2	11.5	7.2	4.3
金融保险业	13.3	7.8	9.4	7.2	1.5	7.6	6.2	0.3
其　　他	17.3	1.6	2.7	28.4	36.5	1.0	1.7	10.2

从表 7-4 可知,虽然我国城市第三产业中各个部门的比重都低于世界其他各类城市,但低得最明显的是两个部门:第一,商业、服务业所占比重非常低,上海仅占 9.1%,是发达市场经济国家和发展中国家城市的(1/5)~(1/4);第二,金融保险业极不发达,所占比率更是极小(上海为 0.3%),仅及发达市场经济国家和发展中国家城市的(1/40)~(1/20)。从表 7-4 中同样可知,东欧国家城市中的商业、金融业和服务业同样很不发达,仅比我国城市略高一些。

我国中等城市三次产业结构的情况同大城市一样,第三产业的比重很低。而在国外,即使一些著名的工业城市,第三产业也占相当高的比重。例如,在就业人口构成中,意大利的工业城市米兰 1971 年就占 43.3%,1981 年上升到64.6%;美国著名的汽车城底特律 1977 年也占 64%;日本的长崎占 53.3%。

综上所述,在我国城市的产业结构中,三次产业的比例很不协调,第三产业的比重过分偏低,商业、金融业和各项服务行业很不发达,许多城市都是以工业为主的单功能的生产型城市,城市作为经济中心的多功能作用远远没有发挥。

结论是明确的:在浦东开发中,在再振上海经济雄风中,都应把发展第三产业放在最重要的地位。但这也不是说,工业就不重要了,就不需要发展了,而是要在明确发展模式的基础上,对工业结构和工业布局作适当调整。在市中心区,应腾出空间发展第三产业,而在市周边地带应建成发达的工业走廊,使浦东成为金融贸易先行的综合型的经济新区。

第二节　浦东开发方式与跨世纪的开发规模

人们在争论浦东发展模式的同时,对浦东开发方式也进行了热烈而认真的讨论。模式确定了,开发方式也就比较容易确定。反过来,开发方式的具体化,也使发展模式的内涵更为丰富,各项目标更能得到落实和体现。

一、各类开发方式的利弊分析

先后提出的开发方式及其利弊,概括起来,主要有:

1. 经济技术开发区方式

从国内外的实践看,这种开发方式是一种产业实体型开发方式。它的长处是,在一块确定界限的范围内(一般多为几个平方公里),实行优惠政策,可以集中吸引外资。而且,只要政策引导正确,这类开发区多能成为兴旺的出口加工工业区,既能吸引外资,又是出口基地。20世纪80年代我国对外开放的经验表明,这类开发区的成功率很高,也很受外商欢迎。但这类开发区的功能比较单一,经济规模比较小,不具备作为城市经济最重要的综合功能,集散功能小,且仅限于工业范围,辐射功能更为薄弱。因此,这种开发方式不能满足"以金融贸易先行的综合性发展模式"的要求。但在浦东522平方公里范围内可以选择若干恰当地区建立这类开发区。

2. 经济特区开发方式

这是一种城市实体型开放方式,一般具有综合型经济功能,经济规模也比较大,但从一些特区发展的实践看,多数仍然是以工业为主的生产基地,金融贸易地位不突出。浦东的一个重要作用是再振上海作为金融贸易中心的功能,因此,这种方式也不完全适应浦东发展的要求。而且,特区一般要同其他地区隔开,如果采用这类方式,它必须以浦东浦西分隔为前提,要使上海一分为二,这就达不到重构上海作为全国经济中心的目标要求。

3. "再造香港"方式

香港是东亚地区重要的金融贸易中心之一,产业结构以第三产业为主。香港在这方面的发展经验,浦东应该也可以充分借鉴。例如,香港在发展资金市场、外汇市场、证券市场方面的丰富经验,香港在发展对外贸易方面的各种规范性做法,浦东都应认真研究,充分引用。但浦东同香港在体制上,在产业结构上仍有很大不同。在体制上,香港是完全的自由市场经济体制,不适合浦东的区情。香港的产业结构高度空心化和服务化,也同浦东有很大差别。因此,浦东可以借鉴香港经验,但不一定完全采用香港方式。

4. "再造新加坡"方式

新加坡也是一个成功的新兴工业化国家,又是一个城市型国家,它的许多发展经验,同样值得我们借鉴,例如,它的市场经济模式,是政府指导下的市场经济体制。它的特点是,政府实行五年计划与十年计划而面向市场经济,国有企业产值在本国经济中占70%。国有企业同样面向市场并与外资企业、私人企业平等竞争。政府鼓励外国银行进入,新加坡也发展成为东南亚地区的重要金融中心。住宅建设不赔钱而使80%以上居民住上了公共租屋,政府依靠公积金的积累而使昔日仅8平方公里旧城一跃而发展成为298平方公里的世界第一流花园城市。新加坡还在大力吸引西方技术和资金的同时努力弘扬东方传统文化。显然,新加坡在发展方式和市场经济体制方面的一系列做法,都比较切近浦东开发对调控和开放的要求,值得我们广泛和认真地吸纳和借鉴。但浦东同新加坡在制度上,产业结构上仍然有很大的不同。我们可以借鉴其经验,但不一定完全按照其方式行事。

5. 全方位、多层次开发的新区方式

以上各类方式,虽然不能完全适应浦东开发和开放的要求,但它们的许多有用经验和成功的做法却完全可以为浦东所引用。经过反复讨论和权衡,浦东根据发展的目标和模式,最终形成"全方位,多层次开发的新区方式"。

(1) 按照金融贸易先行的要求,在浦东陆家嘴和外高桥地区分设金融贸易开发区和保税区,前者发展方向是在岸金融中心与离岸金融中心相结合,后者发展方向是享有自由港政策的自由贸易区,两者享有比特区更特的优惠政策,形成再造上海金融贸易中心功能的凝集核心。

（2）在金桥和张江地区，分设出口加工区和高技术开发区。前者利用上海的工业优势，形成高层次的出口加工区；后者利用上海的科技优势，发展成为规模大的高新技术开发区。

（3）浦东的其他地区享有开发区和某些特区政策，并使浦西已有的三个开发区的开放度与浦东拉平，在浦东形成具有内外辐射能力的枢纽型发展中心。

（4）在城市基础设施方面，加快建成大桥、环路、地铁、隧道等综合性交通设施，既使浦东地区运输方便，又同上海市区互相衔接，促进浦西地区土地升值，提高老市区的开放度，成片改造市中心地带，强化经济中心的城市多功能作用，使上海从全国最大工商城市转型为全国综合性经济中心。

（5）在浦东的农业地区，近期内是浦东和上海出口创汇和引进一般性加工工业外资最快的地区，应在5～10年内完成农业地区城市化工作，为发展外向型经济提供相应的城市空间、基础设施和非农劳动力人口。

这样，不仅可以实现浦东全方位多层次的综合开发，而且也将从总体上提高上海的开放度并在全市形成有层次的开放格局。一方面可以实现浦东浦西在开发开放上的联动，另一方面更可以使浦东开放对长江流域经济形成强有力的辐射作用，也在整个长江流域形成类似珠江流域的那样互补的梯度的开放格局。

二、浦东跨世纪的开发规模

根据浦东综合型的发展模式和全方位的开发方式，浦东正在建设全国最大的跨世纪的开发开放工程。未来的发达的金融区、自由贸易区，高层次的工业加工区和高技术开发区正如雨后春笋般在这一充满希望的土地上拔地而起。

1. 世界一流的陆家嘴金融贸易区

浦东开发的首要目标，就是再振上海作为国际性金融贸易中心，特别是金融中心的地位。因此，在设计浦东跨世纪的开发规划时，首先也是安排浦东最好的地段——陆家嘴作为未来高层次的现代化的金融贸易开发区。

陆家嘴位于上海外滩的对面,面积为 16.8 平方公里,同原先上海最繁荣的市中心隔江相望。从浦东的全局看,陆家嘴位于全区的中心地区,位于举世闻名的南浦大桥和杨浦大桥之间,在市内环线以内。区内人口密集,交通便利,有着广阔和良好的发展前景。

在总面积 16.8 平方公里中,首期开发 4 平方公里,其中紧靠黄浦江的,面积为 1.7 平方公里的,称为小陆家嘴的三角形地区,是未来上海中央商务区的重要组成部分,那里将建成未来上海金融贸易中心中最高层次、最现代化的金融区。

小陆家嘴已成为浦东、上海市以至全国最吸引人,也是最重要的外商和内资的投资区。成百幢高楼大厦拔地而起,其中包括亚洲最高的,层数为 90 层左右的金融商务大楼。到金融区建成时,超过 100 家的中外银行或它们的分行将进入这一地区,几百家跨国公司和大型企业集团的总部也将在这儿落户。

在陆家嘴金融区内,在硬件方面,运用最新的信息技术,形成最现代化的智能大楼和信息网络,这些网络不仅同上海和全国连接,也同东亚地区和全球连接。陆家嘴将成为中国、东亚地区,甚至全球最现代的金融中心之一。在软件方面,陆家嘴借鉴国外经验,并超越这些经验,建成为法规齐全、操作规范、交易方便的中国乃至全球最吸引人的金融中心之一。

在 16.8 平方公里的大陆家嘴范围内,建成浦东最大的购物中心、市政中心和其他商业中心。例如,沿杨高路形成 1.4 平方公里的商业综合小区;在张杨路两旁建成各类商场和购物天堂。届时,浦东陆家嘴地区像浦西的黄浦区一样,成为繁华的闹市区。

2. 规模宏大的金桥出口加工区

浦东作为一个综合性开发新区,发展高层次的工业仍然是必要的。由于有上海雄厚的工业作为依托,在浦东形成规模宏大的、高层次的出口工业区也是特别有利的。按照这一想法,浦东选择金桥地区作为主要的工业开发区。

金桥出口加工区位于浦东新区中北部,总面积为 19.0 平方公里。工业区以金桥路为界,路东为工业发展区,有面积 15 平方公里;路西为开发区的管理服务部门、生活住宅区和商业中心。开发区将分阶段进行开发。

金桥出口加工区的优势是:(1)有相当于特区的各项优惠政策。(2)有工业基础异常雄厚、配套十分方便的上海作为依托。(3)有全国一流的上海高校和上海科技界的技术支援。(4)有最现代化的陆家嘴金融区和外高桥自由贸易区提供最优质的服务。(5)有上海可以提供的高素质管理人员与熟练工人。因此,从金桥出口加工区宣布成立起,就受到国内外投资者的重视和欢迎。仅仅 3 年,第一期开发的约 6 平方公里的工业发展区就为国内外大企业所占领。到 1993 年底为止,进入这一开发区的项目即达 200 个。特别值得提出的是,这些项目规模大,技术新,平均每个项目的投资高达 1 300 万美元,这是全国所有经济技术开发区都无法比拟的。

从初期的发展看,金桥出口加工区在吸引外来投资方面具备明显的特点。

从投资者的构成看,其特点是:(1)国际性跨国公司的投资多。例如美国的国际商用机器公司、庄臣父子公司;日本的三菱集团、夏普公司、日立公司;德国的西门子公司、巴斯夫公司;瑞士的迅达公司和比利时的贝尔公司等。世界银行在一份研究报告中指出,一个地区成为国际性投资热点是逐步形成又互相推动的,其中的关键因素是跨国公司的进入。一方面投资环境引人瞩目,跨国公司才会来;另一方面,跨国公司来了,特别是成批涌入时,又会进一步促进投资环境的改善和升级,从而,互相推动,使这一地区成为国际上瞩目的投资热点。金桥在短时期成为跨国公司的投资热点就是证明。(2)中国国内大企业集团的投资多。在初期开发中,进区的全国性和国内著名的公司就有:中国国际信托投资公司、中国建设机械总公司、中国邮电工业总公司、西安飞机工业公司、包头钢铁稀土公司、北京城市建设开发总公司、中国巨龙集团公司和中国惠通集团公司等。进区的上海大、中型企业就更多了,如上海石化公司、上海电机厂、上海汽车工业总公司、上海自动化仪表公司、上海电视机一厂、上海有线电厂和上海爱建公司等。全国性和上海的著名大公司的云集,使金桥进一步增强凝聚力和吸引力。可以毫不夸大地说,这么多国内外大公司在浦东、在金桥工业区云集,在中国十多年的开发区发展进程中也是少见的。正在进行的和必将进一步云集的进程,对浦东、对上海建成为综合型经济中心一定会产生异常巨大的影响。

从进区项目的技术层次看,其特点是:(1)项目技术密集程度比较高,其主要产业和产品有:程控交换机、数字式移动电话、生物工程、电脑软件、仿真设备、光电仪器、自动化控制系统和激光机械等。(2)进区的高等学校比较多,而且都是全国性的著名大学,例如北京大学、清华大学、复旦大学和上海交大等。特别值得提出的是,中国国家教委所属33所重点高校联合组建的中国高科技集团公司、中国科学院等也在区内开发高科技产品。

3. 充满活力的外高桥自由贸易区

作为国际性金融贸易中心的重要组成部分——外高桥自由贸易区,也是浦东开发规划中的重点地区之一。

综合型经济发展中心必须有两个轮子齐力推动其发展,这就是金融和贸易。作为一个新区起飞的两个翅膀,也是金融和贸易。浦东发展的模式也是以金融贸易先行作为最重要的内容。因此,外高桥自由贸易区,同陆家嘴金融区一样,是浦东开发开放的重要支柱。

外高桥自由贸易区位于浦东新区的东北部,紧靠长江的入海口,也是黄浦江与长江交汇之处,地理位置异常优越,内河航运、远洋海运的条件十分良好。全区开发面积10平方公里。周围有发达的港口,有发电厂、煤气厂、水厂等完善的基础设施,有上海内环线、外环线相连接,交通方便,是建立和发展自由贸易区的理想地方。

外高桥原是国家批准的中国第一个大型保税区。但从一开始,其功能就同一般的保税区不同,是按照国际通行的标准,按照"自由贸易区"的要求设计的。从浦东开发的目标看,从上海和国家对浦东的要求看,从中国参与国际的经济合作看,外高桥保税区应该向自由贸易区的方向发展。外高桥保税区越是国际化,浦东经济越是国际化,浦东开发就越是符合国家既定的目标和要求。

外高桥自由贸易区的优势,除地理位置优越外,尚有(1)有陆家嘴金融区相配套。(2)有金桥加工区作支柱。(3)有整个上海对外贸易作为基础。(4)有长江三角洲和整个长江流域作为后援。(5)有浦东新区整体良好的投资环境。因此,外高桥自由贸易区也有着非常好的发展前景。如同金桥加工区受到国内外大制造商的青睐一样,外高桥自由贸易区从成立的第一天起,也深受国内外大商社的欢迎。到 1993 年,进区的项目已超过 700 个,其中大多数是从事外贸的公司。也像金桥加工区一样,其特点是国际性跨国公司多。例如,日本最大的 9 家跨国综合商社中,已有 7 家到区内落户。它们是:丸红、三菱、伊藤忠、三井、住友、日棉和日商岩井。其他国家的大商社也纷纷涌入这一有吸引力的自由贸易区。

可以预料,到 20 世纪末和 21 世纪初,外高桥自由贸易区将成为上海,也是中国重要的工业和转口贸易中心之一。

4. 有着巨大发展潜力的张江高科技开发区

浦东开发规划中另一个重要布局,是在张江地区建立高技术开发区。上海工业进入 90 年代以后,正在进行战略性的调整,其方向是大力发展技术密集和知识密集的高新技术工业。上海人数众多,素质较高的科技队伍和大量的科技成果,正处在大规模发展新技术并使它们迅速实现产业化的重要阶段。因此,借浦东开发东风,在张江建立高科技园区,一面吸引外资,一面集中上海力量发展高科技项目,也就成为浦东开发中的一个战略性部署。

张江高科技区面积为 17 平方公里,首期开发 4 平方公里。园区位于浦东新区的南部,紧靠川杨河边,是一个发展高科技的理想地区。

张江园区是目前中国最大的高科技开发区。它将包括高科技产业区,这是园区的主要部分,占地 11 平方公里。同时园区内还将建设高科技教育区和高科技博览区。前者包括高科技教育中心和高科技研究中心;后者将建立高科技信息中心、高科技交流中心和高科技博览展销中心。

张江高科技开发区依托的是上海庞大的科技队伍和大量的科技成果,也将在浦东开放和大规模吸引外资中同国际接轨,力争用较短时间使上海进入世界高科技的发展行列。

第三节　浦东的开发目标与经济功能

浦东是上海的一个新的组成部分。1990 年被宣布为中国 90 年代对外开放的重点地区之后,由于有全国 80 年代改革开放的成功经验作为依据,由于有浦西市区、长江三角洲和长江流域作为依托,由于有外资的大量涌入和中央各省市广泛的支持,因此仅仅经过短短四年的开发开放,浦东就迅速崛起。现在面临的任务是,紧紧抓住当前难得的历史性契机和依靠已经建立的基础,争取在20 世纪末和 21 世纪初,在浦东建成最完备的现代化基础设施和便捷的交通网络;建立高度智能化的金融和商务活动中心;建立同国际接轨的发达的自由贸易区;建成高层次的出口加工基地;建成具有国际竞争力的高新技术园区和形成具有高度文明的文化结构、社会风貌和达到或接近发达国家的高质量的生活水平,使浦东在上海迈向 21 世纪的历史进程中,建成为具有世界一流水平的国际化的多功能的现代化新区。

一、浦东新区的基本发展目标

浦东新区要成为上海再振国际性金融、贸易和经济中心的重要推动力量和重要组成部分,要在上海的整体经济功能中发挥突破性的龙头作用,要建成世界一流的现代化新区,就必须保持超前的增长速度,实现经济结构和社会结构的高级化,实现城市建设的现代化。为此,浦东新区的基本发展目标是:[23]

1. 在经济发展方面

(1) 经济总量增长目标:从 1994 年到 2000 年浦东经济增长速度应力争保持在 25％左右,这样,GDP(国内生产总值)就能从 1993 年的 164 亿元增加到2000 年的 800 亿元,占全市 GDP 总值的比重就能从 1993 年的 10.5％上升到26％;从 2001 年到 2010 年浦东经济增长速度应保持在 15％左右,GDP 总值增长到3 000 亿元,占全市 GDP 总值的比重上升到 40％左右。

中国的改革与经济发展有一个重要特点和经验,就是要在改革和发展中全力培植新的增长点。这种新增长点同旧的相比较,往往充满活力。浦东是上海,也是全国改革与发展中的一个重要的新增长点,因此,应该抓住从 20 世纪末到 21 世纪初的一段最有利的时机,加速发展,继续保持飞跃式增长的良好状态。

(2) 人均 GDP 增长目标:1993 年浦东新区人均 GDP 为 11 658 元(人口为 141 万人),折合 1 340 美元;2000 年人均 GDP 将增长到 50 000 元(人口控制在 200 万人),折合 6 240 美元;2010 年人均 GDP 增长到 110 000 元(人口控制在 250 万人),折合 22 000 美元。

一个国家或地区,除 GDP 总量增长外,人均的增长也是重要的。只要浦东保持高速增长的势头,到 2010 年,浦东就能在人均 GDP 方面接近发达国家的水平。

(3) 产业结构调整目标:浦东新区第一、二、三次产业的构成将从 1993 年的 1.3∶69.8∶28.9 调整为 2000 年的 0.8∶52.6∶46.6,2010 年进一步调整为 0.5∶38.5∶61。1993 年金融保险业和商贸服务业占浦东 GDP 的比重为 8.4％和 4.0％,2000 年其比重将上升到 15.0％和 10.0％,2010 年两者都进一步上升到 20％左右(伦敦、巴黎等国际金融中心城市这一比重为 25％左右),从而接近国际上已有国际金融、贸易中心的水平。

产业结构的逐步高级化,也即是第三产业的比重不断提高,是一个城市经济发达和社会进步的重要标志。在 20 世纪末浦东第三产业的比重达到 46.6％,在 2010 年时达到 61％。相应的第二产业比重分别为 52.6％和 38.5％,也即是工业仍占有相当的比重。作为以金融贸易先行的综合性经济中心,浦东保持这样的比例是比较合适的。

(4) 工业结构调整目标:浦东新区原有工业结构的基本特点是高物耗、高能耗、粗放型、传统型工业的比重较高,调整的基本方向是要大力发展高新技术产业和出口加工型产业,同时要逐步降低粗放型、传统型工业。从数量上讲,前者的比重应当上升到 60％以上,而后者必须控制在 10％以内。

浦东作为综合性发展中心应该拥有相当的工业比重,但这些工业应基本上是技术密集型和知识密集型的。

(5) 出口产业结构调整目标:按照浦东经济功能和产业结构高度化的要求,到 2000 年浦东出口产业占工业总产值的比重应从 1993 年的 15.5%提高到 40%左右,占 GDP 总值的比重从目前的 45%提高到 80%左右;到 2010 年,这两大比重应进一步提高到 60%和 95%以上。

浦东经济的国际化是浦东发展的一个重要目标,因此提高浦东产业的出口比重是十分重要的。

2. 在城市和社会发展方面

(1) 城市规划目标:按照全市统一规划,应在 20 世纪末和 21 世纪初在新区形成现代化的中央商务区、中心商业区、各有专长的开发区以及布局合理、配套健全和各具特色的教育小区、文化小区和住宅小区,显示出一流城市的基本形象。

(2) 基础设施发展目标:到 2010 年,建成具有 4 条跑道的浦东新国际机场;建成通往周围地区的高速公路网;建成国际性的深水港;同时建成有地铁、环路、轻轨铁路组成的发达的区内交通网;基本建成具有 21 世纪水平的信息高速公路,形成完备的现代化的基础设施体系。

(3) 人民生活质量目标:到 2010 年,在新区建成 5 000 万平方米的居民住宅楼,人均居住面积达到 20 平方米;同时建成 1 000 万平方米的各种办公和写字用楼,1 000 万平方米的商场、宾馆和文化设施用楼;建成相应的公园、绿化带和其他环保设施,以适应社会发展各方面的需要。

在规划浦东经济发展目标的同时,必须同时确定城市和社会发展的目标,也即是经济、城市和社会要同步发展。浦东的城市发展,一方面要同全市衔接,成为上海有机的,又是高度现代化的一个组成部分;另一方面,在区内又要形成布局合理和层次分明的,具有 21 世纪水平的新型城市。

发达和方便的交通是现代城市最重要的标志。浦东既要规划好区内的交通,又要部署好浦东同浦西,浦东同长江三角洲的高度发达的交通联系,同时,特别要架设好浦东同东亚地区、同全球联通的空中桥梁,使浦东国际机场成为东亚地区最繁忙的机场之一。

20世纪90年代,全世界掀起建设多媒体信息高速公路热。浦东要建成世界一流水平的现代化新区,就必须从现在开始,从高起点开始,到20世纪末、21世纪初,周密地、高水平地在全区建成信息高速公路系统。

在高速工业化和城市化的过程中,建设高质量的生活水准和社会环境,也是浦东开发的一个不可忽略的目标。高水准的住宅、高水准的文化设施、高水准的环境,都要成为浦东发展目标和规划中的一个重要组成部分。

二、浦东新区的经济功能开发

浦东新区是我国20世纪90年代对外开放的重点地区,又是上海的一个重要组成部分。因此确定浦东新区的经济功能应以此作为前提和依据。上海21世纪的发展目标是要建设成为国际中心城市,与此相应,上海将形成一个具有重要国际影响的经济中心,其核心是形成金融中心和贸易中心。由此,它在经济上具有四大功能,即金融融通功能、贸易流通功能、集约生产和交通枢纽功能、管理和信息服务功能。开发浦东的经济功能就是要按照上海整体经济功能的要求,根据浦东新区的优势和条件,以及对上海、长江流域以至全国经济的特定作用,重点从某些方面突破和发展,使浦东的功能在整体上同上海保持统一性,同时又有所创新。

1. 在金融功能方面

浦东新区在全面展开金融业务的同时,应重点培育离岸金融功能和相应的业务。

所谓离岸金融业务,即银行的境外业务。凡有经营此类业务执照的银行,在从事国际借贷业务时,可以不受所在国金融和外汇法规的限制。对开放此类业务的银行和地区来说,能更多地吸引国际资金流入该地,能从这些业务中获得各种收入,能提高该地在国际金融界的影响,能活跃该地的金融市场和提高当地银行的素质和经营水平。

上海要建成国际金融中心,发挥资金集散功能,在发展国内金融功能的同时,也必须加快培育和发展离岸金融功能,成为国内主要的离岸金融中心和国际重要的离岸金融市场之一。浦东的陆家嘴金融贸易区和外高桥保税区是上海率先突破并逐步建立离岸金融市场最合适的地区,浦东可以外高桥保税区为发展离岸金融业务的突破口,逐步向陆家嘴金融贸易区延伸,并在浦东离岸金融取得一定经验的基础上再逐步向浦西中央商务区扩展。这将使上海离岸金融市场顺利而健康地发展,有力地促进上海国际金融中心的形成。

2. 在贸易集散功能方面

浦东新区应在全面发展进出口贸易的同时,重点培育贸易转口功能。浦东外高桥保税区已具备转口贸易的基本条件,外高桥保税区在性质和功能上类似于自由贸易区,具有发展转口贸易的基本政策条件,而且经过几年的建设,外高桥保税区在港口、装卸设备、大型保税仓库、标准厂房等发展转口贸易的条件上已打下一定基础。外高桥保税区转口贸易功能的逐渐形成,吸引上海以及内地原经香港转口的大批商品和货物中相当一部分改道经外高桥转口,上海以外高桥保税区为基地,成为国内国际主要的中转口岸和亚太地区重要的转口贸易区。由此为增强上海在国内国际两个市场发挥商品集散功能优势,为上海形成国际贸易中心奠定基础。

3. 在生产功能方面

浦东新区的重点是培育高新技术开发功能和高层次的出口加工功能。浦东新区经过四年开发,1993年形成较强的工业生产能力。在开发过程中,具有合理的生产功能不仅是必要的,而且也有助于浦东新区经济功能的合理配置,提高浦东新区整体经济能级。浦东新区生产功能的主要内涵:一是高新技术开发功能。浦东新区将建立若干个国家级和上海市级的高新技术实验基地和新产业开发中心,并以金桥出口加工区和张江高科技园区为基地组织高新技术产品的生产,使新产业率先在浦东形成规模。二是出口加工功能。浦东新区以金桥、外高桥两个开发小区为基地,组织以出口导向产业为主的产品生产,使出口导向型产业成为浦东新区的主导产业。

4. 在管理功能和服务功能方面

浦东新区的重点是培育生产经营控制指挥功能和中介、信息服务功能。浦东的管理功能主要集中在小陆家嘴地区。这里规划建成大量可供金融贸易机构、大公司总部使用的高级办公设施,重点吸引国内外大公司、大企业集团以及跨国公司、综合商社的办事机构,培育生产经营指挥功能。同时吸引大批法律、会计、财务、经纪、评估等各类中介咨询服务机构汇集于此,为国内外客户提供完善的中介服务,使浦东能够发挥中介服务功能。

与金融贸易功能、生产功能、管理功能、中介服务功能相配套,浦东要建立一整套发达的现代化信息服务系统,并同上海、全国以至世界主要经济中心城市联网,为国内外客户提供各类经济、技术、信息服务。

5. 在交通枢纽功能方面

浦东主要通过新机场、新港口的建设,发挥国内外,特别是国际空运、国际班轮的客货运集散作用。

浦东在大规模建设基础设施的基础上,要把重点放在经济功能的开发上。只有具有发达的完整的经济功能,才能具体地落实各项开发和开放目标。

第四节　率先在浦东建立现代市场经济的运行机制

要把浦东建成为世界一流的外向型、多功能的现代化新区,还必须有充满生机与活力的现代市场经济体制与运行机制相配合。作为中国和上海改革进程中的体制创新点,浦东也必须加速完成经济改革这一历史性使命。

经过 15 年的努力,中国改革正进入"整体推进和重点突破"的关键阶段。1994 年,中央推出金融、财税、投资、外贸和外汇等 5 大改革,向建立和健全有力的宏观调控体系迈出了重要的一步;从 1995 年开始,准备用 3 年时间,中国改革的重点将转入企业改革,转入微观机制的重塑。随后将着重进行政府机构改革和社会保障体系的完善。预计到 2000 年,将基本建立社会主义市场经济体制。进入 21 世纪以后,估计再用 10～15 年时间,中国将最终形成规范而成熟的、高效而运转顺畅的社会主义的现代市场经济体制。

上海在实施"整体推进和重点突破"的改革战略时,既注意"市场、企业、政府、经济保障"四位一体的整体推进,使改革互相配合,协调发展;又根据全国的统一部署,每一时期重点推进某一改革,尽快形成符合国际惯例的现代市场经济的运行机制,为建成上海作为国际性经济中心奠定完整的体制基础。

根据全国和上海在建立市场经济体制方面的总的部署,浦东在率先改革方面的具体目标是:[24]

一、以发展为导向加快浦东新区的体制改革

浦东开发的目标是建设具有世界一流水平的多功能的现代化新区,这一目标本身对发展的体制环境提出了很高的要求。与此同时,浦东的开发又是在国际国内激烈的发展竞争中展开的,因而具有极大的挑战性。因此,对于浦东来说,必须以发展为导向,在建立新体制方面登上一个新的台阶。

在改革试验的区域配置方面,上海以至全国都应向浦东新区倾斜,这是一个极其重要的改革策略。不论是金融、贸易、财税等方面的改革举措,还是企业制度和社会保障制度等方面的改革举措,只要条件具备,都应在浦东新区以较大的力度首先推开。体制创新同样有显著的先发效应,浦东新区取得体制创新的先发效应对于上海实现建成"三个中心"的长远目标具有重大意义,对于在全国最终形成规范成熟的社会主义市场经济体制具有重大意义。

国内外改革的实践都表明,发展是目标,改革是动力。脱离发展目标的改革,往往偏离方向。浦东要始终以发展为导向,扎扎实实地推进各项改革。

二、加快浦东功能开发,尽速形成现代化大市场体系

陆家嘴、外高桥等功能开发区的加快形成,把上海的现代化大市场建设尽速在这些地区集中和发展,是浦东率先建成社会主义市场经济体制和运行机制的首要步骤。

现代市场体系,包括商品市场和生产要素市场两个方面。浦东利用陆家嘴和外高桥大批现代化的智能性大楼的崛起,重点发展要素市场,特别是要发展金融市场,包括国际性金融市场。

概括地说,金融市场包括货币市场(短期资金市场)、资本市场(长期资金市场)、外汇市场和黄金市场。

(1) 货币市场,即短期资金市场。短期资金市场一般包括银行同业间的拆放市场、银行短期信贷市场、短期证券(债券)市场和贴现市场。各国都十分重视发展短期资金市场,而且内容也各有重点。例如纽约短期资金市场的范围有:国债券市场、银行定期存单市场和商业票据市场等。伦敦短期资金市场则主要进行银行同业拆放和贴现业务。浦东在短期资金市场方面发展很快,但还不完善和发达,还有很大的发展潜力。

(2) 资本市场,即长期资金市场。主要包括证券市场(特别是股票市场)和银行的中、长期贷款。各国也十分重视长期资金市场,内容也各有重点。例如伦敦的长期资金市场包括企业的股票市场、政府的长期债券市场、房地产抵押市场和银行的中长期贷款等;在香港的长期资金市场中,股票市场则特别活跃。当证券市场交易所和国内外银行和其他金融机构云集陆家嘴时,浦东在发展长期资金市场方面有着极好的前景。

(3) 外汇市场。外汇市场是各国货币进行交易的场所,是金融市场,特别是国际金融市场的重要组成部分。它像股票市场一样,常常为投资者所重视,随着汇率的随时波动,也为各国政府所重视。

欧洲是目前外汇市场的中心。伦敦是世界上最大的外汇市场,每天的交易额经常达到几千亿美元之巨。其次是德国、瑞士和美国。香港外汇市场也极为发达,交易额占第五位。新加坡外汇市场也日益兴隆,也成为东南亚外汇交易中心,日交易额已达几十亿美元。

随着陆家嘴金融区的逐步崛起,浦东外汇市场也有着良好的发展潜力。

(4) 黄金市场。黄金市场是国内和国际间进行黄金交易的场所。世界四大黄金市场是伦敦、纽约、苏黎世和香港。其中,伦敦是世界最大的黄金市场,其交易量常常占到世界交易额的一半以上。浦东应尽早培养和发展黄金市场。我国已成为世界主要的黄金消费国之一,发展黄金市场也是有相当好的前景的。

发展现代化的大市场是构筑社会主义市场经济框架中最重要的环节。浦东应以建立和发展现代化金融市场为中心,加速发展各类市场。并按照服务全国、面向国际的要求,以集中的市场群落,开放的市场方式,先进的交易手段,健全的市场规则和一流的服务在浦东建成中国层次最高、辐射能力最强大的大市场。

一个结构完备、能提供高效率服务的市场体系,对于浦东的发展至关重要。市场越发达,浦东新区的体制优势就越明显,也就能够在更广阔的范围内吸取支撑浦东发展的经济资源。要加快市场体系的建设,尤其是要加快要素市场的建设,其中包括前已述及的金融市场,还包括土地市场、劳动力市场、技术市场、信息市场和产权市场等。同时,市场体系的完备是指每一类要素市场内部各种分支市场的建立。

在各类市场的运行中实现业务活动规则的国际化,是保证经营活动的平等性和市场的开放性的关键,是广泛吸纳各种国际经济资源的必要条件。尤其在开发和建设四个重点小区的过程中,为吸引外资机构和国际业务的进一步进入,应在市场的完备性、服务的高效性、规则的国际性方面狠下功夫,真正建设好发展的软环境。

三、加快企业改革,在浦东全面建立现代企业制度

建立现代企业制度是国有企业改革的根本方向,也是规范其他企业的根本原则。对国有企业来说,这项改革的目标是使国有企业的公有产权与市场经济运行机制得到兼容,使国有企业在市场经济条件下,像其他企业一样,资源配置得到优化,能够充满生机和活力。

企业制度是市场经济运行的基础。只有这方面的改革深化和完成了,才能和建立现代大市场体系一起,构筑新体制的两大支柱。

建立现代企业制度涉及的问题很多,就其关键的环节而言,主要内容有:[25]

1. 改革和健全国有资产经营管理体制

浦东在这方面已经迈出重要的一步。

从总体上,这方面改革的目标是:(1)防止国有资产不断贬值和流失,包括各种隐性的贬值和流失,建立国有资产管理的责任制。(2)寻找公有产权运行的方式,努力使公有产权运行方式同市场机制相适应,既使国有资产保值增值,又能使国有资产的运行能符合国家宏观调控的目标。(3)为建立现代企业制度、为塑造市场经济的微观基础创造前提条件,也就是要通过国有资产管理体制的改革,解决长期存在的"政企不分问题"。要通过改革,既使国有资产增值保值,重现活力,又使企业真正成为独立的经营者和生产者。

从以上三个方面的要求看,浦东需要在已有的基础上进一步强化改革的力度:(1)已建立的国有资产管理控股公司要进一步发挥作用。一是要对新成立的公司强化对国有资产的管理,防止国有资产流失。20 世纪 90 年代初有些国有公司已经或正在同海外公司合资。在这个过程中,原有国有资产的存量如何作价非常值得研究。如果不注意国有资产的增值(按市价计算的增值),就会在合资过程中使国有资产大量流失。对浦东已有的旧企业,如何使国有资产管理尽速到位,更是刻不容缓。(2)在寻找国有资产运行方式同市场经济相适应方面,浦东已进行得相当成功。从长远看,浦东应加强对土地资源的控制,使国有资产(包括土地)的运作同全区发展的宏观目标结合起来,使国有资产的运作服务于实现浦东开发开放的长远目标。(3)在政企分开方面,浦东同样已有很好的基础。问题是:必须进一步简化国有资产所有者与代理委托经营者之间在财产的转让权、收益权等方面的委托代理关系。这种简化包括两个部分:一是尽量取消不必要的中间环节。中间环节太多,结果是中间层次的利益膨胀,大大损害了国有资产所有者的利益,即国家的利益;二是简化委托代理的内容。把委托代理严格放在增值保值上,严格按照市场原则办事,尽量把非经济因素和人事关系的影响减少到最小程度,避免使委托代理关系杂乱化,不至于造成政企难分。

2. 理顺产权关系,加快完善企业法人制度

建立现代企业制度,从企业角度说,关键是理顺产权关系,建立和完善我国的企业法人制度。理顺产权关系,对新企业还比较容易,对老企业,特别是老的国有企业来说,则是一种异常复杂和困难的工作。

因此,建立现代企业制度的关键,是理顺产权关系,实行出资者所有权与法人财产权的分离。在国有企业,国家作为出资者,享有明确的出资者所有权,出资者或以全资或以部分资产拥有股权,即以股东身份依法享有资产受益、选择经营管理者、参与重大决策以及转让股权等权力,但出资者(包括国家作为出资者)应像所有股东那样,除享有上述诸权之外,不能随便干预企业作为法人的财产权。尽管企业的财产——包括厂房设备等不动产和流动资金,是由出资者的资金形成的,但出资者只能运用股东的权力影响企业,即通过股东大会、董事会、监事会影响企业行为,而不能直接去干预、支配和调走这些财产,不能直接干预企业的日常经营活动。这样,企业就能拥有明确的法人财产权,它在保值增值方面对出资者负责的条件下,可以根据经营的需要使用和处置这些财产,既自主经营,也独立负责。所有权和财产权分离,一方面解决了国家对企业负有完全责任的问题。另一方面,企业既有独立财产权和经营权,也必须为此承担各种民事责任,即也解决了自我约束的问题。因此,确定企业的法人财产权,也就解决了长期困扰企业的无人负责的难题。这样,就实现了企业自主经营和自主负责的统一。对浦东大批原有国有企业来说,应抓紧改革的有利时机,在清理核定资产的基础上,理顺产权关系,建立明确的企业法人制度。

对大批新建立的企业来说,要进一步完善资产经营人格化机制。从几年的实践看,资产经营人格化机制是现代企业制度能否正常运转的核心。形成这种机制的关键就是要在资产的出资者和资产的经营者之间,最大限度地实现两者之间的利益的统一,即在经营者追求自身利益时,能最大限度地实现出资者,特别是国家和全民的利益。

做到这两方面的高度统一,要给予经营者有明确的激励机制。根据各方面已有的经验,是要把对经营者的激励同一般职工的激励区别开来。具体做法是,把经营者的收入同职工的收入分开。一般职工的工资计入成本,经营者的收入则不计进成本,而是从税前的利润中列支。这样,经营者的收入同一般职工无关,只是同出资者有关。利润越高,经营者收入越高,出资者也越能增值保值。从而也就实现了在经营者追求自身利益时,必然也能促进出资者的最大利益。

第八章　浦东模式与上海再塑国际性经济中心地位

导　　言

浦东发展模式的影响是深远的。

短短几年,由于国内外各方面条件的具备,由于受惠于各方面的支持,浦东正在成为中国经济高速发展中新的增长点,作为中国改革进程中新的创新点,作为中国扩大开放中同世界经济新的联结点而迅速崛起,迅速成为海内外投资的新热点。

同时,浦东崛起的作用也不仅在于它本身的发展,更重要的是,在于它强烈的辐射作用,在于它反过来对各方面的深远影响。浦东的崛起,特别是它的发展模式,正在再塑上海作为国际性经济、金融和贸易中心的地位;正在推动以上海为中心的长江三角洲经济的一体化;正在推动长江流域经济的加速和协调发展。

浦东的辐射作用,最迅速、最直接,也最强烈的是对上海的辐射作用。

第一,在浦东开发影响下,上海面临再塑国际性经济中心地位的跨世纪机遇。上海,作为历史上中国和东亚地区最大的国际性金融、贸易中心,作为新中国最大的工业基地和经济支柱,在改革开放后一直在潜心等待历史机遇和寻找新的发展模式,浦东宣布对外开放和迅速崛起,浦东形成的发展模式,正是集中地有效地满足了上海的这个历史需要,集中地有效地解决了上海面临的这一最大课题,使上海获得前所未有的历史机遇和具备明确的发展模式。

第二，在浦东开发影响下，上海正在发生深刻的历史变化，正在进入新的大发展时代。现代化大市场的诞生和大规模发展正在上海构筑崭新的经济体制；新的发展模式：工业和第三产业的同步发展正在推动上海经济进入前所未有的高速增长阶段；新的体制和发展模式正在描绘上海在世纪之交的全新面貌。人们将会看到，上海一旦捕捉住历史机遇，将会发生什么样的巨大变化！

第三，在浦东开发影响下，上海的发展目标、城市功能、产业结构和产业布局同样都在发生巨大而深刻的变化。

第四，随着上海作为国际性经济、金融和贸易中心的再塑，上海城市正在形成新的格局。新的"曼哈顿"和新的商业中心正在形成。新的航空港、深水港、高速公路正在把上海同长江流域、同全国、同世界更紧密地联系起来。

浦东崛起和上海的再振雄风正在推动中国的改革、开放和经济发展进入一个更高层次的历史阶段。

第一节　上海面临再塑国际性经济中心的跨世纪机遇

当历史进入 20 世纪 90 年代时，人们高兴地发现，亚太地区、东亚地区和中国的历史机遇奇异地集中到一个地区：上海和长江流域。本章着重分析上海的机遇。

这种跨世纪的历史机遇可以分为三个方面：一是来自世界，二是来自中国，三是来自上海自身。这种机遇在浦东开放的催化下正在迅速变成巨大发展的现实。

一、世界经济增长重心转移给上海带来的跨世纪机遇

世纪之交，世界各国和各种权威机构在回顾总结 20 世纪的是非得失的同时，都把主要精力放在对未来——对 21 世纪的预测和展望上。在对 21 世纪的

预测和展望中,欧洲和北美第一次用惊奇和羡慕的眼光看亚洲。专家学者的共识是,在 20 世纪末和 21 世纪初,世界经济增长的重心将向亚太地区转移,特别是将向东亚地区转移。近几年,随着中国经济的持续高速发展,随着浦东的迅速崛起,随着上海作为国际性经济中心重新崭露头角,一种新的共识是:世界正在看好亚太,亚太正在看好东亚,东亚正在看好中国,中国正在看好上海和长江流域。所以可以说,上海面临了前所未有的跨世纪历史性机遇。

上海市政府从 1993 年开始,组织大批学者和专家,对上海面临的这种世纪性机遇作了系统的研究和分析。[26]这些研究和分析,从理论上和世界经济发展的进程中得出的结论是:(1)世界经济增长重心的转移具有明显的规律,随着产业转移、贸易转移和综合经济实力的转移,世界经济增长的重心明显向太平洋沿岸,特别是向东亚地区转移,向中国沿海地区转移。(2)随着世界经济增长重心的转移,必然会在新的增长重心地区崛起国际性经济中心城市,成为这个新兴地区的金融中心、贸易中心和生产中心。(3)在这个世界性的转移中,如果把握住时机,上海有可能像英国的伦敦和美国的纽约那样,成为世界级的国际性经济中心。

从 20 世纪末到 21 世纪初,是世界发展中的重要时刻,按照康德拉季耶夫的长周期理论,世界经济有可能进入一段长达 25～30 年的上升时期,历史的潮流已把上海推到世界发展的前沿,上海得到等待已久的历史性机遇。

二、中国高速增长给上海带来的历史性机遇

在欧洲和北美第一次带着惊奇和羡慕的眼光看待亚洲时,人们也带着同样的眼光在看待中国。从 80 年代开始,即从中国宣布改革开放开始,在亚太地区日益成为全球增长重心时,中国又是亚太地区经济增长最快的。而且国外专家都认为,中国的发展才开始,中国又是发展潜力最为雄厚的国家。

1. 中国已成为经济发展最快的国家

一些专家指出,从鸦片战争开始到现在的 150 年中,最近的 15 年,是中

国最好、最辉煌的 15 年。中国终于从发展的后列进入发展最快的行列。1979～1990 年,中国国内生产总值年均增长 9.0％,东亚为 6.8％,全球平均为 3.0％。进入 90 年代以后,中国经济的潜力进一步爆发,经济增长的速度连续超过 10％,已成为全球发展最快的国家。中国终于从长期的沉睡中苏醒过来。

中国的增长速度不仅比世界和东亚平均速度高,就是同高速增长时期的日本和亚洲四小龙相比也毫不逊色。日本高速增长时年均速度比中国的 9.3％略高一些,但如果同有着 2 亿人口的我国沿海地区相比,我国沿海的年均增长速度为 15％,又比日本高一些。如果我们进一步将山东同韩国比较,江苏、浙江、福建同台湾比较,广东同香港、新加坡相比,我们都会发现,中国大陆这些省的发展速度也都高过相应国家和地区。

2. 中国呼唤着本土出现国际性金融贸易中心

中国经济持续高速增长,到 21 世纪初有可能成为世界性经济强国,因此中国要求和呼唤自己本土出现全国性的和国际性的金融和贸易中心。

中国经济持续高速增长的动力是改革和开放。改革已使中国成为发展最快的国家,开放则正在不断提高中国经济的国际化程度。从 1979～1993 年中,中国同外商签订的三资企业协议已达 19 万多个,实际引入的外商投资已超过 600 亿美元,三资企业的生产总值已超全国总量的 10％;中国的出口贸易在同期的年增长率高达 16％。出口占国内生产总值的比重,以美元计算已经超过 20％。中国经济规模的日益扩大和国际化程度的不断提高,都迫切需要建立和健全本地的金融中心和贸易中心。

中国改革也正在深化。1993 年中央又推出金融、财税和外贸等五项重大改革。如果说,在 80 年代,特别是 1984 年中央通过关于城市经济体制改革的决定以后,主要是发展各类商品市场的话,那么,进入 90 年代以后,改革,特别是建立社会主义市场经济体制,迫切需要培育和发展生产要素市场,首先就是要发展金融市场,包括短期资金市场,长期资金市场,证券市场等。只有生产要素市场培育和发展了,现代市场经济体制才能完整地构筑起来。

可见,中国的发展、改革和开发,都要求形成和建立中国的金融市场和金融贸易中心。上海在历史上曾是中国和东亚最大的金融和贸易中心。这个历史使命很自然地也就落到上海的肩上。

三、上海正在进入自己发展的最佳时期

上海从开埠到现在,已经 150 年。现在正在进入自己发展的最佳时期,从而使上海能够承担世界经济转移和中国高速发展赋予上海的历史性重任。

上海独特的地理位置:正好处在中国东部沿海和长江的交汇处。集中了中国沿海和滔滔长江的精华,曾经塑造了上海历史上的辉煌,曾经使上海成为中国最大的工业基地,现在又正在创造上海发展史上新的辉煌。

从经济发展模式来说,上海正在把历史上发展金融贸易的传统经验同解放后最大工业基地的潜力结合起来。正是这种两者结合的优势,工业和第三产业的同步增长推动上海经济,进入了从未有过的高速又是高质量的增长;正是这种两者相结合的优势,使上海在吸引外资时,既把世界性的大银行、大商社、大百货公司吸引到上海来,又把全球最重要的工业跨国公司、汽车公司、计算机公司和电信公司吸引到上海来,从而能从最大的规模上和质量上接受世界产业的大转移,特别是跨国公司的产业大转移。

从经济体制来说,上海也正处于深刻而广泛的转轨之中。上海正把世界上,包括自己历史上发展市场经济的经验,灵活地应用于自己的转轨和体制创新,同时又有选择地、灵巧地发挥政府在发展市场经济过程中的积极作用。从而使市场机制迅速推动上海各种大市场的诞生和发展,成为上海经济中最活跃的推动力量,又使这些市场从一开始就比较规范。上海深刻而规范的体制接轨,就为上海接受世界性产业转移与同全球经济接轨奠定了极好的基础。

通过上述简要分析,我们可以看到这里所说的上海面临着跨世纪的历史机遇,从规模上来说,就是面临着全球和全国发展的最好时机;从时间上来说,这

样的机遇不是一年二年,也不是三年五年,如果我们善于抓住的话,也可能延续到 21 世纪初的一段较长的时间。

上海是中国经济实力最强和发展潜力最大的地区之一。长期来,由于种种因素,巨大的发展力量未能得到充分发挥,常常有"万事俱备,只欠东风"的感慨。进入 90 年代,浦东开放作为东风,作为催化剂,终于使上海迎来跨世纪的难得的历史性机遇。

人们看到,上海一旦获得机遇,将发生怎样巨大而深刻的变化。

第二节　上海发生的深刻的历史性变化

上海面临的跨世纪机遇,以浦东开发和迅速崛起为突破口、为催化剂,使这些机遇同上海已有的和潜在的优势相结合,迅速转化为上海新发展的现实。进入 90 年代不久,上海就踏着坚实的步伐,迈入了上海新的大发展时代,使上海在短短几年中就发生了深刻的历史性的变化。

一、经济进入了全面发展的新时期

浦东发展模式,即金融贸易先行的综合型发展模式,或者说,金融贸易为主,第三产业同工业同步发展的模式,实际上也就是上海的发展模式。这种综合型的发展模式使上海的经济进入能充分发挥自己优势的全面发展的新时期。由于长期来偏重发展工业,因此,更在发展顺序上突出强调发展第三产业,在这种模式的推动下,上海也迎来了产业结构战略性的大调整。

1. 经济进入了持续高速增长的新时期

上海有巨大的发展潜力和优势,但当历史性的机遇未同发展的现实融为一体时,或者说,浦东尚未宣布为我国 90 年代对外开放的重点地区时,上海的经济发展速度一直低于全国的平均速度,比处于改革开放前沿省、市的发展速度更低。为了反映上海在经济发展方面发生的深刻变化,表 8-1 列入改革后上海同全国国内生产总值增长率的逐年比较。

表 8-1　上海与全国国内生产总值增长率比较

年份	增长率(%)			年份	增长率(%)		
	上海	全国	相差		上海	全国	相差
1979	7.4	7.6	−0.2	1987	7.5	10.9	−3.4
1980	8.4	7.9	+0.5	1988	10.1	11.3	−1.2
1981	5.6	4.4	+1.2	1989	3.0	4.4	−1.4
1982	7.2	8.8	−1.6	1990	3.5	4.1	−0.6
1983	7.8	10.4	−2.6	1991	7.1	8.2	−1.1
1984	11.6	14.7	−3.1	1992	14.9	12.8	+2.1
1985	13.4	12.8	+0.6	1993	14.9	13.4	+1.5
1986	4.4	8.1	−3.7	1994	14.2	11.8	+2.4

资料来源:《1993年中国统计年鉴》;《1993年上海统计年鉴》,1994年的增长速度是预测的速度。

从表8-1可以明显看出,在改革后的前12年中,在多数年份,上海的增长速度低于全国平均速度。从1979年到1990年,全国国内生产总值的年均增长速度为8.7%,上海为7.5%,上海比全国低1.2个百分点。同发展更快的省份相比,这种差距更为明显。例如,在同一时间,广东年均增长12.6%,比上海高出5.1个百分点,江苏、浙江年均增长分别为10.3%和11.8%,也比上海高出2.8和4.3个百分点。长期的低速发展使上海的经济实力随着下降。1990年同1978年相比,上海的国内生产总值和工业总产值占全国的比重分别从7.6%和13.0%下降为4.2%和4.8%。作为全国最重要的经济中心,也作为中国在世界舞台上最重要的中心城市,这种经济实力的急剧下降,不仅有可能使上海逐渐衰落,而且,对中国经济在全球的地位也是不利的。

这一时期,是上海的优势和潜力处于难以充分发挥的时期。但这一时期也是上海进行反思、重新研讨和规划再振雄风的时期,是对上海整个发展战略进行调整的时期。这种调整因时机未到,在浦东开发前,在增长速度上尚未反映出来,但在发展战略和发展模式上已有如下三个方面的初步调整:(1)从城市经济发展的方向来说,在80年代中期,已提出调整产业结构向多功能方向发展的新思路。(2)在工业发展方面,提出从高消耗的粗放发展方式向技术密集、附加价值高的集约发展方式转化。(3)在经济循环方式方面,提出由以内向发展为主朝外向型方向转变的新思路。这些宝贵的思路最终形成上海新的发展战略。这些思路和上海新的发展战略,对形成浦东发展模式产生直接而巨大的影响。可以说,浦东发展模式,正是在这些思路和上海新战略基础上诞生和进一步发展的。也正因为如此,浦东迅速崛起和浦东模式在同上海已有的这些思路和战略在新的历史时期相结合的时候,上海也就很快进入新的大发展时代。

从表 8-1 可以看到,经过仅仅一年的准备,从 1992 年开始,上海经济就进入高速增长新时期。1992~1994 年,上海年均增长 14.6%,全国为 12.5%,上海反过来高出全国 2.1 个百分点。从上海本身来说,1992~1994 年的平均速度刚好是 1978~1990 年平均速度的一倍。在连续高速增长的条件下,上海的经济实力开始上升。在 1992~1994 年期间,上海年均国内生产总值高达 1 512.5 亿元。从上海发展的势头和潜力看,上海出现的高速增长将在 90 年代持续下去,在 21 世纪初,也仍将保持较高的发展速度。

2. 上海的产业结构出现了朝良性方向的大调整

我们知道,产业结构的高度化水平是衡量一个地区经济发达程度的重要指标之一。对一个城市来说,第三产业比重的高低也是一个重要的指标。上海在这方面同样经历了一个曲折的发展过程。为了鲜明地反映这个过程和研究它们的经验教训。表 8-2 列出改革以来上海第三产业的变化情况。

表 8-2 上海第三产业占国内生产总值比重的变化

年 份	国内生产总值(%)	第一产业(%)	第二产业(%)	第三产业(%)
1952	100	5.9	52.4	41.7
1978	100	4.0	77.4	18.6
1979	100			
1980	100	3.2	75.7	21.1
1981	100	3.3	75.2	21.5
1982	100	3.9	74.0	22.1
1983	100	3.8	72.6	23.6

（续表）

年　份	国内生产总值(%)	第一产业(%)	第二产业(%)	第三产业(%)
1984	100	4.4	70.5	25.1
1985	100	4.2	69.8	26.0
1986	100	4.0	68.5	27.5
1987	100	4.0	66.8	29.2
1988	100	4.2	66.8	29.0
1989	100	4.3	66.9	28.8
1990	100	4.4	64.8	30.8
1991	100	3.9	64.3	31.8
1992	100	3.2	63.6	33.2
1993	100	2.3	59.8	37.9

资料来源:《1993年上海统计年鉴》。

从表8-2可以看到,1952年,在市场经济仍然起重要作用的条件下,上海第三产业所占的比重为41.7%,接近当时世界主要城市的水平。随着市场作用被逐步限制,计划经济起主要作用的时候,第三产业比重逐步下降。当上海历史上作为金融贸易中心的地位基本消失之后,1978年第三产业的比重下降到仅占18.6%。这时,这一比重不仅比发达国家低很多,而且也比所有发展中国家的城市要低很多。这时,上海基本上成了单功能的工业基地。改革开放以后,随着市场作用开始重新上升,金融业、内外贸易和其他服务业也开始重新发展起来,第三产业比重也开始回升。但在上海的各种优势和潜力尚未被浦东开发催化的时候,也即上海作为国际性金融贸易中心尚未再振雄风的时候,上海第三产业的比重始终停留在30%左右。这一比重虽然比1978年有所上升,但同国际上大城市的一般水平相比,也仍然要低很多。从浦东迅速崛起并对上海产生强大辐射作用时起,上海第三产业比重开始以比较大的幅度上升。1978~1990年,12年第三产业上升12.2个百分点,即每年上升一个百分点。浦东开放后,1992~1994年,年均上升三个百分点。可以说,从此,第三产业开始大幅度上升的时期。

同期,工业结构也发生了巨大的变化,劳动密集型工业,如纺织和一般化工工业的比重在下降。技术密集型工业,像汽车和其他机电工业的比重开始上升。物质和能源消耗高的工业,如建筑材料和一般冶炼行业比重在下降。物质消耗低的工业,如电子工业和其他新兴产业的比重开始上升。

总之,在浦东发展模式影响下,随着上海再塑国际性经济中心的历史性发展取得进展,上海的产业结构进入战略性的大调整时代。

上海的经济发展和产业结构调整都还刚开头,但其方向是对头的,是符合上海这样一个特大型城市所固有的特性的,也是最能发挥上海的优势和潜力的。因此,一旦上海进入这样的大发展时期,必将持续相当长的时间。

二、上海的经济体制进入大转轨时期

在新的历史时期,上海的大发展是以经济体制大转轨为基础的。进入 80年代,为什么上海的经济发展速度长期低于全国的平均速度? 特别是大大低于那些快速发展的省市呢? 基本的原因,就是上海经济体制的转轨慢于这些省市。浦东开放以后,上海的大发展也正是从体制的大转轨开始的。在经济体制的转轨方面,上海也同样经历了一个曲折而有意义的历史过程。

1. 市场经济在上海历史上曾起主导作用

在新中国成立以前的经济发展史上,特别是从 20 世纪 30 年代开始,市场机制在上海经济发展和资源配置中曾起过主导作用。那时,上海不仅有充分发展的商品市场,像农副产品市场、工业品市场,有繁荣的零售商品市场,也有销售网络遍布全国,特别是遍布长江三角洲和长江流域的商品批发市场。而且,上海也有完整的发达的生产要素市场,有短期资本市场,也有长期资本市场;有证券市场,也有外汇市场;有技术市场,也有劳动力市场。但那时的不足是,上海的市场经济基本上是一种放任的自由市场经济。当时政府对市场的调控能力极其薄弱,因此,市场虽然繁荣,但很容易在国内外各种突发因素影响下,发生激烈的震荡,或出现严重的,甚至恶性的通货膨胀,或出现严重的经济萧条,甚至极度的经济衰退。在 1949 年解放前夕,上海基本已陷于恶性通货膨胀和经济萧条的双重混乱之中。那时,市场虽然发挥着很大作用,但经济是不稳定的。

同时,上海在这一时期发展的一些经验,特别是发展证券、外汇和资本市场的经验也很有借鉴意义。

2. 计划经济在上海发展中起主要作用的时期

新中国成立后,人民政府对放任的混乱的市场加以整顿,并很快消除了长期困扰上海市场的恶性通货膨胀,稳定了货币,稳定了经济。从1953年开始,进一步实施了上海第一个经济发展的五年计划。在这一时期,由于市场尚在经济中发挥一定的积极作用,政府又有强有力的宏观指导和计划作用,因此,也是上海经济发展中一个难得的黄金时期。1953～1955年的3年中上海的国内生产总值增长43.0%,仅比1992～1994年这3年增长50.5%稍低一些。在这3年中,工业也增长39.9%,重化工业,特别是钢铁工业开始大幅度上升。这时的特点是:一是市场仍然是资源配置的基础,这时上海经济也十分繁荣;二是人民政府的指导和计划,能够集中资金、技术和人力,发展上海经济中的薄弱环节——工业,特别是重化工业,因此,使上海经济在商业繁荣的同时,大大加强了工业;三是强有力的宏观调控稳定了市场促进了经济发展。上海这一时期的发展经验,也值得我们重视和总结。

可惜的是,由于受前苏联高度集中的计划经济模式的影响,从第一个五年计划的下半段起,随着计划作用的强化和市场作用的逐步被限制,从1956年起,上海经济逐渐进入以计划为主的发展时期。经济体制的这一转轨,在经济上的反映是,上海的工业逐步壮大起来,但上海作为国际性金融贸易中心的功能也逐步丧失了。上海进入一个单功能的片面发展时期。

3. 改革开始后一段计划与市场相交叉的时期

从1978年开始,上海和全国一样,进入改革和经济转轨的时期,但是这一转轨经历了比较长的时期。在改革开始阶段,计划在上海经济中仍然起着重要作用,因此,经济发展仍然缓慢。到80年代后期商品市场慢慢开始重新萌芽,先是建立农副市场,接着是工业品市场,上海也在全国比较早地建立了生产资料市场,市场在经济中的作用慢慢开始增大。但这一时期更重要的是,像探索新的经济发展战略一样,上海也开始探索新的经济体制,开始探索建立市场的途径和方式,特别是探索了如何利用上海的历史经验和各方面优势,在建立上海新的市场体制方面能从高起点开始。这些探索为浦东开发和迅速崛起,为在再塑上海国际性金融贸易中心开始后构筑一系列国家级大市场在理论上和物质上作了大量准备。

4. 经济体制开始进入迅速转轨的时期

浦东开放后,上海的经济体制开始进入迅速转轨时期。上海这条大船——经济上的航空母舰,终于从被僵化的计划经济模式束缚的封闭的港湾里开始迅速驶向现代市场经济的宽广海洋,从此,上海开始了精心构筑社会主义市场经济框架的崭新时期。

第一,现代化大市场的培育和发展。

上海像一条潜龙一样,一旦时机和条件成熟,就会迅速腾飞。上海在建设现代化大市场方面,就是这种发展态势的最为鲜明的反映。

以国内外瞩目的证券市场为例。早在20世纪80年代,上海就蕴酿和实施企业股份化改革。从1986年开始,就由工商银行上海分行静安区支行管理延中实业有限公司和飞乐音响有限公司两家公司的股票代理业务,随后股票上市企业扩大到6家,全市也设立了7个证券柜台交易场所,虽然这时尚处于起步阶段,年交易额不足1亿元,但这是一个极好的开端和准备。1990年12月19日,即浦东开放后不久,新中国第一家证券交易所——上海证券交易所正式成立。从此上海的证券市场像雨后的春笋那样,迅速发展壮大起来,1991年证券交易量为46亿元,1992年迅速上升为726亿元,1992年是1991年的16倍;1993年证券交易额又猛升到4 958亿元,又比1992年猛增6倍。1994年突破1万亿元。成立仅仅几年的上海证券交易所,年交易额正在迅速接近著名的香港证券市场交易额。在1993年,特别是1994年,有许多天的日交易额超过100亿元人民币,已超过香港市场的日交易额。

上海证券市场迅猛发展和引人瞩目的事实再次证明,当上海的传统历史经验同新的历史机遇相结合,当上海迅速向市场经济转轨并利用后发优势时(在技术上和管理方式上借鉴国外成熟经验,实施跨越战略),上海能够创造多么杰出的成绩。

第二,建立全面的生产要素市场。

80年代上海仅限于发展一般的商品市场,浦东开放以后,在90年代上海着重发展高层次、国家级的生产要素市场。

同证券市场一起,上海的货币市场、资本市场、外汇市场、房地产市场、技术市场和人才市场也先后培育和发展起来。

在货币市场方面,从1986年开始,上海就在同业拆借方面起步,进入90年代以后,上海已成为全国,特别是长江三角洲地区的同业拆借中心。1993年,上海各类金融机构累计拆借资金已高达2330亿元,货币市场日益发达。

在外汇市场方面,上海起步也较早,从1992年开始,随着经济高速发展,上海的外汇调剂市场日益活跃。1993年,全年累计调节额达53亿美元。1994年,上海外汇调剂中心,正式改为上海外汇交易市场,使上海外汇市场发展到一个新的更加规范的阶段。预计除进行一般外汇交易外,将逐步进行外汇期货和期权等业务。

另外,保险市场、信托市场和其他金融市场、技术市场和劳力市场也不断发展和完善。

第三,房地产市场以前所未有的规模蓬勃发展。

在上海培育和发展生产要素市场过程中,房地产市场像证券市场一样,是浦东开放和崛起后,发展最快和发展规模最大的市场之一。

土地是国家的财富,也是一个城市最重要的财富。在计划经济条件下,由于土地无偿为各个单位所占用,许多区位极好的市区黄金地段为无效益或低效益的机关、工厂和住宅所占用,造成产业布局的混乱。改革以后,上海许多学者、专家提出有偿使用土地和发展房地产市场的思路和建议。浦东开放以后,随着国家级大市场在上海兴起,房地产作为上海的一个新兴产业和市场,平地拔起了。

1988年8月8日,上海在虹桥经济技术开发区首次有偿出让了一块土地,

开了我国有偿转让土地使用权的先河。到 1993 年底,上海共出让地块 464
幅,占地 8 008 万平方米。其中,1988～1991 年批租转让 12 幅;1991～1993
年批租转让 452 幅。由于这些地块多数处于极佳的地段和市口,地块转让的收
益十分丰润。市区最高转让出的土地(以建筑面积计算,下同)价格为 900 美
元/平方米,中山环路以内,一般也达到 400～600 美元/平方米;郊区工业用地
价格也在 30～50 美元/平方米之间。

房地产市场的出现为上海的大市场建设、城市改革和再塑上海国际性经济
中心带来了新的动力。上海市场更加活跃和充满生机;成百上千幢商楼大厦在
短时间内拔地而起;上海作为国际性都市和经济中心更吸引人了。

第四,市场在上海经济中逐渐发挥基础性作用。

在现代化大市场蓬勃发展的影响和带动下,上海广大企业,包括国有企业,
开始面向市场,以市场需求作为企业经营和发展的依据;政府职能开始逐步转
变;国有资产正在建立依托市场的管理新体制;医疗、养老、失业保障和住房制
度正在进行深入的改革,市场逐渐在全市资源配置中起到基础作用。

三、上海经济的循环方式迅速朝外向型转变

浦东开发后上海的另一个深刻变化,是上海经济的循环方式开始大幅度朝
外向型转变。最主要的标志是:大量外资的涌入和对外贸易的扩大以及上海经
济国际化程度的迅速提高。

外资的涌入是上海经济飞跃发展的动因之一,外资涌入也是上海现代化大
市场,特别是证券市场、外汇市场和房地产市场迅速发展的重要推动力。

1. 上海已成为海外投资的热点

改革以后,外资已开始慢慢进入上海,但外资大规模进入上海是在浦东开
放以后。

1979～1991 年,进入上海的外资,以合同协议金额计算为 33 亿美元,从
1992 年开始,外资进入的规模迅速扩大,1992 年一年就超过 33 亿美元,一年等
于以前的 13 年。1993 年又翻一番,达到 70 亿美元;1994 年吸引外资的规模继

续扩大,预计全年协议吸收外资将超过 100 亿美元。上海已成为吸引外资的新热点。

2.上海海外投资的特点

浦东的大规模开放和上海作为国际性经济中心地位的恢复,使海外对上海的投资正在形成一系列新特点。

第一,投资的领域广泛,大量资金既投向工业,也投向金融业、对外贸易业、国内商业和房地产业。

第二,国际上著名的跨国公司开始以较大规模向上海投资。1994 年已有 120 多家公司在上海落户。这些公司主要来自美国、日本和其他发达国家。

第三,上海大、中型国有企业开始同国际资本相结合,在浦东创建大批中外合资的,技术水平高的新型企业。例如,仅在 1994 年 1～10 月,在新合资的 200 个项目中,协议吸收外资就达 55 亿美元,平均每个项目的投资高达 2 750 万美元。

第四,海外公司正同上海原有市区中小企业相结合,一方面共同重新开发在市区的土地,另一方面,在上海郊区建立新的合资企业,有时还同郊区的乡镇企业一起,采用中—中—外(即国有＋乡镇＋外资)的方式组成合资企业。

涌入上海的外资最大特色是跨国公司多,项目规模大和技术水平高,充分显示上海在综合经济实力、金融贸易中心地位、雄厚工业基础和人才方面的优势。1994 年,全国吸引外资在经历了 1992、1993 年两年的高潮之后,稍呈下降的趋势,但上海却继续保持大幅度上升的势头。

3.上海经济国际化程度迅速提高

随着外资的大量涌入,上海的出口贸易也呈持续上升的好势头。而且,在上海的对外贸易中,出口远远高于进口。例如,1992 年,上海进出口总额为 131.8 亿美元,其中出口 119.6 亿美元,出口高出进口近几倍。1993 年和 1994 年继续保持着这样的良好态势。

上海经济国际化程度更重要的标志是:大批国际性大公司、银行和商社进驻上海,它们或把这些公司的中国分部设在上海,或把它们的亚洲分部设在上海,或在上海设立办事处。进入上海的各类银行已有 30 家,而且数目在继续增加。公司的分部、办事处就更多。中国的一些商业银行,特别是从事国际性业务的商业银行和公司,也在把它们的总部或分部搬到上海。一些大型跨国公司也纷纷到上海举行它们的董事会、企业发展研讨会。联合国、世界银行、国际货币基金组织和其他世界性机构也经常在上海举行各种国际性集会。

上海经济和城市国际化的程度正在迅速提高。

第三节　上海迈向 21 世纪的发展目标和功能设计

21 世纪即将到来,看一看周围的世界,特别是紧靠我们的亚太地区,会发现一个异常明显而突出的事实是:每一个国家和地区都在集中自己的全部资源一心一意发展自己的经济;每一个国家和地区都在千方百计提高自己经济的竞争能力,力求在世界舞台上能占领最佳的一席之地;其中一些经济发展中的佼佼者,更努力地力图把自己建成为区域性的,甚至全球性的金融贸易中心,或国际航运中心,或亚太运营中心。

21 世纪是经济大发展的时代,也是经济上竞争更加激烈的时代。上海面临的跨世纪机遇正在转化为大发展的现实。上海也应审时度势,更好地抓住这一历史上难得的时机,集中财力、物力和人力,使上海的改革、开放和发展都登上一个新的台阶,力争在中国经济和世界经济中发挥更大的作用。

一、上海迈向 21 世纪的发展目标

上海迈向 21 世纪的发展目标,按照再塑国际性经济中心的要求,确定一个发展的综合性多功能目标。

1. 成为金融和贸易中心

首先,力争在 21 世纪初,例如 2010 年前后,把上海再塑成国际性金融贸易中心,既成为中国最大的金融贸易中心,也成为亚太地区甚至全球的重要的、有影响的金融贸易中心之一。

在上海再塑国际性金融贸易中心中,特别要把再塑国际性金融中心放在首位。一般说,一个地区成为金融中心是经济不断发展、商品经济日益繁荣的产物,是随着国内外贸易充分发展之后产生的。金融中心通过大量金融业务活动——主要是融资活动对经济中心起着重要的促进作用。但第二次世界大战以后,随着大量资金在全球流动,特别是资金的单独流动(即资金的流动并不依附于贸易),金融中心的作用更大,更突出,金融中心也能单独成立。因此,上海应该更突出金融中心的建立。

在形成金融中心过程中,如果融资活动主要是服务于国内的企业,那当然就是国内的金融中心,如果服务于一个区域,例如东亚地区,那就是区域性金融中心,进一步说,如果是服务于全球,那就是世界性的金融中心。上海是中国最大的经济中心,上海的资本市场和证券市场辐射到全国;同时上海经济的国际化程度正在提高,大量国际性银行正在进入上海;因此,上海在成为国内金融中心的同时,应积极发展国际性业务,特别是要早日建立离岸金融市场,逐步使上海成为国际性金融中心。上海要成为有影响的国际金融中心,还需要有中央银行的支持。要及早让人民币成为可自由兑换的国际性货币,要放宽中国商业银行到海外活动的限制,要容许国外银行从事人民币业务,要扩大外资银行在国内活动的地域;还应把更多的中国商业银行总部移入上海,把更多的金融业务集中到上海。驻上海的中国商业银行,特别是总部设在上海的交通银行和浦东发展银行也应积极到海外开拓业务。只有这样,上海才能成为真正的国际性金融中心。

一个城市经济的国际化,关键是金融的国际化。衡量金融国际化的标准是:金融机构业务的国际化、互相派出金融机构数、货币国际化、外汇市场国际化和资本市场国际化等。根据权威的国际金融机构的估计,如果美国金融国际化的程度为100,那么,在金融机构业务国际化方面,日本为79,韩国为39;在互相派出金融机构方面,由于日本过于稳健,同美国相比,只有38,韩国为26。金融机构业务国际化主要是看本国银行在海外经营所得利润占总利润的比率。例如美国占34.5%,日本占24.7%,韩国占15.8%;在互派金融机构方面,主要看国外有多少银行进入本国,国内有多少银行进入全球。在资本市场和外汇市场国际化方面,由于日本对外贷款和投资大幅上升,已超过美国。如果以美国为100,前者日本为117,后者日本为108,韩国相应为28和6。在货币国际化方面,日本为28,落后于美国。由于韩国货币未在国际上流通,韩国货币国际化方面接近于零。

按照这些衡量标准,上海要建成国际性金融中心还要走很长的路。但路是人走出来的。只要目标坚定,随着经济地位的提高,上海一定能够发展成国际性金融中心。

在研究和讨论上海迈向21世纪时,上海已明确提出,要加速建立和发展壮大外高桥自由贸易区,作为上海形成国际性贸易中心的重要途径。

我国对外开放的实践表明,经济技术开发区有很大的局限性,自由贸易区在充分利用国外资源,衔接国内外两个市场方面明显优于经济技术开发区。自由贸易区的特点是,以豁免关税为基础,能够实现更大规模的资金、人员和物资流动,特别是能够更方便地促进对外贸易的发展。国际上建立自由贸易区的国家越来越多,内涵也越来越丰富,许多国家把自由贸易区办成出口加工、离岸金融市场和高科技园区的综合性开放区。对上海来说,发展壮大自由贸易区,一方面可以缩小国内市场与国际市场的差距,迅速提高上海贸易的国际化程度,重塑上海作为国际性贸易中心的地位;另一方面,又可通过自由贸易区这种特殊形式,即通过更加自由的竞争,提高上海企业的竞争能力,从根本上提高企业的素质。这种比较充分的竞争,既有利于企业建立现代企业制度,又能使上海的市场竞争更加规范化。

2. 成为国际性港口和航运中心

上海历来是中国最大也是国际上著名的港口和航运中心。黄浦江哺育出繁荣的上海经济。1993年,上海港一年的吞吐量已经超过1.5亿吨。就综合散装吞吐量来说,上海也是世界大港之一。但是港口和航运技术在不断前进,集装箱运输已逐渐替代散货成为运输中的最重要工具。港口年吞吐集装箱的数量已成为衡量港口是否现代化的主要指标。从这方面来说,上海港已落后世界主要港口。1993年,香港集装箱吞吐量高达960万标箱,新加坡达920万标箱,高雄、釜山、神户的吞吐量也在500万标箱以上,而上海才接近100万标箱。上海在这方面落后的原因是,黄浦江水比较浅,不能进出运载新一代集装箱轮船。因此,上海在迈向21世纪时的一大任务,就是尽速寻找和建设新的深水港。在长江口和杭州湾,在舟山和宁波有着极好的天然深水港,上海应把这些港口联结起来,组成以上海为中心的长江三角洲港口群,同海外著名的港口一决雌雄。国内、国际的运输量将会越来越大,以上海为中心的港口群,一定可以很快名列前茅的。

而且,上海要作为国际性贸易中心,就必须有发达的、频繁的、定期的远洋班轮,使进出口货物随时能够按期到达。因此,上海要成为国际性贸易中心,也必须成为国际性港口和航运中心。

3. 成为技术先进的生产基地

上海在成为国际性金融贸易中心的同时,将继续成为技术先进的生产基地。解放后上海一直是中国最大、国内最先进的工业基地,在发展和管理工业方面有着丰富的经验。在迈向21世纪的时候,在上海经济日益国际化的背景下,上海要成为技术先进的生产中心,一是要利用外资,特别是大型跨国公司的外资进入上海,并同国有企业相结合的有利因素,大幅度提高上海工业的技术水平,尽量使上海工业在不长的时间中,在技术上接近和赶上国际水平;二是要尽量使上海的生产领域国际化,不仅在硬件方面,在物质生产方面国际化,而且也在经营管理方面国际化,也在企业组织形式方面国际化。

在上海实现生产国际化时,特别重要的是:(1)要有全球生产观点,即企业生产的产品不仅销在国内,而且要销往世界,要让自己的工业不仅在国内具有竞争优势,而且在全球具有竞争优势。(2)要有把科研开发、产品开发始终放在首位的观点。传统工业的发展路子是以自然资源为基础,现代生产则建立在技术进步,不断开发新技术新产品的基础上。上海工业要有国际竞争能力,必须在微电子技术、生物工程、激光技术和其他新兴技术方面占有一席之地。(3)要在企业组织形式方面，大踏步组建企业集团、跨国公司和各类综合商社，既在国内跨地区经营，又在全球跨国界发展，力争到 21 世纪初，上海一部分企业和公司能挤进世界排名前 500 名中。

上海要成为长江三角洲发展的"龙头"，除了应尽力发挥金融贸易中心的辐射作用之外，还应尽力在工业生产上、技术上发挥辐射作用。

二、上海迈向 21 世纪的经济功能定位

按照上海迈向 21 世纪的发展目标，上海城市的经济功能也要相应调整。根据上述上海发展目标的要求，上海今后主要具有如下功能：

1. 商品和生产要素的集聚和扩散功能

所谓集散功能，就是各类商品和要素的集聚和扩散功能。这是作为一个中心城市，特别是特大型或国际性中心城市最主要的经济功能，也是上海最主要的经济功能。

所谓集聚功能，也就是"吸力场"功能。一个城市在发展过程中，首先是处在集聚阶段，即把财力、物力和人力吸向自己，形成强大的集聚效应，然后扩散开来，即发挥"辐射场"作用，以自己强有力的能量向周围地区扩散。上海作为国际性经济中心，它"吸力场"的范围应是国际性的，它"辐射场"的范围也应是国际性的。

（1）首先，上海应成为商品的集散中心。上海应成为国内外商品的聚集中心，也即应使企业感到，能进入上海市场是商品竞争力高的标志。同样，上海也应成为国内外商品的扩散中心，不仅是一般商品的零售中心，而且还是各类商品的批发中心和期货交易中心。

（2）更重要的是上海应成为生产要素的集散中心，特别是资金的集散中心。上海要通过短期货币市场、长期资本市场、证券市场、外汇市场及离岸金融市场等一系列健全而规范的金融市场，成为国内各种资金的循环中心，成为国际资金流动中的一个重要枢纽。

上海还应成为技术和人才的开发和交流中心。21 世纪的经济竞争，说到底

是技术和人才的竞争。因此,上海也应在技术和人才方面发挥引进和转让作用。

2. 经济方面的营运功能

随着上海作为中国和国际性经济中心的形成和发展,一大批中国的和国际上的跨国企业集聚上海。上海成为大批大企业集团、跨国公司和综合商社总部或分部的汇集地。这些大公司的子公司和生产厂遍布中国,首先是长江三角洲和整个长江流域地区。上海作为总部所在地,发挥重要的经济营运中心功能。这些功能包括:

(1) 产业的配置功能。即由上海的总公司按各自的产业领域在上海周围广宽的地域内配置各种产业网络,银行会在各地设置分支机构和经营网络;企业集团会按照比较成本原理在各地设置各种类的生产厂或零件厂;综合商社会在各地布置自己商品的销售网络。随着上海经济国际化程度提高和上海自己的跨国企业的崛起,产业配置的范围不仅在国内跨地区,也在国外跨国界。

(2) 生产组织功能。即由上海的公司总部组织各地子公司或生产厂的生产经营活动,控制和调度它们,发挥规模经济和合理分工的效益。

3. 全面的经济服务功能

上海作为金融贸易中心,作为技术先进的生产基地和现代化港口航运中心,就能为周围地区提供全面而广泛的服务。这些服务包括金融贸易方面的服务、技术转让服务、交通运输方面的服务、通信服务、咨询服务以及其他经济服务。这些广泛而必要的服务,一方面成为上海国际性经济中心的重要功能,另一方面又在上海成长一大批服务型产业,大大提高上海第三产业的比重。

4. 技术开发与创新功能

上海作为国内外重要的技术先进的生产基地,一方面将生产大量技术含量高、附加价值高的商品;另一方面,也许更为重要的是上海将发挥技术开发和技术创新的功能。

第四节　上海迈向 21 世纪的产业结构和布局

在政府产业政策的引导和市场作用下,特别是在政府有关房地产发展政策引导和房地产市场的作用下,上海产业结构和产业布局出现战略性的大调整。上海抓住这一有利时机,形成面向 21 世纪的产业结构和产业布局。

一、迈向 21 世纪的产业结构

改革以来,特别是浦东开放以来,上海的产业结构正在发生历史性的重大变化。在三次产业结构和工业内部结构方面都在向符合上海发展目标的方向调整。

1. 进一步提高第三产业的比重

在三次产业方面,到 1994 年,第三产业的比重已上升到 40％左右。也就是说,仅仅三年的时间,第三产业的比重提高 10 个百分点,这充分说明,在上海再塑金融贸易中心过程中,第三产业已有良好的生长条件。但同世界发达城市相比,仍有较大差距,仍有较大的发展潜力。

从上海的实际情况看,例如同香港相比,第三产业发展的主要差距在金融保险业和不动产业,以及商业和服务业上。香港金融、保险和不动产业在国内生产总值中的比重为 25.8％,商业和服务业的比重为 37.0％,而上海相应的比重仅为 8.8％和 11.5％。在上海迈向 21 世纪的大发展中,充分发挥上海的主要经济功能,进一步提高第三产业的比重。争取在 2000 年达到 50％左右,在 2010 年进一步上升为 65％,接近国际性经济中心城市的水准。

2. 大力调整工业内部结构

在上海经济的大发展中,工业增长速度也是十分快的。1990～1993 年,上海工业总产值年均增长率为 16.5％,在 1992～1994 年的 3 年中,年均增长速度更达到 20％。特别可喜的是,在工业进一步发展的同时,产业结构也出现良性的调整。技术密集程度高的产业,比重开始上升;劳动密集和资源密集的产业,比重开始下降。1981～1992 年,技术密集程度较高的产业,如电子电器在整个工业中的比重从 8.8％ 上升到 11.9％；交通设备制造工业从 2.6％ 上升到 8.0％；而劳动和资源密集型工业，如纺织工业的比重从 22.0％ 下降为 11.3％。随着大批合资企业的投入，预计产业结构将加快升级。

二、迈向 21 世纪的产业布局

同产业结构调整相比，上海产业布局的调整幅度更大。在政府政策引导和市场作用下，上海产业布局调整的一个特点是，工业正以较快的步伐从市区向市外迁移。

1. 上海产业的新布局

在浦东开放带动下，上海正在迅速恢复国际性金融贸易中心的历史地位。上海市中心正在成为日益繁荣的金融贸易市场和公司林立的活跃的商务活动中心。具全国规模的证券市场、外汇市场和资金市场，国内外各类跨国公司，大型企业集团和国际性大银行的分公司、分行，像雨后春笋般地在上海市中心涌现。

原先市区的大批工厂：钢铁厂、纺织厂、机械厂和其他工厂，正在快速地向浦东、向城郊地区、向长江三角洲地区转移，在上海周围地区形成新的工业群。这样就使上海既兴旺又充满活力，由于仍然有雄厚的工业作为依托，又充满着巨大的发展潜力，上海产业布局的大调整正在使上海的面貌焕然一新。

2. 上海中央商务区的再造蓝图

上海作为国际性金融贸易中心的重新崛起中，最为激动人心的，是正在形成中的雄心勃勃的中央商务区的再造蓝图。

(1) 历史上逝去的辉煌。所谓中央商务区，是指一个城市特别是大型城市中以中心商业和中央事务两大功能为主体的核心区或中心区，如纽约的曼哈顿、伦敦的伦敦城，那里地方虽仅几平方公里，但金融机构林立，跨国公司和企业集团的总部密布，同时商业繁荣，文化娱乐事业发达，是一个城市的灵魂和集散指挥中心。

上海的外滩、南京路和周围一带，在历史上也曾经是上海的中央商务区。

外滩曾被誉为"东方曼哈顿"，在外滩至河南路一带，仅 1 平方公里范围内，就集中中外著名银行一百多家。而地处中央的江西路,因金融机构密集而更被称作"中国华尔街"。

在这一地区内,除银行外,也设有各类交易所数十家及众多的像怡和洋行那样的各种外国洋行。而南京路则以鳞次栉比的商店、繁华的商业称著。在 20 世纪 30 年代,上海中央商务区规模之大,金融贸易功能之强,在当时的东亚地区首屈一指,不仅面向全市,而且影响远及全国,跨越国界。

(2) 再造上海的三部曲。随着上海作为国际性金融贸易中心地位的逐步恢复,上海也正在雄心勃勃的再造新的、功能更加齐全的中央商务区。

恢复和再造最快的,是作为中心商业区的南京路。不仅原先作为中国第一街的商业、购物和娱乐业迅速恢复,而且经过中外客商的重新改建装饰,更以 90 年代的新风貌,更加繁华,更加堂皇,更加高雅而引人喜爱。

再造中央商务区的第二步,是把外滩一带在 30 年代建成的宏伟密集的高楼群,重新置换出来,即把现在占据的单位——机关也好,工厂也好,统统搬迁出来。高楼或转让或出售或改造,再度吸引国内外金融机构、大公司、大商社进入这一地区。

第三步,也是最显雄心的是,把恢复上海原先的中央商务区同浦东开放综合起来,即通过建设便捷的车行隧道和人行隧道,把现在的外滩同浦东的新外滩——陆家嘴金融贸易区联结起来,形成方圆 5 平方公里的新的上海中央商务区。

(3) 以全新之貌屹立于太平洋西岸。那时,一方面,上海历史上的辉煌——繁华的十里南京路和曼哈顿式的老外滩将再振雄风。另一方面,随着成百幢智能化的高楼在浦东新外滩崛起,上海新的中央商务区不仅像过去那样兴旺,而且将以全新的、现代化的面貌屹立在西太平洋的城市带之间。

如果说,历史上的上海终究带有半殖民地畸形发展的色彩,那么,90 年代的上海以及它雄心勃勃的中央商务区的再造蓝图,由于有着高速增长中的整个中国作为后盾,有本身在 40 多年中发展起来的工业作为基础,也就有可能建设得更加辉煌。

第九章　浦东模式与长江三角洲地区经济一体化

导　言

浦东模式的影响是深远的。

浦东模式在再塑上海国际性经济中心的同时,正在强有力地推进以上海为中心的长江三角洲地区在经济上的一体化。

长期来,长江三角洲地区一直是我国经济中实力最强和发展潜力最大的地区之一。浦东宣布对外开放和迅速崛起之后,在浦东作为新的经济增长点、新的体制创新点和新的国际联结点的辐射和影响下,长三角地区在改革、开放和发展方面都进入一个新的历史阶段。

第一,在浦东模式中,上海作为国际性经济中心的再度兴起,特别是上海现代化大市场诞生和大规模发展,海外资金的大量涌入,上海产业结构和布局的大规模调整,正在广泛地促进长江三角洲地区在经济体制、运行机制、经济循环方式等各个领域发生深刻的变化。

第二,在加快建立社会主义市场经济体制的要求下,长江三角洲地区不仅在各省、各城市内部,而且在整个长三角地区的省、市之间,在各城市之间,生产要素开始流动,产业开始转移,但这些转移尚是初步的,仍然还受到长三角地区二省一市行政区域划分的阻碍和限制,因此,长三角地区经济的发展,迫切需要更高层次的协调,迫切需要按照现代市场经济的要求,推进整个地区经济的一体化。

第三,长江三角洲地区各城市都要转变观念,扩大视野,把握市场经济改革的快速节奏,深刻认识区域一体化是整个地区经济发展的必然趋势,共同寻求实现区域经济一体化的统一目标,把长江三角洲的发展推进到一个新的高度。

第四,在持续的改革与发展中,包括浦东迅速崛起后三角洲地区的大发展中,各城市对本身经济发展问题都比较重视,但对区域经济一体化问题则考虑较少,我们在这方面的经验也较少。因此,在寻求三角洲地区经济一体化目标时,我们必须像在其他方面一样,认真研究国外已有的成功经验,特别是研究欧洲经济共同体的经验,并在借鉴国外经验的基础上,探索符合我国国情的目标和模式。

第五,要顺利实现长江三角洲地区经济的一体化,迫切要求的是按市场经济原则,突破地区行政之间的分割。为此,从中央、各省市到企业都要转换经济运行方式,从宏观、中观到微观各个方面采取相应的对策。

长江三角洲地区各城市之间,千千万万个企业之间,在历史上,在改革开放之后,在经济上一直存在着广泛的联系和密切的合作。长期来,我们也一直在寻求更好的经济合作形式。早在 20 世纪 80 年代初期,就为建立"上海经济区"作出过大量的努力。浦东开放和社会主义市场经济的空前发展,为这种合作提供新的良好条件,是到了实现长江三角洲地区经济一体化的重要时刻。

第一节　浦东模式与长江三角洲地区的新飞跃

浦东迅速崛起对长江三角洲地区的辐射是全面的、深刻的,也是影响深远的。浦东发展模式也正在强有力地改变长江三角洲地区的经济增长态势、经济体制和经济循环方式。

一、长江三角洲地区经济出现了高速增长态势

改革以后,长江三角洲地区的经济增长速度逐步加快,但由于市场化程度、

特别是开放程度都比珠江三角洲滞后,在整个 80 年代,除少数城市外,整个地区经济增长的速度还没有进入高速增长的行列。浦东开放后,整个长三角同浦东和上海一样,很快迅速进入高速增长,甚至超高速增长的行列。1991~1994年上半年,全地区国内生产总值的年均增长速度达到 20% 左右(超过华南 80 年代的增长速度),而且,整个地区出现均匀的持续高速增长的好势头。

1. 高速增长是建立在需求旺盛的基础之上的

长江三角洲地区在历史上就有蓬勃发展的商品市场和懂得市场经营的大批人才,因此,改革以后,特别是对外开放以后,在国内和在国际市场激烈竞争的推动下,地区、城市和企业的市场观念大大提高,开拓市场的措施大大加强。像苏南的苏(州)锡(无锡)常(州)地区和浙东的宁(波)绍(兴)地区的城市和企业,始终把开拓市场放在企业经营的首位。一方面,它们全力占领国内沿海地区的相对发达的市场,另一方面,更是积极而艰苦地去开拓东北地区和西北地区的潜在市场。对外开放以后,又稳步而强有力地去进取国际市场。因此,尽管许多企业、县甚至整个城市工业年产值增长高达 30%~40%,甚至超过50%,但是生产销售率经常保持在 90% 以上,高的达到 97%~98%。

2. 高速增长有充足的资金作为支柱

长江三角洲地区经过 10 多年的发展之后,企业和民间的资金积累逐渐增多。全区储蓄率高达 35% 以上。这种极为良好的高积累率为地区的发展奠定十分坚实的资金基础。对外开放以来,随着长三角地区在浦东带动下成为海外投资热点,1992~1993 年进入这里的外资在地区整个投资中的比重迅速上升。全区平均已占 20% 左右,有些地区已达 1/3 左右。大量资金积累和外资的进入成为三角洲地区持续高速增长的物质基础。

3. 经济增长的质量也迅速提高

长江三角洲地区,特别是在乡镇工业占比重高的地区,虽然开发前有时增长速度也比较高,但增长主要是靠粗放式的经营支撑的。浦东开放以后,随着外资的进入,随着企业面临更激烈的市场竞争,不少地区和企业开始组建大型企业集团,或专业性的,或综合型的。由于规模经济效益的提高,竞争能力大大增强;也由于企业规模的扩大,注意对产品和市场进行开发,因而大大加快了企业产品和整个行业的技术升级。

4. 工业和第三产业相结合,双双推进经济增长

在浦东开发模式的启示下,长江三角洲地区各城市或先或后,都在发展工业的同时,努力加快金融业、商业和房地产业的发展,努力加快整个第三产业的发展。令人可喜的是,不少城市,特别是大、中型城市,更把第三产业的发展放到重要的议事日程上。不少城市第三产业的比重也迅速从 25% 左右上升到 30% 以上。这种综合性的发展方式使长三角地区的持续发展更具活力,也更具后劲和潜力。

二、长江三角洲地区向市场经济迅速过渡

我国改革的目标是建立社会主义市场经济体制。在整个 80 年代,长江三角洲地区已经在企业改革和培育市场等方面跨出好几步。浦东开发后,全地区更出现向市场经济迅速过渡的好态势。如果说,在向市场经济过渡中,浦东和上海的特色,是建立和发展国家级的大市场,特别是建立和发展证券、期货和房地产等要素的大市场,以促进体制转轨的话,那么,在长三角其他城市和地区,特别是在广大农村地区,其特色是建立和发展大批小型专业商品市场促进体制转轨。这些市场从产品分类角度有工业品市场和农副产品市场;从经营性质角度有批发市场、零售市场或批零兼营市场;从地域角度有产地交易市场、销地交易市场和集散地交易市场。

长江三角洲地区大批专业商品市场的发育和扩展,一方面大大促进城乡地区经济的商品化和农村的集镇化,繁荣了经济,提高了人民生活;另一方面,这些市场的发育和扩展,对这些地区从自然经济转向商品经济,从计划经济转向市场经济更具有巨大的带动作用。

1. 专业商品市场的发展阶段及其特点

中共十一届三中全会以后,随着农村改革的迅速进展,各类专业商品市场就在长江三角洲地区开始萌芽。以浙江省为例,到 1980 年,已诞生和建立各种

市场 1 400 多个,年成交金额 12 亿元。这些集市的主要特点是:(1)以农副产品市场为主,工业品所占比率不高。(2)规模极小。每个集市年成交额才 80 万元。(3)但是,也从这时开始,出现了一小批批零兼营的专业化市场。浙江温州地区是这种性质市场的发祥地。早在 80 年代初,在温州就建成了 10 个专业市场,主要经营水产品、家禽、水果和兔毛等。这是专业商品市场发展的初期阶段。

从 1984 年中共十二届三中全会开始,随着在理论上突破了将商品经济与社会主义相对立的观念,专业商品市场在长江三角洲地区进一步发展起来。仍以浙江省为例,到 1990 年底,全省专业市场扩展到 1 600 多个,当年成交金额达 85 亿元。这一阶段的特点是:(1)市场的种类扩大了。虽然农副产品市场仍占 50%左右,但工业品市场也占到 20%。(2)批发市场开始成批出现,到 1990 年,已有农产品批发市场 123 个,成交额 7.2 亿元;工业品批发市场 58 个,成交额 24.3 亿元。在工业品批发市场中也从原来小型的小五金市场逐步扩展到服装、丝绸和化纤原料等。(3)市场的影响和辐射范围开始扩大,不仅商品销往长三角各地,而且也开始远销至东北和西北地区。

从宣布浦东开发开放起,长江三角洲地区的专业商品市场进入了新的发展阶段,即普遍和蓬勃的发展阶段。1991 年,浙江专业市场发展到近 1 800 个,年成交额达 200 亿元。1992 年和 1993 年更进入大发展时期。仅 1992 年上半年,浙江就新建、扩建专业市场 500 个,其中投资 100 万元以上的就有 182 个。浙江义乌投资 3 000 万元,从小商品市场发展到成为著名的"中国小商品城",绍兴也建起了"中国轻纺城"。1992 年,这两个商品城的年市场交易额都已超 10 亿元。1993 年,义乌"中国小商品城"的交易额高达 45 亿元,成为浙江地区市场经济的主力。这一阶段的特点是:(1)市场的规模日益扩大,年交易额超 1 亿元的市场越来越多,1993 年有 107 个,超过 5 亿元的 22 个,超过 10 亿元的有 10 个。(2)市场的种类日趋多元化,批发市场逐渐成为市场的主力。(3)市场设施开始向现代化和大型化发展,义乌的"中国小商品城"建筑面积 4.3 万平方米,造型美观,规模宏大。(4)市场主体由个体户为主,向个体、私营、集体和国有企业联合参与的综合型方向发展。(5)市场销售对象由面向地区性转为主要面向全国,部分商品更远销海外。

2. 专业商品市场大发展的作用和意义

大批专业商品市场,特别是规模日益扩大的专业市场在长江三角洲地区的兴起和普遍发展,对全地区的改革和经济发展都有着巨大的作用和意义。

从改革方面说,专业商品市场已成为长江三角洲地区建立社会主义市场经济的活跃力量和重要组成部分。到 1993 年,各类专业市场的交易额已接近全社会商品销售总额的一半左右,而且,可以肯定,它们所占比重还将进一步提高,因此,各类专业市场已成为市场经济中最具活力和最重要的组成部分。

从经济发展方面说,各类专业商品市场的出现,也已成为长江三角洲许多地区经济发展中最具活力的生长点。

专业商品市场的出现和迅速发展为长江三角洲地区经济的高速发展创造了新的外部环境。以工业为例,不少城市以乡镇工业为主,比重高的地区,乡镇工业已占到城市整个工业产值的 60%～70%。乡镇工业是以市场为导向的,这些市场的出现,刚好使乡镇工业如虎添翼,既有了原料来源,又有了广阔的产品销售渠道。长三角地区不少城市乡镇工业所以能连年高速增长,同这些市场的兴起和发展是分不开的。

这些市场大规模兴起的意义更在于,它以市场为导向,以市场特有的强大力量迫使区内企业提高技术和管理水平,不断增强竞争力量,迫使企业转换经营机制。随着国有企业进入这些市场,对国有企业转换机制也产生了越来越大的影响。

专业商品市场兴起的意义还在于,随着市场作用的扩大和企业机制的转换,也在迫使各地政府转变职能,即从过去直接干预企业生产经营转向为企业积极创造外部环境,为企业发展创建各种市场,包括创建各种商品市场、生产资料市场。进入 90 年代,则进一步在创建资金市场、技术市场和人才市场,使长江三角洲地区的市场体系更为完整。

专业商品市场兴起的意义还在于,在市场的诞生、发育和壮大过程中,培养、锻炼和出现了一大批面向市场的企业经营者、监督市场秩序的管理者和调节市场的组织者。这一大批熟谙市场经济的开拓者和创业者,是长江三角洲地区最终建成社会主义市场经济的异常宝贵的财富。

长江三角洲地区兴起的专业商品市场,正同上海和浦东创建的现代化大市场一起,相互呼应,相得益彰,共同为塑造社会主义市场经济体制的总体框架而添砖加瓦,而辛勤工作。

三、长江三角洲地区经济循环方式开始转变

长江三角洲地区新飞跃的另一个重要标志,是经济循环方式开始向外向型方向转变。

长江三角洲地区一直是我国经济实力最强和发展潜力最大的地区之一,但在浦东开放前有一个很大的不足,就是它的经济循环方式基本上是内向的。长三角地区历史上曾同国际市场有广泛联系,但1949年解放后在特殊条件下,这些联系割断了。改革以来,由于开放度远不如东南沿海地区,经济循环方式转变缓慢。到80年代末,全地区除上海外,所吸引的外资极少,经济发展的资金主要靠国内筹集;在对外贸易方面也发展缓慢,出口额占国内生产总值的比率也微不足道,区内强大的国有企业和成千上万个乡镇企业的产品也主要销向内地市场。这种内向型的经济循环,带有强烈的封闭色彩,因此,企业的技术进步缓慢,产品的竞争能力逐渐削弱。在80年代一段时间里,随着外资大量涌入珠江三角洲地区和闽东南三角地区,这两个地区外商独资和中外合资企业生产的"广货"和"闽货",以及大量从这些地区进口的"洋货"开始大规模地抢占原由长三角地区企业占领的市场。先是占领华南地区市场,随后更大规模地在长三角地区抢占市场。因此,长三角地区的发展面临着经济循环方式必须转轨的严峻挑战。

长江三角洲地区经历的挑战表明,在世界经济日益一体化的今天,随着生产要素,特别是资金、技术在全球流动,单纯内向型经济循环的局限性日益明

显。因此,浦东宣布对外开放之后,长三角地区各城市及时抓住这一难得的机遇,采取一系列强有力的措施,吸引外资,扩大出口,使自己的经济循环方式迅速向外向型方向转变。

1. 长江三角洲地区吸引的外资猛增

亚洲四小龙及华南地区发展的经验表明,一个地区经济循环向外向型转化的重要动因,是采取措施吸引外资。长江三角洲地区从 1991 年开始,借着浦东开放的东风,运用广泛建立各类开发区的方式,都把吸引外资作为重要日程放到工作首位。到 1992 年,终于迎来了外商投资的第一个高潮。1990 年,全区14 个城市外商投资的协议总资金为 8.8 亿美元,其中上海一市为 3.8 亿美元,总规模极小。到 1992 年,全年全区外商投资协议总金额猛增到 129.8 亿美元,其中上海为 33.6 亿美元,同 1990 年相比,全区猛增 15 倍,上海也猛增接近 10 倍(见表 9-1)。

表 9-1　1990、1992 年吸引外资比较　　　　　　　　单位:亿美元

城市 年份	上海	南京	镇江	扬州	常州	无锡	苏州	南通	杭州	嘉兴	湖州	绍兴	宁波	舟山
1990	3.8	0.4	0.1	0.2	0.2	0.3	1.1	0.5	0.4	0	0	0.1	0.6	0.1
1992	33.6	7.3	1.8	2.1	3.6	11.1	42.6	3.1	6.1	0.7	0.6	1.2	15.7	0.3

资料来源:《1991、1993 年华东地区统计年鉴》。

这里要特别指出的是,不仅浦东、上海吸引的外资猛增,而且长江三角洲绝大多数城市吸引的外资增长更快。以长三角两翼的苏州和宁波为例,苏州 1990年吸引的外资仅为 1.1 亿美元,1992 年则猛增到 42.6 亿美元,差不多比 1990 年高出近 40 倍;宁波 1990 年吸引的外资为 0.6 亿美元,1992 年则猛增到 15.7 亿美元,也比 1990 年高出 25 倍。整个地区和苏州、宁波两市的数字都显示:(1)长三角地区对吸引外资,转换经济循环方式是多么重视。(2)浦东在吸引外资方面的辐射作用也是多么强烈。(3)长三角地区原有的经济实力和潜力,一旦时机成熟,能够发展出多么巨大的威力。

1993 年,长江三角洲地区吸引外资的规模进一步扩大。全区外商签订的协

议资金总额又比 1992 年翻一番,1994 年上半年继续保持很强的发展势头。借着浦东开放的极有利时机,长三角地区开始迅速地、大规模地向着外向型经济的方向转变。长三角地区也在短短几年中迅速成为外商投资的新热点,成为中国吸引外资的新的重点地区,成为全球吸引外资最多的地区之一。

2. 长江三角洲地区的出口额在提高

长江三角洲地区一直是我国对外出口的重点地区之一。历史上曾是我国出口规模最大的地区。1949 年解放以后的出口贸易也仍然在全国占有重要地位。只是到了 80 年代,由于时机未到,开放程度远低于华南地区,经济循环内向性过高,出口在全国的比重才逐渐下降。1990 年,全区出口总额为 104.9 亿美元,占全国总出口额的 16.9%。1992 年,随着外资的进入,全区出口总额上升到 149.5 亿,2 年内增长 52.5%。1993 年和 1994 年上半年,出口继续保持极高的增长势头。

目前,大量吸引的外资尚未进入全面的生产期和收获期,随着这些三资企业大规模投入生产,预计,长江三角洲地区的出口贸易将会进一步大幅度上升,在全国出口中的比重也会恢复到历史上的地位。

第二节　长江三角洲地区经济一体化的必要性

在浦东开放和浦东迅速崛起推动下,长江三角洲地区经济的高速增长,特别是经济体制迅速朝市场化方向发展和经济循环朝外向型方向转化,使全区各城市发生全面而意义深远的变化,使全区进入全新的发展阶段。这种新发展和新阶段呼唤全区加速实现经济上的一体化。我们在《迈向 21 世纪的浦东新区》一书中,曾初步探讨过这一问题。[27]

长江三角洲地区是我国人口和城市最密集的地区,也是我国经济相对最发达的地区。但是,在计划经济起主要作用的年代,由于经济上的横向联系被基本割断,区域经济被行政区划所分切,全区经济上的联系大大削弱,全区基础设施——交通、电信和港口方面的统一性也被忽视。改革以后,随着市场化程度的逐步提高,要求区域经济一体化的呼声日益提高,因此,从 80 年代改革开始后不久,国务院就在上海成立以长江三角洲地区城市为主的上海经济区规划办公室,但是由于仍然受到行政区划方面的严重限制,虽然办公室在港口协作、水利规划等方面做了许多有益的工作,但行政分割常常使这些规划难以实施,因此,到 80 年代末,上海经济区规划办公室也自然被撤销。进入 90 年代以后,随着浦东迅速崛起,随着长江三角洲地区的改革、开放和发展都进入发展的新时代,随着上海作为国际性金融贸易中心的地位再度兴起,要求突破行政分割,按照区域经济原则,实施全区经济一体化的呼声再次出现,并大大增强了这种呼声的力度。

一、区域经济一体化的定义与特征

从系统论角度看,区域经济是一个经济系统,而且是一个动态经济系统。区域经济学告诉我们,各类经济在区域的分布是否合理,主要取决于三个因素:一是资源条件和优势,二是经济集中的效益,三是运输和通信的成本。因此,区域经济就其本质而言,是一种扬长避短、发挥优势的开放经济。要有效地完成一个区域经济发展的全过程,即从发育、生长到成熟,必须依靠生产要素的区内循环,形成一种区内分工与协作的区域经济发展格局。由于合理的区内分工和协作会给区域各成员带来共同的利益,因此,一些区域为了这种共同的利益就会联合起来,最后形成一个统一的地域经济组织,即区域经济共同体。这种体现在区域分工与协作过程中,通过生产要素的地域流动,从而推动区域经济协调发展的地域过程就是区域经济一体化过程,其实质则是一种地域市场一体化的过程。正因为如此,区域经济一体化和区域经济联合是两个既有联系又有区别的概念。尽管区域经济一体化是一种区域经济联合,但却是个具有严格内涵的区域经济联合形式。它具有以下特征:

（1）它是一种紧密型、具有内在必然性的联合行为,而不是一种一次性的或偶然性的联合行为。这种一次性的、偶然性的联合行动在长江三角洲地区到处可见。需要的是长期的、发挥各自优势的、建筑在合理分工上的联合行动。

（2）它是一种在市场规律作用下,以市场导向为主,受利益机制支配的区域经济联合行为,而不是受行政关系或地缘关系主导的区域经济联合。只要一体化能给各区域带来超额经济利益,那么,这种联合就能产生并不断巩固与发展。为什么原先的"上海经济区"难以真正发挥作用? 就是因为上海经济区仍受行政区划限制,延用计划经济方法,既无市场经济导向,也未考虑各方共同利益。

（3）它是一种开放型的区域经济联合体系,而不是一种封闭性和排他性的区域联合。尽管一体化会在一定范围内逐步形成一个统一的共同体市场,但从宏观角度看,这个共同体市场只是全国统一市场的一个环节,并不排斥共同体内各区域同其他区域发生新的联合。

可见,区域经济一体化是区域经济联合的最高级组织形式。在商品经济条件下,区域经济一体化是区域经济发展的一种必然趋势。

正是在追求联合的超额经济利益目标的推动下,从建立和形成欧共体开始,全球许多地区都在发展各种形式的经济共同体。如果建立国与国之间经济共同体的障碍主要是关税壁垒,在长江三角洲地区,则主要是行政分割和旧的封闭经济的落后观念。

二、经济一体化符合各地区发展的共同利益

从理论上分析,区域经济一体化的产生和发展是区域经济利益机制作用的结果。由于区域经济一体化会给各区域带来共同的利益,因而成为区域经济发展的一种必然趋势。就长江三角洲地区而言,加速地区经济一体化进程,也符合区内各成员经济发展的共同利益。其主要表现在:

1. 经济一体化有利于浦东加速开发

浦东开发开放是国家跨世纪的一项重点工程,也是中国和上海经济发展一个新的"生长点"。浦东的开发开放,必然对周围地区,尤其是长江三角洲地区经济发展产生强有力的辐射作用,从而也将直接推动该地区的经济一体化进程。但另一方面,浦东的开发开放,在客观上需要一个一体化的区域经济发展

环境作依托和保证。这是由浦东开发开放工程本身的特点所决定的：一是浦东开发周期长，二是开发面积广，三是发展要求高，四是重点建设包括同周围地区连接的交通工程项目多。而这样一个工程和投资需求，仅凭上海自身的力量显然是难以承受的，因此必须得到全国各地的大力支持，尤其是长三角地区的积极参与、提供服务与通力协作。这就要求长三角各城市在组织区域经济发展过程中，突破行政区划，消除行政壁垒，实施区域经济一体化发展战略，从而为浦东开发开放提供一个有利的区域经济发展环境，加速浦东的开发进程。

可以这样说，长江三角洲地区越是一体化，生产要素越是能在区内自由流动，浦东发展就越快，越能缩短集聚过程，就越能发挥龙头作用；上海作为国际性金融贸易中心的作用也就越能强化。

2. 经济一体化有利于地区外向型经济的加速发展

长江三角洲地区是我国沿海开放地带的一个重要组成部分。改革开放以后，该地区的外向型经济取得一些进展，但外向型经济的发展水平同其所拥有的经济实力与科技水平相比并不相称，同我国南部沿海的珠江三角洲相比也存在较大差距。究其原因，除政策效应外，还与该地区是个跨省级的经济区，受行政隶属关系影响、人为地造成市场分割有密切关系。表现在外贸方面，就是口岸之间的过度竞争，对内竞相抬价抢购货源，对外自相竞争甚至互相压价，不利于提高出口效益，也有损于地区整体利益，还阻碍了地区之间的横向经济联合。表现在技术引进方面，就是盲目引进、重复引进的现象比较普遍，造成不应有的浪费。表现在外资引进方面，则是多头出击与分散经营，形不成规模效益和整体优势。浦东开放以来，在浦东推动和各地区努力下，吸引外资，扩大出口都有相当的增长，但如果能够更好地协调统一，必然发展得更好。因此，如何加速地区经济一体化进程，加快地区统一市场建设，对促进地区之间外向型经济的同步协调发展，提高整个地区的外向型经济竞争能力具有重要作用。

3. 经济一体化有利于全地区在长江流域乃至全国经济中发挥"龙头"作用

随着市场经济体制改革的不断深入，我国未来经济发展的空间战略将逐步过渡到按经济区来组织经济运行的轨道上来。根据这个思路，长江流域的经济开发无疑将是我国今后经济发展的一个重点。而流域经济开发,必须遵循一定的客观规律。国外流域开发的实践证明,采取分层次的梯级推进战略是一个成功的发展模式。就长江流域而言,以上海为中心的长江三角洲地区,正处于我国东海岸和长江所组成的"T"字形结构的结合部,邻近世界环球航线,拥有中国最大的港口群,具有得天独厚的区位优势,并且经济实力雄厚。这就决定了长三角地区在整个长江流域经济开发中必须发挥"龙头"作用,必须把长三角地区作为一个整体,发挥区域优势,在提高自身经济发展实力的同时,迅速带动整个长江流域的经济发展。

4. 经济一体化有利于发挥地区资源、经济和区位优势

长江三角洲地区各城市各有优势,各具特色,例如,宁波、舟山地区有着我国最好的深水港;太湖平原和杭嘉湖平原既贴近上海,可以利用上海在金融贸易方面的有利条件,又有着相对廉价的土地和劳动力。如果统一规划,各自发挥优势,长三角地区的整体发展和各地区的利益都会更上一个台阶。

综上所述,我们可以得出一个重要结论,即区域经济一体化符合长江三角洲地区经济发展的共同利益,理应成为各地在组织区域经济发展中的共同出发点。

三、长江三角洲地区具有率先实现经济一体化的有利条件

尽管经济一体化是区域经济发展的一个客观趋势,但经济一体化的实现,还有赖于各种外部条件的完善,尤其是两个最基本的实现条件,即:实行经济一体化的区域必须是一个经济区;该地区的生产商品化、社会化均需达到一定的发展水平。

从长江三角洲地区的实际情况看,完全具备了上述基本条件:

(1) 就其地域条件而言,经济长期发展,长江三角洲地区已逐步发育为一个比较成熟的并为人们所普遍接受的经济区。它不仅在自然环境上是一个完整、统一的自然地域单元,而且还具有经济中心、经济腹地与经济网络等经济区的三大构成要素。上海是区域最大的经济中心,与周围地区的广大腹地存在着密切的经济、技术及社会文化联系,并且形成了比较完善的区域经济系统,在全国劳动地域分工中,这个地区作为一个整体担负着重要作用。

其他城市和广大农村地区也历来是上海的经济腹地,在金融、贸易和生产协作上也一直具有发达的经济网络。

(2) 就其社会经济条件而言,长江三角洲自古以来就是我国生产商品化社会化程度较高的地区。我们已经指出,早在明清时代,长三角地区不仅是中央政府粮食的主要供应区,也是最大的桑蚕和植棉区,从而促进了商品经济的蓬勃发展。鸦片战争后,上海被辟为通商口岸,一跃成为我国近代最大的工业、贸易、金融、交通与文化中心,更是极大地推动了这一地区近代商品经济的迅速繁荣。新中国成立后这种联系虽被削弱,但改革以来,特别是浦东开放以来,地区商品经济发展步伐又大大加快,各种市场联系的网络迅速恢复。

不仅如此,长江三角洲地区在经济一体化的其他配套条件方面,也有较大的优越性。其主要表现在:

1. 有利的发展机遇

浦东的开发开放,不仅是 90 年代中国和上海经济发展一个新的生长点,而且将对长江三角洲地区经济产生强有力的辐射作用,进而直接推动区域经济一体化的发展。浦东新区重点发展金融、贸易、商业、信息、房地产、旅游和高科技产业,必将进一步加快浦西工业基础的技术改造与技术进步,促进产业与产品的更新换代,最后推动整个上海的产业结构高度化。过去,上海与长三角地区的产业结构存在严重的同构竞争,经济摩擦时有发生。而浦东和上海产业结构高度化趋势,无疑将为该地区的产业发展腾出更多的发展空间,给全区性的产业结构优化重组带来有利机遇,从而增强上海市与周边地区产业结构的互补性,加速形成一种"合理分工、优势互补、协调发展、利益共享"的一体化格局。

2. 良好的协作传统

由于特殊的地缘关系及社会文化联系,长江三角洲地区素有联合的优良传统。尤其是改革开放以来,区域内的企业间开展了多种形式的协作与联合,仅据 1988 年底的统计,该地区已有各类企业集团 357 家。随着经济体制改革的不断深入,生产要素在打破地区间、行业间的界限,实行优化重组方面更有进一步的加强,从而使该地区企业联合出现了向跨地区、跨行业联合发展的趋势,为区域经济一体化输入了新的动力机制。

这里特别需要指出的是,浦东开放和上海作为金融贸易中心的地位迅速恢复后,浦东、上海同长江三角洲地区的经济协作正在进入新的阶段,即由简单化的联合和协作发展到以产权关系明晰为基础的、以组织企业集团为主要方式的、更高层次的经济联合。

3. 发达的乡镇企业及城乡一体化基础

城乡一体化是区域经济一体化的基础,而乡镇企业是城乡一体化的重要载体与实现形式。长江三角洲地区是我国乡镇企业最为发达的地区,其中尤以苏锡常地区最为突出,被誉为"苏南模式"。1992 年,苏锡常地区乡镇工业总产值 1 658 亿元,占全部工业总产值的 66.1%,是这一地区经济发展中的重要力量。乡镇企业的蓬勃发展,大大提高了农村生产商品化与社会化的发展水平,进而直接推动农村的城镇化和城乡一体化进程,并为区域经济一体化发展奠定良好基础。

4. 较高的城市化水平与发达的交通运输网络

城市是区域经济发展的中心,城市与城市之间的横向联系以及城市与农村之间的纵向交融,构成了区域经济一体化的基本骨架。因此,建立以各级城市为中心的不同层次的城市经济区,是推进区域经济一体化的有效途径。长江三角洲是我国沿海地区城市化水平较为发达的地区之一,其中尤以上海和苏锡常通所组成的三角洲核心区最为突出。长三角地区已初步形成包括特大城市、大城市、中等城市、小城市、县镇和乡镇的比较完善的 6 级城镇体系,从而为区域经济一体化提供了有利的空间依托。此外,长三角地区的交通网络建设也具相当规模,基本形成以上海为中心枢纽,南京、杭州为次级枢纽,以江海运输和铁路运输为区际联系主干线通道的区域综合交通运输网,为地区之间开展横向联合,实施一体化发展战略提供了强有力的保证。

因此,长江三角洲地区完全应该充分发挥上述优势,本着相互合作、协调发展、利益共享、共同繁荣的原则,在区域经济一体化发展道路上率先取得突破,并最终实现一体化发展目标。

第三节　浦东与长江三角洲地区经济一体化的目标

为了在全区实现经济一体化,我们首先要研究和确立一体化的目标,并寻取切实措施分阶段实现这些目标。

一、总体目标与目标体系

区域经济一体化作为一种地域经济过程,其最终目的就是形成一个统一的地域经济组织,即区域经济共同体。在这个共同体内,通过制定共同的区域产业政策及与此相关的社会经济政策,以资源和劳动地域分工为基础,统筹规划,最终建立一种垂直型分工与水平型分工相结合的区域经济联合体系,促进区域中各成员的共同繁荣。根据对长江三角洲地区的现状及今后发展态势的分析,其区域经济一体化的总体目标是:2000 年左右,建成一个我国经济实力最雄厚、区内产业结构合理、分工明确、以市场导向为主的半紧密型区域经济联合体;2010 年左右,建成一个经济实力达中等发达国家水平、区内产业结构高度化、区域经济发展外向化、经济运行机制与国际市场接轨的具有高度文明的长江三角洲经济共同体。到那时,长三角地区将成为中国、东亚,乃至全球经济中最重要最有影响的金融、贸易中心之一,规模最大和技术先进的生产基地之一。

显然,要实现上述总体目标,必须大力推进区内市场一体化的建设。这既是区域经济一体化的实质所在,也是实现区域经济一体化的关键。由于市场一体化是一种广泛而复杂的地域过程,不同的地区有不同的表现内容。就长江三角洲地区而言,我们认为,应主要由以下五个方面组成,即生产要素市场一体化、产业发展一体化、城市布局一体化、外向经济一体化和基础设施一体化。其中,生产要素市场一体化是区域经济一体化中的关键,其本质就是使资源的配置不断得到调整与优化重组;产业发展一体化是要素市场一体化的载体及其实现形式;城市布局一体化是要素市场一体化的空间依托及其表现形式;而外向发展一体化则是长江三角洲地区经济共同体在开拓国际市场过程中所表现的一种市场一体化形式;基础设施一体化则主要从交通、通信等方面统一规划,避免重复和脱节。这五个方面相辅相成,共同组成长三角地区经济一体化目标的主要内容(见图9-1)。

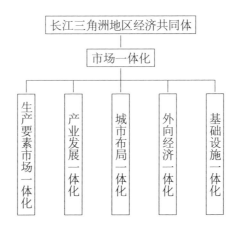

图 9-1 长江三角洲地区经济一体化目标体系

二、浦东与长江三角洲地区生产要素市场一体化

生产要素市场一体化的具体表现是地区间生产要素的自由流动。在市场经济条件下,资源、资金、劳动力、技术等生产要素总是具有向能取得最大效益区位流动的趋势。由于各地区比较利益的客观存在,从而形成地区间生产要素的流动性。从浦东与长江三角洲地区的实际情况看,地区间生产要素的流动是客观存在的,尤其是随着市场经济体制的逐步建立与浦东开发开放,其生产要素的区际流动具有增强趋势。但是,由于受种种因素制约,生产要素的区际流动还存在很大限制,特别是一些短缺要素的流动,如资金、劳力等。

因此,积极推动长三角地区的要素市场一体化,是该地区区域经济一体化的首要任务。

90 年代,长江三角洲地区处于经济高速增长的阶段,由于生产要素尚不能自由流动,全区资源配置并未得到优化,因此,高增长率伴着高浪费、高消耗,大量企业的生产、经营效益不高。这种状况急待改变。

地区间生产要素的流动方式有多种多样。就一般而言,主要有三种形式,即地区间经济技术协作产生的联动型流动方式、城市与区域经济技术联系所产生的带动型流动方式、由市场因素所产生的拉动型流动方式。其中,联动型流动方式由于局部的、间断的,并常常带有行政导向等非经济因素,是生产要素流动的初级形式;带动型流动方式则更多地受区域经济发展客观规律的推动,是城市与区域经济相互作用的必然结果,因而是生产要素流动的较高级形式;拉动型流动方式受市场因素决定,排斥一切非经济因素,并渗透到区域经济的各个方面,对区域经济发展产生深刻影响,是生产要素流动的高级形式。

首先,由于特殊的地缘关系及社会文化背景,长江三角洲地区素有经济协作的传统,因而在联动型流动方面具有较好基础,对地区经济协调发展起到一定作用。其次,由于长三角地区城乡经济较为发达,因而城乡间的要素流动相当频繁,极大地推动了该地区城乡一体化的发展。最后,就市场拉动型流动方式而言,虽然在长三角地区也有所发展,但受体制等因素的影响,尤其是跨行政区的要素流动存在较大障碍。然而,市场拉动型流动方式是生产要素流动的高级形式,并且对区域经济发展具有深刻影响,是推动产业结构高度化与产业合理分工,最终实现区域经济一体化目标的关键。因此,这必须成为长江三角洲地区要素市场一体化的重点,各地区政府都应该积极创造条件,协同制定相应的组织政策,不断促成这种流动方式的发育与成熟。

90 年代,长江三角洲地区的经济体制和运行机制正处在向市场化方向大发展的重要历史时刻,资本市场、技术市场和劳动力市场都处在发育和迅速成长阶段,各类商品市场更是日益繁荣。如果能从实现经济一体化的目标出发,从共同利益的不断提高出发,抓住这一有利时机,随着市场化的发展,加速拉动型流动方式的建立是完全可能的。

三、浦东与长江三角洲地区产业发展一体化

浦东与长江三角洲地区产业发展一体化的具体目标,就是形成一个优势互补、合理分工、协调发展的产业布局体系。90 年代初,由于受体制分割的影响,加上各级地方政府普遍具有追求自身经济利益最大化的强烈内在动机,区内产业布局的短期行为比较严重,导致产业结构的日益趋同,这不利于三角洲经济的整体发展。随着市场经济体制的逐步健全,特别是各级地方政府的协同配合,加快了地区产业发展的一体化进程。

根据浦东与长江三角洲地区内部存在的区域差异,其产业发展一体化的总体格局是:突破行政区划界限,采取点、轴开发与网络开发相结合的模式,以浦东为发展极,以上海为中心,以沿江、沿海、沿路三条轴线为基本走向展开,形成点线面结合,多层次网络型协调发展的产业布局体系。其中,浦东作为长江三角洲地区经济发展一个新的增长极,应重点发展金融、贸易、商业、房地产、邮电通信、信息、投资咨询、技术服务、旅游设施等第三产业,发展高起点和高效益的科技型工业、装备工业及消费品工业,发展现代化、集约化、生态化的农业;而上海作为区内最大的中心城市,则重点强化其流通功能、服务功能与辐射功能,以金融贸易为中心,机电工业作为主导产业,以冶金、石化、汽车、通信、电站设备制造和电子计算机等作为支柱产业。其他主要城市,尤其是大型城市也要根据各自的特点和优势,发展自己的主导产业和支持产业。三条沿线发展轴的产业分工是:沿江地区可充分利用"黄金水道"和大港密集优势,重点布局大耗能、大耗水、大运量的基础原材料工业,以消化国内原料为主,并不断扩大利用进口原料;对现有工业应注重改造、扩建与配套,在调整中求发展,逐步形成沿江产业密集带。沿海地区主要是杭州湾北岸和宁波滨海地带,可依托深水海港,以消化进口原料为主,重点发展钢铁、石化、电力工业,形成长江三角洲地区新的高水平的重化工业区。沿路地区,即沿沪宁、沪杭与杭甬铁路地区,因现

有铁路运量已趋饱和,90年代初的主要任务是改造、提高现有轻纺、轻型机械工业为重点,随着铁路的改造和高速公路的建设要积极调整产业结构,加快新型主导产业的建设和培植新技术产业,逐步形成技术密集型的深加工城市产业带。

从上海开始,在杭州、苏州、无锡、常州和南京,都在建立和发展高新技术开发区。国际上的发展经验表明,发展高新技术,包括建立高新技术开发区,是一项艰难的事业。就是在美国,高新技术区的成功率也只有50%。其中30%效益较高,20%效益一般,50%不大理想,我们更应精心组织,加强管理,不能掉以轻心。

四、浦东与长江三角洲地区城市布局一体化

城市作为区域经济发展的中心和区域经济一体化的衔接中介,城市之间的横向联系和城乡之间的纵向交融,构成区域经济一体化的基本骨架。因此,城市布局一体化是区域经济一体化的空间依托及表现形式。就浦东与长江三角洲地区而言,其城市发展一体化目标就是在区际分工的基础上,建立一个多层次、网络型协调发展的城镇体系。

一个成熟的城市群和城镇体系应该具备三个条件:一是有一个经济发达,有强大吸引力的中心城市作为核心;二是有3～5个大型或中等城市作为副中心或分中心,形成周围广大农村的依托;三是这些城市都有比较强大的经济实力,并且相互之间有着密切的经济联系和协作关系。长江三角洲地区可以说完全符合这些条件。

根据上述思路及长江三角洲地区城镇体系发展的状况,从该地区经济一体化的具体要求出发,其城镇体系的协调发展应重点围绕两方面进行统筹规划:

(1) 在空间结构上,借鉴国际大城市带的发展经验,建立长江三角洲地区城镇体系的核心圈——以上海为中心的大都市圈。区内城市与上海联系最为密切的是苏锡常地区,其城市发展一方面继续受来自上海包括浦东的对外经济辐

射,另一方面,由于其缺乏大的航空港、海港以及高级市场,将在金融、贸易、对外交通通信等领域继续依靠上海,并不断提出新的要求。宁(波)舟地区,由于有深水港的极好资源,既是上海金融、贸易的副中心,又将是大上海港的重要组成部分,有必要强化相互的交通联系。因此,有必要继续强化上海包括浦东与苏锡常和其他地区间的互补互利联合,充分发挥长三角地区城镇体系核心圈在区域经济一体化进程中的主导作用。

(2) 在城市职能上,建立以区域城市群体为基础的分工体系。1)沪苏锡常城市群。该城市群是长江三角洲地区的精华所在,无论在经济、技术、文化等方面均领先一步,应率先建成我国最大的经济、贸易、金融、信息中心,成为高新技术产业的重要基地和机电仪表、装备性工业的基地。2)宁镇扬城市群。该城市群水陆交通发达,农业前景良好,经济发展后劲大,有条件建成我国石化、冶金和汽车制造工业基地,成为我国沿江重化工产业带和新兴工业基地。3)杭嘉湖城市群,根据该城市群的产业基础、资源优势及区位条件,可发展成为机械电子工业基地、精细化工基地、新型建材工业基地、商品粮基地及国际国内旅游中心之一。4)宁绍舟城市群,该城市群拥有突出的深水良港资源优势,是一个极具发展潜力的区域,可发展成为以重化工业为主的沿海工业基地之一。鉴于该群体与上海发展的互补性,近期可作为上海港的分流中转港,远期应发展为大型国际贸易中转港、对外贸易口岸和远洋航行基地。

五、浦东与长江三角洲地区外向经济一体化

加快浦东与长江三角洲地区外向一体化建设,对提高该地区整体的国际竞争能力,发挥该地区在我国沿海外向型经济发展中的枢纽作用,迅速振兴全国经济,具有十分重要的意义。由于长江三角洲地区是我国沿海开放地带的重要组成部分,又是长江流域开发带的重要组成部分,区内各地区有着共同的外向发展要求,因此,如何充分利用浦东开发开放的有利时机,促进浦东与长江三角洲地区外向发展一体化目标的实现,是该地区经济一体化的一个重要突破口。

从实际情况出发,浦东与长江三角洲地区的外向型经济发展一体化的总体目标是:通过制定共同的区域联合对外政策,开展广泛密切的外向型经济合作,最终形成一个合理分工、互惠互利、联合对外、共同发展的一体化格局。具体应在以下四个方面达成目标共识并且协调行动:(1)统一规划出口商品基地建设,合理分工与布局。(2)建立一体化的出口经营体制,建立出口企业集团,加强对外贸易的统一管理,推行出口代理制。(3)建立统一的国际市场信息网络,共同开拓国际市场。(4)在保证浦东开发区重点发展的基础上,逐步缩小地区间的政策梯度,形成合理分工、优势互补、协调发展的新格局。

六、浦东与长江三角洲地区基础设施一体化

基础设施是经济发展的重要条件。过去长江三角洲像其他地区一样,重生产建设,轻交通等基础设施。改革开放以后,区内都在大力进行基础设施建设,但由于行政分割,这些建设常常重复和脱节。例如,长江口沿海和沿江一带,各省市都在建设新的港口,但功能上缺乏合理分工,因此,要实现区域经济一体化,还必须有基础设施——交通、通信和其他设施的一体化。应在 21 世纪初在区内建成完整的高速公路、高速铁路和信息高速公路,把长三角地区建成为一个交通高度发达,通信高度方便,并能高效运行的现代化地区。

第四节　浦东与长江三角洲地区经济一体化存在的问题与制约因素

一、浦东与长江三角洲地区经济一体化存在的问题

由于自然条件、开发历史、经济水平与结构,以及社会文化背景方面的相对一致性,长江三角洲地区长期以来都被视为一个相对完整、独立的经济地理单元。但是,这一地理单元在区域经济的发育上却不尽如人意,常常受到以行政区为单元来组织区域经济运行的阻碍,行政区经济特征表现得较为突出,影响了经济一体化的健康发展。其主要表现:

1. 地区产业发展自成体系,结构趋同,重复建设倾向颇为严重

自然条件的相似性,决定了长江三角洲各地区产业的发展,尤其是工业发展,主要都是依靠外来资源和原材料进行加工,因而加工工业普遍发达是本区工业结构与布局的一大特征,也是推动各地区经济发展的主要力量。然而,受条块分割的影响和地方政府追求自身利益最大化的利益驱使,本地区的产业发展往往出现一哄而上的局面。尤其是对一些价高利大的行业,更是不顾实际需要与可能,盲目上马,重复建设,导致比较普遍的产业结构趋同。不仅省际各个中心城市之间缺乏合理分工,就是同一省区范围内的各个城市之间,其结构趋同现象也十分突出。以苏锡常地区为例,三市无一例外地都以"机、纺、化、冶、建"为支柱产业,并且行业序位与比重都出现惊人的相似。此外,在地方产业体系建设上,各地区还不同程度地存在着"大而全"、"小而全"的布局倾向,如纺织工业大家都要搞成纺、织、染一条龙,机械工业都要使机、电、仪齐配套,结果在同构竞争的道路上越走越远。

这种结构趋同现象,一方面造成争夺同一原料的"资源战争",经常爆发"棉花大战"、"羊毛大战"、"蚕丝大战"和"钢材大战"等恶性竞争,使原料价格持续上升;另一方面,又形成在国内市场,特别是在国际市场上低价竞销,造成肥水外流的不良后果。

2. 外向型经济发展各自为战,没有形成整体优势

尽管改革以来特别是浦东开放以后,地区的外向型经济发展取得显著成绩,但也不容否认,其外向型经济发展还存在着种种不合理的竞争行为。区内各城市在发展各自的外向型经济过程中,大多表现出强烈的"独立"意识,各自为战,没有形成整体优势,削弱全区外向型经济的总体竞争能力。1992 年,以开发区建设为例,仅苏南地区正在进行总体规划或处于开发建设之中并具有一定规模的开发区就有 24 个,而且各级政府对其所属的开发区一般都给予比较优惠的政策,有的政策甚至比特区还特。显然,这种情况不仅客观上弱化了各地在吸引外资中的地位,并且由于各自分散经营,形不成规模经济,使地区整体效益受到损害。

3. 产业发展的区域传递"市属"观念较强,而"市域"观念较弱

产业发展的区域传递是推动区域产业结构高度化,区际产业转换、更新、结构调整与优化重组的重要力量,对区域经济一体化建设无疑具有非常重要的意义。从总体上看,长江三角洲地区是我国沿海一个相对发达的经济区域,但内部仍然存在着较大的区域差异,从而形成不同区域之间各种层次的经济落差,这是该地区产业发展区域传递客观存在着的基本前提。然而,受行政区划体制的束缚,其传递的规模与范围都十分有限,存在较强的"市属"观念,而没有树立现代的"市域"观念,即看问题只看到行政上属于本市的那一块地方,却很少将眼光扩展到市属以外的地方。具体表现在一些中心城市的在处理产业扩散问题上,大多不舍得放弃原有的既得利益部分。因此,尽管大家都认识到中心城市必须尽快将传统产业转移出去,这样既有利于中心城市的进一步发展,也有利于带动周围地区的相应发展,但真正做到的却很少。实行市带县体制以后,虽然在突破传统"市属"观念上有所进步,却由于市带县体制在本质上仍是一种城市行政区组织形式,又出现新的块块分割。特别是各个中心城市有了自己的行政辖区后,客观上反而阻碍了各个中心城市之间的产业传递,既包括同一层次中心城市之间的水平式传递,也包括不同层次中心城市之间的垂直式传递。

4. 区际经济联系与要素流动具有明显的行政性导向特征

区际经济关系是否正常,直接影响到区域经济一体化的发展。从长江三角洲地区的实际情况看,存在着双重的区际经济关系:一是以各地方政府为利益主体,以行政区划界限为地域范围的行政性区际经济关系;二是以具有相对独立性的企业为利益主体,不受行政区划界限限制的市场性区际经济关系。在现行体制背景下,由于各级地方政府作为一级利益主体的地位非常突出,力量也十分强大,而企业作为一级利益主体的地位相对较弱,因此,行政性区际经济关系往往掩盖、削弱了市场性区际经济关系,甚至对市场性区际经济关系产生经常性的行政干预。显然,这种双重区际经济关系的不协调,将直接影响甚至阻碍该地区横向经济联合的深入发展。90 年代初,以生产要素的区际流动为例,

长三角地区生产要素的流动方式仍过多地停留在以地区间协作所产生的联动型流动方式为主的阶段上。这种类型的要素流动多凭行政力量的推动和组织,以各级政府所管辖的行政区为单元,带有政府间友好对等合作的非经济因素,属生产要素流动的初级形式。相比之下,由市场因素所产生的市场拉动型流动方式却受到行政区和体制因素的限制而显得步履维艰。从区域经济一体化的要求看,只有市场拉动型这种生产要素流动高级形式的充分发育,才能真正推动地区经济一体化的健康发展,毫无疑问,在长江三角洲地区经济一体化进程中,如何从当前以行政性导向为主的联合,向以市场性导向为主的联合飞跃,还需作出较大努力。

二、浦东与长江三角洲地区经济一体化的制约因素

90年代,长江三角洲地区经济一体化为什么存在上述诸多问题?这里既有经济管理体制上的共性原因,也有长三角地区本身在行政区划及其他方面的特殊因素。

从共性原因分析:首先,政府职能转换不到位,政企不分是个带有根本性的深层次制约因素。长期以来,由于政府经济职能地位非常突出,并且习惯于用行政方法直接管理经济,对所辖地区的经济活动拥有决定性的管理权限。在这种情况下,政府的一些非理性行为,如本位主义和对企业过多的干预,就很容易造成企业与市场之间的矛盾,最后表现在区际经济联系上就是形成与行政区划体制相一致的行政区经济模式。其次,由于前一时期财政包干政策的实施,使地方政府作为一级利益主体的地位显得极为突出,从而形成以行政区域为单元的区域经济利益格局。各级政府出于追求所辖区域范围内经济利益最大化的强烈内在动机,不可避免地只把眼光局限于区划范围内的"地盘",为了涵养本地财政而采取地方保护主义,导致地区封锁、市场分割等行为。此外,普遍存在的价格关系不顺和市场体系不完善,也是造成行政区经济形成的重要因素。

从长江三角洲地区的特殊因素分析,则主要有:第一,长江三角洲是个跨省

级行政区的经济区,涉及上海、江苏、浙江三个行政地位平等、各有自己利益追求的行政地域单元。这种行政区与经济区非整体重合现象的存在,在我国现行的中央—省(市)两级调控体系背景下,必然导致本区经济调控主体出现多元化特点。因此,与珠江三角洲不同,长三角地区区际经济关系的协调,客观上就有一定难度并且较为复杂,加之上述体制上的因素,对区域经济一体化的制约就更为突出。第二,应当承认,观念上的落后,也是制约长三角地区经济一体化发展的一个重要因素。较长时期以来,该地区表面上看起来似乎各种横向经济联合开展得有声有色,实际上却掩盖了内部存在的种种矛盾与问题。各级政府对区域经济一体化这个问题在思想观念上还存在一些模糊认识,尤其是对区域经济一体化的内涵、意义、作用并没有充分认识。具体表现在地方政府处理区际经济关系尤其是涉及局部利益与整体利益关系时,往往只顾及眼前可能出现的局部利益损失,而看不到长远利益和整体利益。显然,这种观念上的落后,必然导致行动上的不规范和不协同,使长三角地区经济一体化进程,明显地与其区域经济发展水平及地位不相适应。

第五节　浦东与长江三角洲地区经济一体化对策

既然区域经济一体化符合长江三角洲地区经济发展的共同利益,是区域经济发展的客观趋势,因此,为了尽快实现浦东与长三角地区经济一体化的目标,如何从实际情况出发,针对上述区域经济一体化暴露出的种种矛盾与问题,加快制定相应的对策,是个十分重要、迫切和现实的问题。

在指导思想上,要树立以下三个基本观念:(1)"整体大于部分之和"的系统观。(2)开放型区域经济的大市场观。(3)区域经济长远利益的战略观。

其总体思路是,以深化体制改革为基本出发点,下决心转换政府经济职能,通过不断淡化行政区的经济功能,突出经济区的经济功能,使区域经济一体化最终构筑在以市场导向为主的经济体制和运行机制上。在此基础上,从宏观、中观和微观三个层次对区域经济一体化问题进行多方位的规划和协调。

一、宏观上,国家必须从整体上对这一地区的经济一体化建设进行规划与协调

我国宏观经济调控体系建立在中央与省、自治区、直辖市两级调控基础上,中央作为最高层次的一级调控主体,理应在一些重大比例关系、重点区域建设等方面发挥重要作用。鉴于浦东开发开放以及整个长江三角洲地区经济发展在我国宏观经济发展中的重要地位,中央政府必须从整体上对这一地区的经济一体化建设进行必要调控。根据浦东与长三角地区的具体情况以及区域经济一体化的要求,应着重对以下两方面进行调控:

1. 市场经济体制改革的同步协调发展

进一步深化体制改革,建立社会主义市场经济体制是我国经济体制改革的一个主要目标。从区域经济一体化要求看,尽快实现当前以行政导向为主,向以市场导向为主的转变,是这一地区区域经济一体化的关键。因此,加速市场经济体制改革,既符合全国改革的大方向,也符合该地区经济一体化建设的共同要求,是一种必然的发展趋势。但是,应该看到,区域经济一体化作为一种行为过程,是一种双向协调的行为过程,何况对长江三角洲地区来说,涉及三个行政地位平等并有一定调控权限的行政地域单元,这种双向协调就显得十分重要。从这个意义上看,市场经济体制改革作为该地区经济一体化的前提条件和共同保证,必须得到同步协调发展。也就是说,国家在市场体制改革的政策上和步骤上,应该把该地区作为一个整体进行考虑,以避免人为造成"双重体制"对这个地区经济一体化建设带来的不利影响。从长三角地区实际情况分析,浦东作为我国一个重点开发开放区,其目标是建成一个与国际惯例相接轨的现代化新区,理应在市场经济体制改革方面发挥示范作用。但是,如果从区域经济一体化发展的要求看,认真地处理好浦东改革开放与周围地区市场经济体制改革的关系,尤其是相互间的同步协调发展关系,对这一地区经济一体化的顺利进行关系重大。我们认为,至少在以下三个方面两省一市应该协同动作:

一是政府职能转换。各地政府都应下决心逐步实行政企分开,减少对企业的行政性干预,尊重和保护企业的利益主体地位,形成以企业为主导的利益主体格局。在这方面,浦东作为我国经济改革的体制创新点,已在政企分开方面,在国有资产的管理体制方面创造了一系列有用的经验,长三角其他城市都可以借鉴。

二是价格体制改革。在积极稳妥推进价格改革的基础上,实行统一的价格政策,包括统一划定国家定价范围和市场调节范围,取消价格"双轨制"等,从而为区际利益关系协调创造一个公平的环境。

三是外贸体制改革。必须适当加强对外贸易的统一管理,打破地区、行业、所有制的界限,组建出口企业集团,赋予出口自营权或实行出口代理制,以便克服当前存在的出口经营权过于分散,盲目对外,压价倾销,抬价抢购等内耗现象,避免过度竞争。同时,在用汇制度、出口商品定价等方面也应相互协调。

四是在建立现代企业制度方面,也应同步发展,使长三角地区的企业都能成为独立经营的法人主体,健全区域经济一体化的微观基础。

2. 统一制定适合本地区特点的区域产业政策

区域产业政策是区域经济稳定、协调、持续发展的基础。从区域经济一体化要求的角度看,区域产业政策内容应重点包括区域主导产业的确定以及主导产业与相关产业之间的协调发展两个方面。其中,区域主导产业是区域产业协调发展的基准。因此,正确选择主导产业,是推动区域经济一体化的前提。从长江三角洲地区的情况看,区域主导产业的形成受到行政区经济的深刻影响,不仅给区域间的产业关联及产业区位指向带来行政障碍,而且还会造成主导产业的选择偏差或主导产业发展走向的偏差,十分不利于区域产业的协调发展和区域经济一体化,降低了长三角地区的产业整体凝聚力和开拓力。同时,由于长三角地区在全国经济发展中的重要战略地位,尤其是其产业结构对全国产业结构的调整有重要辐射、牵引作用。无论是从促进该地区经济一体化建设的角度出发,还是从带动全国经济发展的"龙头"作用分析,国家都应从宏观层次上加强对这一地区产业发展政策的调控。主要有：

第一，正确选择地区主导产业并实行地区和产业相结合的倾斜政策。根据长江三角洲地区的实际情况，机电一体化工业应成为该地区的主导产业，石化工业则是一个潜在的主导产业部门。具体而言，可优先考虑发展汽车工业、发电设备工业、化工成套设备工业、冶金成套设备工业、机床设备工业、通信设备工业、微电子工业和石化工业。

第二，加强地区主导产业与相关产业之间的协调。从产业经济学的观点看，区域主导产业的生长、发育决不是孤立的，而总是与相关产业的发展密切关联。区域主导产业与相关产业的协调发展，是区域产业结构演变的普遍规律。正因为如此，推动长江三角洲地区的经济一体化，合理选择主导产业是必要的，但促进主导产业与相关产业的协调发展也是必要的。在具体操作上，可从两方面考虑，即产业关联与产业区位指向。前者反映产业之间的经济技术联系，是区域产业协调发展的重要基础，后者是经济规律和技术规律对产业地区分布的客观要求，也是区域产业布局的调节机制。因此，国家应不断督促两省一市政府创造必要的政策条件，突破行政区界限，强化这两类机制的客观调节作用，以此作为协调区际产业发展的基本政策出发点。

第三，加强区域的金融贸易的协调。上海作为国际性金融贸易中心地位的再兴，一方面要求国家赋予上海城市必要的金融贸易中心功能和权益；另一方面，要按照这一要求，在长江三角洲地区形成联系紧密的金融贸易网络，使长江三角洲成为全国最发达的金融贸易区。

二、中观上，两省一市政府应突破行政区划界限，自觉、统一地协调行动，为经济一体化创造良好的环境条件

上海、江苏、浙江两省一市政府是长江三角洲地区三个行政地位平等的利益主体和调控主体，同时也是这一地区经济一体化的直接推动者。区域经济一体化符合长三角各地经济发展的共同利益，理应成为两省一市政府对该地区经济发展的共同出发点。那么，这种共同出发点体现在政府行为上，就是三方均

有责任自觉、统一地协调行动,为经济一体化创造良好的环境条件。根据长三角地区区域经济一体化存在的突出矛盾,其重点是:

1. 有步骤地培育并逐步建立一个完善的区域共同市场体系

在市场经济条件下,区域共同市场的充分发育,是经济区经济繁荣和区域经济一体化建设的根本保证。为此,长江三角洲地区两省一市政府应该从实现区域经济一体化这个共同目标出发,加强市场的组织和制度建设,放弃地方保护主义政策,扫除各种形式的关卡壁垒,改变地区封锁、市场分割的局面,有步骤地培育并逐步建立一个完善的区域共同市场体系。具体地说,应重视以下三方面的建设:

一是市场网络建设。市场网络是区域共同市场的基础,因此,两省一市政府应该协调行动,杜绝任何形式的市场分割行为,并为市场网络的发育创造必要的政策条件、市场组织条件和市场设施及管理条件。从地区市场网络发展的具体情况看,应积极支持和大力发展近年出现的一些跨地区综合性或专业性的工业集团、商业集团、工贸集团、农贸集团等市场网络实体,从而促进共同市场的发育与形成。

二是边界市场建设。边界地区是贸易摩擦经常发生的地带,90年代初许多地区发生的各种"市场大战",基本上都是出现在行政区边界地段。因此,开放省市边界市场,是建立地区共同市场的重要方面。长江三角洲地区两省一市政府都应作出自己的努力,消除各种通过行政手段采取的关、卡、压行为,把边界市场建成突破行政区界限的共同市场。

三是要素市场建设。培育和发展区域性要素市场,加快生产要素和资产存量的流动,对于缓解普遍存在的资金短缺和要素利用效益低的矛盾有积极作用。进入90年代后,上海、江苏、浙江建立的一批生产资料市场,对搞活流通、扩大销售、促进生产、提高企业经济效益和社会效益起了很大作用。根据长江三角洲地区的情况分析,近期应重点建设和健全短期资金市场、长期资金市场、建筑市场、人才市场、科技市场、房地产市场等,在区内允许资金、外汇、人才、科技成果的国际转移,尤其是跨省市转移。

2.加强对区内基础设施、环境生态等问题的统筹规划与管理

受条块分割体制的影响,长江三角洲地区在基础设施建设与生态环境治理等方面也存在不少问题。如地区间各种交通运输方式的协作配套比较差,很少从综合运输的角度来统一规划和建设区内的交通设施。表现在港口建设上是各搞一套,公路建设上则各管一段,甚至像防洪抗灾这种涉及全局性的问题,各地区也是习惯于按行政界限各防一方。显然,这种状况不仅制约全区经济发展,而且对区域经济一体化产生不利影响。因此,加强对区内基础设施、环境生态等问题的统筹规划与管理具有十分重要的意义。根据长三角地区基础设施与环境生态的现状特点及存在问题,今后应着重围绕以下三方面加强协调:

首先,必须加强港口开发建设的区域合作,建立以上海港为中心的长江三角洲港口群。众所周知,港口在长江三角洲地区外向型经济发展中具有十分重要的作用,因此,加强港口开发建设的区域合作,克服地区现有既得利益分配格局的矛盾,统一规划,联合建设,联合经营,是长三角地区外向型经济发展及区域经济一体化的客观需要。从区内港口群体发展状况看,上海港作为首位港口,其进一步发展明显受到港口吞吐能力不足及缺乏深水泊位的严重制约,前者限制了上海港中转职能的进一步发挥,后者则限制了上海港发展大型集装箱运输。种种迹象表明,长三角地区经济发展仍将从区外和国外进口更多的石油、铁矿等大宗散货,迫切需要建造一个中转枢纽港;再则为适应当前世界海运发展集装箱运输化的大趋势,在长江三角洲地区建造一个大型集装箱枢纽港也是十分必要的。因此,长江三角洲地区港口建设必须解决的一个问题,就是如何加强区域合作,尽快从可供选择的港址(金山、乍浦、宁波、舟山)中拿出最佳论证方案,以便与上海港的建设统筹规划,并借鉴西方国家"子母"港管理体制的成功经验,实行港口实体单位脱离行政区域单独组成港口联合体。此外,加强上海与沿江港口的统筹规划、管理,对缓解上海港的压力,充分发挥港口群体优势仍有积极意义。

世界各地,特别是东亚地区大型港口发展很快,像香港、新加坡、高雄、釜山

和神户等港,年集装箱吞吐是多在 500 万~1 000 万标箱之间,而长江口各港加起来,不到其中任何一个港口的集装箱吞吐量。因此,只有统一规划,形成统一的以上海为中心的港口群,才能在东亚地区和国际上占有一席之地,也才能同长江三角洲雄厚的经济实力相适应。

其次,必须加强邮电通信的区域合作,逐步建立以上海为中心枢纽的统一畅通的邮电通信网络。随着现代科技水平和经济发展水平的迅速提高,邮电通信的作用将越来越突出。因此,加强区域合作,形成统一的邮电通信网络,包括使长话、市话、农话三者合为一体的统一电话网和数据信息通信网,无疑将对区内的经济一体化起到重要的推动作用。1993 年,美国提出建设"信息高速公路"计划,西欧、日本也纷纷紧追其后,建立自己的信息高速公路。从长江三角洲地区的情况看,也应考虑在 2000 年以后,在沪宁、沪杭等主要城市发展轴上建立该地区的信息高速公路。

第三,必须加强生态环境治理的区域合作,统筹规划与管理。长江三角洲地区在水资源与水域环境保护方面特别需要两省一市政府加强协作。众所周知,长江三角洲地区的核心是太湖流域,这一地区人口众多,经济发达,面临水资源供应的矛盾。共同合理开发利用区内水资源以及建设长江调水工程将显得日益重要。此外,随着经济发展,太湖流域水污染日趋严重,地处下游的上海如何与上游地区共同治理水污染,同样需要相互之间的密切配合与协调。1991年的水灾曾造成 200 多亿元的经济损失。为了解决这个隐患,整治太湖水系的10 大工程已开始动工建设。这固然将使太湖流域的防洪抗灾水利条件大大改善,但若要彻底解决水患,还有许多配套工程要做,特别是有些工程将跨越行政区,仍需两省一市政府共同协商解决。

三、微观上,必须加速培育适应一体化发展的区域经济运行机制

区域经济一体化目标的实现,应该说是对区域经济进行有效调控的必然结果。而对区域经济的调控,最根本的就是在于引导区域经济的规范运行,并逐步形成具有生命力的区域经济运行机制。对长江三角洲这样一个跨行政区的经济

地理单元来说,其区域经济运行机制是十分复杂的。因此,从长远观点看,加速区域经济运行机制的培育,是各级调控主体对区域经济调控的一个重要目标,也是促进区域经济一体化目标实现的重要环节。就长江三角洲地区而言,主要有:

1. 企业组织创新

企业作为一种经济活动主体和利益主体,在现有体制下还没有完全摆脱从属于政府的地位。但从市场经济体制改革的要求看,企业成为独立的并占主导地位的经济主体和利益主体是必然的发展趋势。因此,在区域经济一体化进程中,企业将扮演一个非常重要的角色。如何搞活企业,尤其是国有大、中型企业,同时在组织形式上进行创新,以适应区域经济一体化的要求,也就成为区域经济一体化运行机制培育的一个关键。根据长江三角洲地区经济一体化的具体要求,企业集团作为企业群体化一种相对完善的组织形式,能形成群体优势和发挥较大的规模经济效能,具有较强的生产、配套、开发和服务能力,以及多方面的综合功能。实行企业集团管理,可以减少地方和产业主管部门的行政干预,使生产要素的流通渠道得以畅通,是推动区域经济一体化的有效企业组织形式。长三角地区有着良好的企业集团发展基础,随着这一地区股份制改革的不断深入,以及上海证券、债券等资金市场的逐步完善,为加速形成这一地区的企业兼并机制,推动企业的兼并与联合,从而为最终过渡到企业集团这种企业联合的高级形式创造了良好的外部条件。因此,长三角地区企业组织创新的重点,仍然是发展各类以骨干企业或名优产品为龙头的跨地区、跨行业的大型企业集团和企业联合体。

从长江三角洲地区现有企业集团发展现状及今后产业结构调整方向分析,90 年代初的重点是,扶持组建钢铁、汽车、家电、微电子等 4 个区域性企业集团,即以宝钢为核心,上钢、梅山、杭钢为骨干的钢铁工业集团;以上海桑塔纳轿车和南京依维柯轻型车为龙头的汽车集团;以若干名牌产品为龙头的家电集团;以无锡华晶微电子集团和上海长江计算机集团联合公司为核心的大型微电子集团。同时,组建 3 个企业联合体,即:以江苏、上海骨干企业为主体的重点生产程控交换机和卫星通信设备的电子与通信设备科研生产联合体;实现机电仪一体化的输变电设备工程承包联合体;以江、浙、沪丝绸服装进出口公司为主体的丝绸服装出口联合体。此外,也应加快组建发挥地区资源优势的建筑、建材集团等。

2. 建立跨行政区的经济区管理机构

在推动长江三角洲地区经济一体化进程中,不可避免地要遇上诸如跨行政区的重大基础设施建设、重大战略资源开发以及跨区生产要素流动等问题。然而,在我国现行的区域经济宏观调控体系下,只有省一级的行政区才有相应的调控权限,而长三角地区尽管整体上被视为一个经济区组织,却存在全区性的利益主体和决策主体缺位的不足。因此,在组织区域经济发展过程中,缺乏全区性利益主体和决策主体的经济区,往往就让步于既是一级调控主体又是一级利益主体的行政区,从而对区域经济一体化产生不利影响。在国外,解决这种跨行政区的经济管理问题的普遍做法是建立相应的跨区管理机构,如"区域建设委员会"、"城市联合委员会"、"都市同盟"等。但由于政府职能转换,尤其是政府作为一级利益主体地位的弱化需要一个过程,同时市场体系的完善也非一蹴而就。在这种情况下,建立跨行政区的经济区管理机构并赋予相应的调控权,显然很有必要。必须指出,这种机构应该有明确的职能和权限,其所作出的决策可以立法等形式,对各级地方政府的行为构成有效约束,但也应防止使其演变成新的行政—经济利益实体。建议成立以推动区域经济一体化为主要目标的"长江三角洲地区经济一体化促进委员会",统筹规划、管理、协调该地区经济一体化过程中出现的种种问题与重大结构关系。

3. 建立区域性联合开发银行、地方投资财团及区域性基础设施建设基金

随着市场经济体制改革的不断深入,企业作为一级利益主体的独立性地位将不断提高,企业联合也将成为推动区域经济一体化的最重要途径。但是,政府职能转换后,客观上需要从企业微观运行机制上为企业联合创造必要的配套条件,尤其是在金融、投资体制上必须有所突破,建立适应区域经济一体化发展要求的金融与投资体制。90 年代初,国家在宏观上对金融、投资体制推出了进一步改革的措施,如对银行实行商业性银行与政策性银行的分离、组建国家开发银行,从而

为区内相应的金融与投资体制改革创造了有利的外部环境。从长江三角洲地区的实际情况看,区内 14 个市建立了一些非银行系统的金融机构,完全有条件在组建区域性联合开发银行及地方投资财团方面率先取得突破。初步设想建立一个由国家与区内各城市共同组成的长江三角洲地区联合开发银行及若干个地方投资财团(可采用各地参股集资办法组成或在企业集团发展基础上形成),给予各成员在评估投资技术、投资信息、投资管理、资金筹措等方面的优惠与便利,同时主要负责该地区的重点发展产业,尤其是涉及全区性利益的重大项目以及区域经济一体化建设所必需的一些跨区建设项目的资金筹集、融通、经济管理等工作。由于这种金融、投资体制突破了传统的条块分割体制,具有很强的政策导向性和市场导向性,因此,必将推动这一地区经济一体化向深层次方向的发展。

此外,从长江三角洲地区经济一体化的要求出发,一些重大基础设施建设,具有十分重要的战略意义。而这样一些跨区性建设项目的投资又往往是各地方政府的财力所难以承担的,因此,根据不同项目的要求,设立不同的区域性基础设施建设基金也十分必要。

第六节　将长江三角洲地区建成世界级城市群

随着浦东的迅速崛起,上海再塑国际性经济中心和长江三角洲地区成为全球外商投资热点。国外一些专家预言,继以伦敦为中心的英国城市群,以巴黎为中心的西欧城市群,以纽约为中心的美国东海岸城市群,以芝加哥为中心的大湖城市群和以东京为中心的日本城市群之后,到 21 世纪初,以上海为中心的长江三角洲将形成第六个世界级的城市群,届时中国也将跻身世界一流的经济强国之列。

一、密集的人口和雄厚的经济潜力

长江三角洲在 10 万平方公里范围内有 14 座大中城市,其中像上海、南京、杭州、苏州、无锡和常州等城市人口,都在一百万以上。在这些城市周围,还密布着许多县城和繁荣的江南小镇,全区人口高达 7 000 万,平均每平方公里 700

人。在不大的范围内有如此密集的人口和城市,不仅在世界上是少见的,就是同以上5个世界级城市群相比,也是毫不逊色的。问题是行政分割使这些城市无法实行一体化,各种产业和基础设施不能互相分工和互相衔接。

更引人瞩目的是,长江三角洲地区经济实力雄厚。占全国1/100的土地上,集聚着中国国民生产总值的15%,1993年,全区国民生产总值为5 000亿元人民币,预计到2000年将上升到1万亿元以上。2010年将达5万亿元左右。届时,在经济总量上也将接近以上5个世界级城市群。这里正在形成国际性的金融中心和贸易中心,这里建有钢铁、汽车、石油化工、造船、电子等一系列新兴产业,这里正在形成吸引国内外客商的一系列新兴市场,所有这些使长三角地区必将成为中国最具经济实力和最有发展潜力的地区之一。如果区域经济一体化能如期实现,长三角地区也必将成为全球最大的金融贸易中心之一,最大的生产中心之一,最大的城市群之一。

二、发达的交通和信息网络

长江三角洲地区地理位置优越,既处在中国东部沿海的中心,又是万里长江东流的入海口,是中国两大重点发展带的结合部。从发展条件来说,这里信息灵敏,水陆交通发达。到21世纪初,随着拥有4条跑道的浦东新航空港,上海、宁波和舟山组成的长江口新一代深水港,上海到北京、上海到宁波的快速铁路,通向南北的高速公路以及相应的高速信息网络的组成,长三角地区同国内主要地区的联系,同世界主要国家和地区的联系必将更加密切。

21世纪是全球经济一体化的世纪。长江三角洲地区经济的一体化和世界级城市群的形成,以及这一地区在经济上融进东亚地区,融进全球经济一体化进程,必将促进长三角地区以至整个中国经济的国际化程度,从而进一步加快中国的经济发展。

三、双向交流互相推动

长江三角洲地区将形成世界级的城市群,以及经济国际化程度的提高,正在促进中国同世界在经济上的双向交流。至 1994 年 6 月为止,到上海投资的国际性企业集团和跨国公司已达 130 多家;进入长江三角洲江苏和浙江部分的此类集团和公司也已接近百家。这些集团和公司在中国的业务正在把中国的金融业、保险业、工业和对外贸易同世界市场更紧密地联结起来。同样上海、江苏和浙江的许多企业,也正在根据开拓国际业务的需要,到东亚地区、大洋洲地区、北美和欧洲地区创建各种类型的跨国企业,把引进外资同到海外创业结合起来。1994 年,在长三角地区组建跨国企业、组建国际性综合商社已成为经济界、企业界热门话题。

长江三角洲历来是中国人喜爱的地方,所谓"上有天堂,下有苏杭"。随着长江三角洲地区经济的一体化和世界级城市群在这里形成,长三角也将变为世界各国人民喜爱的地方。

第十章　浦东开发模式牵动长江流域地区经济起飞

导　　言

浦东开发模式的影响是深远的。

浦东迅速崛起,浦东开发模式正在牵动长江流域地区经济起飞。

长江流域地大物博,人口众多。它同东部的沿海地区一起组成中国最重要的两个发展经济带。长江流域地区和东部沿海地区的人口各占全国的40%左右,国内生产总值沿海地区占50%,长江流域地区占40%(沿海和长江流域两经济带均包括长江三角洲沪、浙、苏3省市在内)。这两个经济带在中国大陆上构成了一个T字形结构,是中国经济持续高速增长的强大支柱,也是中国走向世界的先驱力量。

在20世纪80年代,中国改革开放和发展的重点是东部沿海地区。进入90年代以后,随着宣布浦东为中国新的对外开放地区,中国改革开放和经济发展的战略重点正沿着长江向更广的地区推进。开放和发展长江流域地区不仅像开放和发展沿海地区一样,在中国发展中形成新的增长地带,而且由于长江流域贯通中国东部、中部和西部地区,还可以把沿海和沿江两个经济带的优势结合起来,加快长江经济带的发展步伐,加快中国中部和西部的发展步伐,使全国各地区尽快走上共同繁荣和共同富裕的康庄大道。

第一,在浦东开放的牵动下,长江流域地区正在迅速进入中国的开放大潮,海外资金正在沿江大规模西进。

第二,在对外开放的大潮推动下,长江流域地区的经济由东向西,正逐个进入中国高速发展的行列。

第三,长江流域地区经济的新发展正在呼唤全流域更好地互补互动,合理分工,相互合作,协调发展,加快促进全流域地区经济的区域化和国际化。

第四,长江流域地区经济的新发展也在呼唤打破行政分割,促进各类商品和生产要素在全地区的自由流动,在全地区形成统一的区域性市场,并和全国统一大市场、国际市场相衔接。

第五,长江流域地区是一个统一的经济系统,也是一个开放的经济系统。长江经济带通过浦东、上海,可以沿着沿海航线同东南沿海和环渤海湾地区相联;通过长江中游地区,可以沿着京广线和京九线同华南地区、华北地区相联;通过长江上游,沿着成昆线和其他铁路干线可以同中国西部的广大地区相联。长江流域地区经济是中国的一部分,也是世界的一部分。长江流域地区经济起飞对中国、对亚太、对全球都能作出自己的贡献。

第一节　浦东引发长江流域地区开放开发大潮

中国 80 年代对外开放的实践表明,引进外资和扩大出口是推动经济增长的重要动因之一。但从 1979 到 1990 年,中国引入的外资 95％以上集中于东部沿海地区。在长江流域也集中在下游三角洲地区。浦东宣布开放以后,中国对外开放的重点才从东部沿海地区转入长江流域。很快浦东开放也就引发了长江流域地区开发开放大潮。

一、长江流域地区的开放大潮

从 90 年代起,外资开始逐渐进入长江流域,但开始时的规模还比较小,在中、上游地区,规模就更小。从安徽开始向西各省,1991 年吸引的外资仅在 1 亿～2 亿美元之间,有的省甚至不到 1 亿美元。但外资进入之后,很快发现,不仅长江三角洲,就是中、上游地区,良好的工业基础、廉价而丰富的劳动力和众多的自然资源都显示出,长江流域有同沿海地区一样良好的投资环境。因此,外资进入的速度迅速加快。到1993年,长江流域出现开放大潮,迎来了外商投资的第一个高潮。这一年,长江三角洲地区的上海、江苏和浙江三省,所吸引的外资达250亿美元,占全国的1/4;中游的江西和湖南两省,利用的外资也都超过10亿美元,上游的四川省更高达24亿美元,高出前一年10倍以上。

长江流域地区引入外资的特点是:(1)增长速度快。不仅长江下游三角洲地区增长快,而且中、上游地区的增长速度也快。到1993年,长江中、上游地区(即中国的中、西部地区)吸引外资的增长速度已超过东部下游地区。(2)外商投资结构比较合理,不仅投向劳动密集型企业,而且从一开始就投向资本密集和技术密集的行业。这种合理的结构不仅可以在长江三角洲地区、在上海可以看到,而且在中、上游的湖北省和四川省也可以看到。(3)外商投资的领域非常广泛,不仅投向工业和第三产业,而且大量投向电厂、通信和道路等基础设施。

在吸引外资的基础上,长江流域对外出口也迅速增长,出口增长的速度也远远高于全国的平均水平。以1993年为例,全国出口增长7%,浙江和江苏分别增长19.9%和27.6%,远远高于全国平均增长水平;就是中、上游地区各省,出口的增长率也都在11%～15%之间,也比全国平均增长水平要高很多。

二、长江流域地区的开发大潮

随着长江流域地区成为中国90年代对外开放的重点地区,长江流域地区也被确定为国家重点开发地区。国家有关部门制定的"长江战略发展计划",准备投资上万亿元,形成从上海到四川,包括8个地区和28个城市在内强大的长江经济带。单项投资在2亿元以上的就有一百多项。既有重大工业工程,也有基础设施项目。其中重要的骨干工程有:浦东国际机场、沿江主干铁路、跨省高速公路、500万吨以上的炼油厂、30万辆以上的轿车厂,以及大批火力发电厂和水力发电厂,等等。

长江流域地区的开发大潮是同开放大潮相伴的。随着开发规模的扩大,又将反过来加速吸引外资的步伐,拓宽利用外资的领域和渠道。其中,包括在长江流域地区利用 BOT 方式加快建设基础设施的步伐,即投资、建设和经营都由外商负责,并向外商开放部分国内市场。外方经营一定期限,例如 15 年后将设施归还中方。

三、长江三峡工程与浦东开发相得益彰

在长江流域地区的开发大潮中,最大的跨世纪项目,是建设长江三峡水电工程。这项工程筹备已久,进入 90 年代,中国改革与开发的浪潮涌入长江流域,在 1990 年宣布开发浦东后,1992 年又正式决定建设三峡工程。浦东开发正在带动长江三角洲和长江下游地区经济迅速腾飞。三峡工程的建设则必将使长江中、上游地区经济同样进入高速发展的行列。

(1) 跨世纪的巨型工程。建设长江三峡工程,是中国几代人的世纪之梦。根据三峡建设委员会办公室公布的资料,这一跨世纪的工程将安装 26 台 70 万千瓦的大型发电机组,所发电量相当于燃烧 5 000 万吨煤的热量,并将在防洪和航行方面发挥巨大作用。能源是国民经济发展最重要的物质基础之一,长江中上游地区又是矿物资源丰富的地区之一。三峡工程提供的强大电力,必将在电站周围形成许多钢铁、有色金属和其他大耗电量的工业,使这里成为中国新的能源工业和原材料工业的基地。长江中、下游地区,特别是长江三角洲地区是缺能地区,三峡工程的强大电力,也必将促进长江中、下游地区经济更快发展。

(2) 超大容量的新兴市场。三峡巨型工程的建设,不仅将提供强大的电力,而且首先将在三峡地区和长江中、上游地区形成一个超大容量的新兴市场。

根据三峡发展总公司发布的数字,按照 1993 年的价格,三峡静态投资为 954 亿元,如果考虑到资金的利息,动态投资将达 2 000 亿元。巨型工程和大规模的投资引发的物资需求也是巨大的。计其大数者,即有钢材 220 万吨,木材 160 万立方米,水泥 1 080 万吨,砂石料 6 500 万吨。

大量发电机组、宏伟的船闸以及其他设施又必将形成一个对制造厂商充满魅力的机电设备市场。计算表明,三峡工程的总运量将达数亿吨,这又将为各种航运部门带来令人振奋的宏大的运输市场。这些市场已引起国内外许多厂

商的强烈兴趣。

从 1993 年下半年开始,三峡工程已就 10 多个施工项目向全国招标,100 多家建设单位和企业参加了竞争,已有 18 家公司获得了近 40 亿元的建设合同。在北京举行的三峡工程首批有关工程机械的国际招标中,竞争更加激烈。美国、德国和北欧的一些公司争得了 1 000 多万美元的供货合同。到三峡进行考察和洽谈生意的国内外客商更是川流不息,光是国外的已有 40 多个国家和地区,近 5 000 人到了三峡。

(3) 首尾呼应,相得益彰。浦东崛起和三峡建设,正在长江流域起着首尾呼应、相得益彰的互补作用,正在推动长江流域成为 21 世纪最有希望的繁荣的经济带。

浦东开发,特别是上海作为国际性金融、贸易中心地位的恢复,大大加快了长江流域各地区在经济上的联合和协作。上海和沿江 24 个城市在资金、技术、人才、商品和信息方面的交流日益扩大,使长江流域获得前所未有的经济活力。

三峡工程的建设,则为长江流域经济的起飞提供了必不可少的能源和原材料等物质基础,使长江流域经济具有了巨大的发展潜力。

有着 4.5 亿人口的长江流域地区,一旦插上翅膀,开发开放双翼齐飞,将使整个地区不仅在 90 年代,而且在 21 世纪的经济持续发展中获得新的支柱。

第二节　浦东牵动长江流域地区进入高速增长行列

从 80 年代开始,在改革开放推动下,中国经济呈现前所未有的高速增长态势。1979～1989 年,中国国内生产总值年均增长 9.0%。但是从各地区的增长状况来说,是不平衡的。由于吸引的外资集中在东部沿海地区,由于国内投资重点向沿海倾斜,中国东部地区的增长速度远远高于中、西部地区。例如,1980～1988 年,东部地区年均增长 11.8%,1992 年更高达 18.4%,都比全国平均水平要高,比中、西部地区更要高出很多。开放开发浦东战略的一个很重要作用,就是要促进长江流域地区加快经济增长,推动中国东部、中部和西部平衡发展和共同繁荣。

从浦东宣布开放开发后仅仅几年,浦东的牵动作用正逐步显示出来。

一、长江流域各省、市的增长速度正在加快

浦东的牵动作用是沿着长江,由东向西逐步发挥出来的。1992 年,长江三角洲的上海、浙江和江苏的增长速度已明显加快。上海这一年增长 14.9%,这是上海经济在很长时间里从未有过的。浙江增长 18%,而江苏更超过 20%。但在这一年,从安徽向西的 5 个省市的增长速度,虽然同样开始加快,但增长速度仍然低于全国当年的平均速度。到 1993 年,这种状况进一步发生变化,浦东的牵动作用沿江延伸到了安徽和江西。这一年,除上海、江苏和浙江继续保持高速增长的态势外,安徽令人惊奇地增长 22%,超过全国平均速度 9 个百分点,江西增长 15.8%,也比全国平均水平高出许多。到 1994 年上半年,虽然全国经济的增长速度有所回落,但长江流域地区继续保持着很高的增长速度,进入高速增长行列的省份又加进了湖北和湖南 2 省,四川省的增长速度也已十分接近全国的平均水平。

这些态势鲜明地表明,随着中国开放开发的战略重点逐步向长江流域地区转移,长江流域地区也正在逐步成为中国新的高速增长地区,成为中国新的增长带。

二、浦东崛起与长江流域互相推动

这些发展态势同样鲜明地表明,浦东在中国崛起,不仅使上海经济迅速振兴,再现作为国际大都市的历史雄风,使长江三角洲地区经济大幅度增长,而且使中国最具经济潜力的长江流域开始起飞。

1. 长江流域经济进入迅猛增长阶段

在浦东带动下,首先从下游三角洲地区开始,接着是中、上游地区,整个长江流域经济在近两年内先后进入迅速增长的高速发展阶段。紧靠上海浦东的

江苏、浙江两省,1992、1993 年的增长速度都在 20％左右。

特别是其中的江南地区,像苏州、无锡和常州三市,每年的发展速度都名列全国前茅。1993 年三市的工业总产值已超过东北著名的工业大省辽宁,其周围的无锡县、吴县和武进县等每一个县的工业产值也都已超过西北大省新疆。真是"江南佳丽地,金陵帝王洲",世人正以惊奇的目光注视这里迅猛发展的经济奇迹。

中游地区的安徽和江西,年增长速度同样达到了很高的增长速度。湖北湖南已紧紧跟上,以四川为中心的上游一带的经济也将很快进入高速发展的行列。

从上海一直到四川,包括 8 个地区与沿江 28 个城市,面积 180 万平方公里,人口 4.5 亿。国民生产总值占全国近 40％。

全区域工业基础雄厚,许多产品在全国占有重要地位;文化教育源远流长,是高等院校和研究机构荟萃的地方;物产丰富,交通方便,同国际交流也非常广泛,只是由于长期受到传统体制的束缚,各方面的优势和潜力才未曾充分发挥出来。

随着浦东和整个沿江地区宣布对外开放,当长江这条巨龙终于从封闭状态游向市场经济的广阔海洋时,它应有的生机和活力也就像火山爆发似地倾泻出来了。

2. 长江流域经济发展是互相推动的

为了保持长江流域经济健康起飞和长期快速增长,迫切需要的是从龙头到龙尾,在经济布局和产业层次方面进行合理分工和互相推动。

对上海和浦东来说,重点应放在发展第三产业上,应成为全流域高层次的、最发达的、能同国际接轨的金融贸易中心、高效的结算中心。就工业本身来说,也应该向资本密集、技术密集的重加工业和新兴工业方向升级,一般的轻纺工业、加工工业则应沿江向西转移。

在南京、武汉和重庆等区域性中心城市之间,在下游和中、上游地区之间,同样都要根据各自的地位和优势,实现合理的分工和产业布局上的协调。尽量使长江流域在高速发展中避免低水平的重复,而能做到良性互助,资源互补,双方交流,利益共有,使已经开始跃动的长江巨龙更好腾飞。为此,除继续实现整个流域从传统计划体制向市场经济转化外,全地区应经常就流域地区工业、农业、科技、信息和外贸等各个方面进行商讨,协调各方利益。

3. 注意同南北地区平衡发展

从上海到重庆,整个长江流域的发展,也在某种程度上起到中国东部与中、西部平衡发展的作用。同时长江流域地处中国中心,处理得好,还可同中国的南北地区平衡发展。

可喜的是,同浦东开发同步启动,在京广线以东,贯通北京、天津、河北、山东、河南、安徽、湖北、江西和广东九省市,并同香港相连接的京九铁路也已全面动工。

以浦东为首的长江巨龙,如果能同这条纵贯南北的新大动脉相结合,就不仅能把浦东的开放同长江中、上游的经济起飞互动起来,而且能同南面的珠江三角洲和北面的渤海湾地区做到平衡发展,比翼齐飞。这样,也就能实现"浦东开放不仅能带动长江流域的发展,而且对全国都有意义"的理想。

三、民工潮在长江流域地区经济发展中的功过

在浦东开发和长江流域经济起飞中,成千万人组成的民工潮起着独特而重大的作用。

1. 引人瞩目又引起争议的民工潮

长江流域是中国人口最集中的地方之一。全地区8省市共有4.5亿人,其中劳动力2.5亿人,城市经济和乡镇企业虽然吸纳了大量劳力,但在农村仍然有1亿左右剩余劳动力。随着浦东崛起及沿江城市先后进入高速发展行列,1993年,2 000万农民工潮水般从农村涌入城市,特别是涌入沿海和沿江地区的大、中城市。上海的流动人口超过300万,进入江苏乡镇企业的外来农民工也接近200万。

这样庞大的一支农民工队伍在长江流域流动,是历史上罕见的。它们对流

入地区是高速增长的支撑,对输出地区经济带来活力,特别是随着大规模民工潮的移动,对沿江经济由东到西波浪形的滚动发展,都有着异常巨大的积极意义。至于对沿江交通和城市社会秩序造成的冲击,只要各地政府精心管理善于疏解,是可以解决的。

2. 对浦东开发功不可没

浦东作为中国经济新的增长点已为世人所知,但在浦东高速发展中农民工的作用谈及的却很少。

上海统计局的统计数字告诉我们:浦东增长的一个特点是,国民生产总值增长奇快,而人口增长奇慢。从 1991 年到 1993 年,前者的增长速度分别为 13.7%、21.2%和 30.2%,而后者仅为 2.5%、2.4%和 2.2%。

1994 年预计经济将进一步增长 30%左右,经济可以说是飞跃式的上升,但人口仍然仅增长 2.5%左右。这里固然有因金融贸易和高技术产业迅速崛起而形成效率的提高,但最大的秘密是成百万农民工的涌入。

农民工们默默耕耘,在统计数字中是看不到的。两座横跨黄浦江的宏伟大桥,正在拔地而起的一百多幢现代大厦,技术先进、规模巨大的大量工厂,哪一样没有注入农民工的血汗! 上海和长江三角洲的空前繁荣,长江沿岸各城市的经济起飞,哪一样离得开农民工的辛勤劳动? 浦东和长江流域经济的迅速发展,农民工功不可没。

3. 500 万皖军贡献杰出

1993 年,在沿江 2 000 万流动大军中,来自安徽的就有 500 万。他们除为流入地积极工作外,更为输出地的经济成长作出了杰出贡献。如果每人每年在外所得为 3 000 元钱,500 万皖军一年就可挣得 150 亿元,这是安徽一年财政收入的两倍,就可成为全省经济发展迫切所需的重要资金积累。

事实还不仅如此,在这一支庞大的劳动大军中,一部分在沿海、沿江城市打工几年后,就会带着资金、技术和各种关系返回原地,建起各种类型的乡镇企业,从而逐步把当地经济引入中国高速增长的行列。1993 年安徽省的经济增长速度已高于全国平均水平,而其中的乡镇工业产值一年中差不多翻了一番。

4. 滚动发展创造奇迹

改革开放在创造了中国沿海地区繁荣的同时,也创造了一个难题:就是东西部地区在经济上的差距越拉越大。解决这个问题,当然需要中央政府的统筹安排,沿海省市的热忱支持,但推动中、西部地区加快发展的最大动力是农民工。

在长江流域民工有 2 000 万,在全国有 6 000 万,正是它们将像大海的波滔似的,把中国高速发展的浪潮,从东向西推向全国,从而使长江(甚至整个中国)这条巨龙长时期地保持着巨大的发展活力,创造出世界上罕见的经济奇迹。

第三节 浦东开发与长江流域地区经济的协调发展

长江流域的开放开发和经济增长都进入了一个新的历史发展阶段。我们同样看到,一旦长江流域地区的各种优势和潜力同新的历史机遇相结合,同浦东开放相结合,就会迸发出巨大的发展动力。但我们同样还必须看到,长江流域的开发开放同历史上的一切伟大变革一样,在自己迅速推进的过程中,在已经取得的成绩中,在解决了一系列问题的同时,又会提出一系列新问题迫切需要解决。这些新问题不解决,历史性的发展进程就会受阻或陷入困境。

长江流域地区新发展提出的,呼唤着的第一个问题,就是要在培育社会主义市场经济的基础上,在已有的横向联系基础上,促进全地区经济的协调发展,加快地区经济的区域化和国际化。

一、长江流域地区经济上的联系与存在问题

"同饮一江水,联手创辉煌"一直是长江流域地区几亿人民的共同愿望。这一愿望首先反映出,长江流域地区,由于有世界上少有的黄金水道相联,在区域上有共同发展的特征,在经济上有密切的联系和协作分工关系。其次,这一愿望告诉我们,全地区 8 个省、市必须联合起来,共同研究区域经济的发展规律,

联手寻求加速发展的途径和政策。一是要研究全流域空间范围内的总体发展战略及其协调发展政策;二是要研究流域各个主要地区的特殊发展问题,并把各个地区的同整个流域地区的发展联系起来。

我们先从长江流域地区横向经济联系取得的进展和存在问题说起:

1. 长江流域地区横向经济联合取得的进展

我们在第五章中已经指出,长江流域地区在历史上,在 1949 年新中国成立后,经济上都有密切的联系。从 80 年代后期开始,沿江城市更成立了由市长参加的"长江沿岸中心城市经济协调会"。浦东开放以后,由沿江 35 个城市、386家大中型企业、交通银行总行及其沿江 28 家分行集资 7.7 亿元,又共同组建了"长江经济联合发展公司"。这些跨地区的机构和公司的建立,使长江流域地区经济的横向联合,更登上了新的台阶,取得了一些更重要的进展。

第一,横向经济联合发展比过去更为迅速。根据"协调会"统计,近 2 年中,仅 23 个沿江中心城市之间的协作项目就已发展到 5 000 多个,新增工业产值60 多亿元,利税 10 多亿元。

第二,技术转让的速度加快,仅仅上海一市就向长江沿岸各城市转让技术成果 3 796 项,合同金额近 3 亿元。

第三,横向资金流动的规模逐渐增大。上海、南京、武汉、重庆四大城市的横向融资已达 4 000 亿元。特别可喜的是,已开始出现跨地区的联合贷款。例如,上海和武汉联手,组织外资银行向湖北一项电信工程贷款 2 500 万美元。

更为重要的是,在浦东开发开放影响下,在"协调会"和"联合发展公司"的推动下,长江流域地区横向联合进入了互动发展的新阶段。

第一,积极参与浦东开发。浦东开发开放后,长江沿岸城市积极参与浦东各项建设。根据"协调会"统计,长江沿岸已有 20 个城市到浦东开发房地产等第三产业。万县市还在外高桥第一个开办了外贸公司。这样一方面支援了浦东,另一方面各城市又可在浦东建立据点,借地出海,沟通长江流域同世界的联系。

第二,支持三峡工程建设。三峡工程是惠及长江流域主要地区的宏伟工程。沿江各省也积极支持,不仅上海、南京、武汉等大城市大力参与,而且不少中、小城市也努力同三峡工程指挥部联手合作。仅扬州市就同宜昌签订了 50 多项合作项目。这些支持一方面推动了三峡工程的早日启动,另一方面各城市也努力利用三峡工程的建设,寻求自己新的经济增长领域。

第三,长江经济发展联合公司不断壮大。长江经济发展联合公司成立后,又先后在南京、武汉和重庆成立了由总公司控股的区域性分公司,并由总公司和区域性分公司联手建起一批全资或控股的各种企业,为沿江地区注入了新的经济活力,也为沿江地区创造产权明晰的新型企业开了先河。

第四,各个经济协作区的新发展。在浦东崛起和长江流域地区开发开放大潮推动下,各经济协作区也有了新发展。长江三角洲地区的合作正从一般横向联合走向全区经济的一体化;南京经济协作区正从金融、物流、商贸和科技四个方面在全区建立相应的市场和交流网络;武汉经济协作区正从鄂湘赣扩大到北面的河南;重庆经济协作区除进一步密切区内合作外,还积极参与整个西南地区的经济开发。

2. 长江流域地区横向联合方面存在的问题

长江流域地区的横向经济联合和合作,所取得的进展是明显的。但我们也必须清醒地看到,这些进展是初步的,这些联合是初级的。从全流域经济的协调发展角度,从全流域经济区域化角度,从全流域共同繁荣和共同富裕角度,还有许多深层的问题需要我们去研究和解决。

这些问题主要有:

第一,经济发展的速度还不平衡。浦东宣布开发开放后,虽然长江流域地区的经济发展大大加快了步伐,但从全流域总体看,发展还是不够平衡的,加上原先经济基础不同,全流域从东到西,人均收入相差也比较大。

我国改革开放以来,到 1991 年为止,海外资金也主要流入沿海地区,从 1992 年宣布长江流域主要城市对外开放以后,外资开始进入中、西部地区,但在规模上还不能同沿海或下游地区相比。

第二,行政分割阻碍流域经济区域化。长江流域地区分割为 8 个省,虽然在大家的努力下,全地区在横向联合方面取得了许多进展,但由于行政分割障碍,生产要素还不能在整个流域自由流动。资金受到各地信贷切块的限制,流动艰难。产业还不能按资源优化配置原则迅速转移。

第三,全流域现代交通联系薄弱。长江流域有黄金水道作为天然联系,但从现代交通体系角度看,沿长江上中下游缺乏现代交通联系,既无沿江直通铁路,又无沿江高速公路,飞机航班也十分稀少,就是长江航运也远不是现代化和发达的。

长江流域地区在发展水平上的差异、体制上的分割和硬件方面的不足阻碍着全地区经济的协调发展和经济上的区域化。

二、长江流域地区经济协调发展的目标和政策

长江流域地区经济协调发展的目标是:进一步加速中、西部地区,即长江中、上游地区经济增长的速度,要力争它们的增长速度高于下游地区,实现长江流域共同繁荣和共同富裕的这一理想目标。协调发展的政策,就是大力促进这一目标的实现。

1. 进一步扩大长江中、上游地区的对外开放

一是开放长江沿岸所有城市。目前尚未对外开放的上、中游城市应加速开放,二是扩大已开放城市的开放领域。经过 15 年的开放和发展以后,东部沿海许多地区的土地价格和劳动力工资正在迅速上升,因此,不少劳动密集型产业已难以在那里生存。结果是,一方面东部沿海地区产业向资本密集和技术密集的方面升级,另一方面,大量劳动密集型产业开始向外转移。如果扩大长江中、上游地区的开放度,并积极实行必要的优惠政策吸引它们,这些产业就会大规模沿江西移。如果长江中、上游地区的开放不能抓住这一时机,进入中国沿海的这些劳动密集型产业就会向劳动力相对便宜的亚洲其他国家,例如越南和印度转移。

同时,在长江中、上游的有些地区,有相当好的工业基础和人才、技术储备,

也应利用对外开放的有利条件,较大规模地吸引外资进入技术密集和资本密集的产业,尽量使吸引外资的结构多元化和合理化。

2. 进一步在中、西部地区培育新的增长领域

在开发开放大潮推动下,长江流域中、上游地区必将很快进入大规模工业化时期,因此,各地区都要善于捕捉有利时机培育新的经济增长点。一是利用国家重大工程建设,例如像三峡电站、大规模石化基地和汽车工业的建设,在周围地区培育一大批相关产业和配套产业;二是利用开放和发展社会主义市场经济提供的机会,大量发展金融业、保险业、房地产业和其他服务行业,努力发展第三产业。1993 年,长江流域各省市,除上海外,全省第三产业占整个经济的比重多在 25％左右,在这方面有着巨大的发展潜力。

3. 加快东部地区向中、西地区的产业转移

产业在地区间的转移是一个客观规律。国家既要制定相应的产业转移政策,又应要求业务范围主要分布于长江流域地区的交通银行、浦东发展银行和其他商业银行在资金上支持产业的从东向西转移。

4. 加快中、西部地区的资源开发

长江经济联合发展公司除支持产业转移外,还应同各地政府和银行联合起来,包括联合外资银行到中西部投资,加速开发那里丰富的自然资源。中央政府和东部地区各省、市政府也应制定相应政策,鼓励东部地区企业到长江中、上游地区设厂和开办各种企业。

5. 加快长江中、上游地区基础设施建设

基础设施的完善,是大规模工业化和城市化的重要条件。各地除加快各自的建设外,要着重注意省与省、市与市之间在交通上的衔接。从国家总体规划上说,要大力促进沿江快速干道——沿江铁路和沿江高速公路的建设。

三、东亚发展经验与长江流域地区的互动模式

促进长江流域地区的协调发展可以借鉴东亚发展经验,在长江流域建立互动模式。

1. 东亚发展经验的启示

东亚经济的成功,使东亚发展经验日益为世人所关注,也值得我们借鉴。

东亚经验中最重要的一点:就是东亚国家和地区之间在经济上存在着梯度型的互动关系。一方面,比较发达的国家和地区随着劳动成本的提高和产业的升级,把一些已没有竞争能力的产品转移到周围地区和国家;另一方面,周围的国家和地区则抓住这一有利时机,发挥自己优势,积极吸引发达国家和地区的产品、资金和技术,促进自己经济的成长。

这种梯度型的互补互动关系有力地推动了双方经济的发展。众所周知,从日本的崛起,亚洲四小龙的腾飞,到东盟各国和中国的起飞,证明这种梯度型的互补互动关系对双方都是有益的。正是这种互动关系使东亚地区不仅是个别国家,而且是整批国家和地区都先后进入了高速发展的行列。

梯度型的互动关系在开始阶段,相互间的分工是垂直型分工关系;但发展到一定阶段,也将逐步形成水平型的分工关系,通过竞争推动各自产业的进一步升级。

2. 长江流域的互动发展模式

东亚的发展经验非常值得长江流域各地区借鉴。从上海到四川,全流域8个省市处在上、中、下游3个地区。从经济上说,从上海开始,从东到西也存在着梯度型的互补关系:

(1)以长江三角洲为核心的下游地区,经济上相对比较发达,同东亚地区和世界各国在经济上的联系也比较密切。经过十多年的改革和开放之后,随着经济的日趋繁荣和劳动成本的逐步上升,有必要把纺织、轻工业等劳动密集型产品沿江向西转移。

(2)以武汉为中心的中游地区,在经济上也有较好基础,可以起着承上启下的特殊作用。

(3)以重庆为中心的上游地区则可以充分发挥劳动力便宜和矿物资源丰富的优势。目前的重要工作是:要把这种客观上存在的互补性转变为互相推动的现实性,在长江流域形成高效的、东亚式的互动发展模式,促进全流域共同繁荣。

3. 让互动创造经济奇迹

长江流域有人口 4.5 亿人,比整个东亚 10 个国家和地区的总人口还多一些。长江流域文化发达,土地富饶,历来是中国财富集中之地。如果善于借鉴东亚发展经验,抓住正在汹涌进入流域地区外商投资高潮的有利时机,像从日本到四小龙,再到东盟和中国一样,从东到西,从上海到武汉,再到重庆和上游其他地区,一个地区、一个省市逐个带动,一浪一浪互相推动,既使上海和长江三角洲产业迅速升级,更快同东亚地区接轨,又使整个长江经济登上一个新的发展台阶。梯度型发展推进到一定阶段,中、上游地区就可同下游地区发展水平分工,合理竞争,良性互动,这样,就一定可以像东亚奇迹一样,创造出长江奇迹来!

自从浦东开放以后,这种梯度型的互动关系已出现端倪。随着浦东成为中国经济新的增长点,可以预计,这种高速增长的波涛必将很快传递和推进到中、上游地区。

第四节　浦东开放与长江流域地区的统一市场

进入 90 年代以后,全国在中央统一部署下正在创建社会主义市场经济体制。长江流域地区应在形成全国统一市场过程中,按照优势互补、产业分工和共同富裕的原则率先建立区域性的统一市场,运用政府引导和市场优化资源配置相结合的办法,把长江流域地区的协调发展和经济区域化提高到一个新的高度。

建立区域性统一市场也是全区经济国际化的需要。长江流域地区区域性统一市场是开放型的,一方面是中国统一市场的一部分,另一方面,又是同东亚市场、同全球市场相衔接的。中国加入关贸总协定以后,也是全球市场的一部分。

一、构筑区域性统一市场的蓝图

长江流域地区已进入中国高速增长的行列。自浦东宣布开放以来,全区平均的经济增长速度,每年都以 2 位百分数上升,每年都高于全国的平均增长速度。国内生产总值、工农业总产值在全国所占的比重逐步上升。在全区开发开放大潮推动下,已继沿海经济带之后,成为我国经济发展中一条新的"隆起带"。当前面临的迫切任务是:构筑区域性统一市场,突破行政分割,降低交易成本,在大发展的同时,实现高质量和高效益。

1. 促进商品在全流域地区自由流动

首先,各省市要制定共同准则,允许对方商品自由进出,反对地方保护主义;其次要有共同的市场规则,实现公开竞争,价格统一。只有公平竞争,才能提高各地企业的素质,才能降低交易费用,促进各地的共同利益。

2. 促进资金在全流域地区自由流动

首先,把地区性的融资市场扩大到区域性融资市场,上海在这方面应发挥更大作用,应逐步使上海的银行,包括中国各家银行和外资在沪银行的业务扩大到长江流域;其次,允许和鼓励在流域地区的互相自由投资。

3. 促进劳务在全流域地区自由服务

首先,在全地区制定准则,允许律师、会计师和其他劳务行业在全地区自由服务;其次,实行劳务行业中介化,对省市内外的服务机构允许公平竞争,税收统一。

4. 促进人员在全流域地区自由流动

首先,在全流域地区制定人员流动规则,使人员既可自由流动,又可有秩序地流动;其次,逐步允许专业人员,包括科技人员、医务人员在全流域自由择业。

随着全流域各省市加快各类市场建设,市场在资源配置和流动中的作用越来越大,商品、资金、劳务和人员在全流域的流动日益频繁。我们的任务是:加快构筑区域性统一市场的蓝图,使这些流动更加畅通,更有规范,更有效率,更能为全流域共同繁荣服务。

二、制定区域性统一的产业政策

要构筑区域性统一市场,制定相应的区域性产业政策是必不可少的。长江流域早就存在沿江的产业带,在开发开放大潮中,这些产业带变得更加雄伟。但是,由于行政分割和市场不统一,沿江各省、市也存在重复建设、结构趋同等突出问题。因此,应按照国家产业的统一布局,统一的产业政策,按照全流域优势互补、合理分工的原则,制定长江流域地区统一的产业政策。

1. 要有统一的农业产业政策

长江流域是中国资源最丰富、最重要的综合性农业基地。在大规模工业化过程中,促进农业的现代化和专业化是十分重要的。为了提高农业发展的效率和更好地为整个地区的工业化服务,为了出口服务,全流域地区制定统一的农业产业政策也是十分重要的。

首先,像在长江三角洲和两湖平原这些著名的"谷仓"和"鱼米之乡",应成为优质、新鲜的农副产品的生产群和加工群,也成为这些产品的出口基地。在紧靠上海、南京和武汉这些中心城市周围,更应建设一些集中的现代化的蔬菜供应基地。

其次,根据各地的资源和土地特色,着眼于全流域、全国市场,包括适量出口,建立一系列经济作物带、粮棉油基地和土特产品基地,建立一系列畜牧生产带,渔业水产带和林业生产带。

长江流域地区的农业资源是如此丰富,如果全流域能制定统一的产业政策,合理分工,各发优势,可以肯定,随着全地区大规模的工业化和城市化,长江流域同样将成为中国最现代化的农业基地,也将是东亚地区重要的农业基地。

2. 要有统一的工业产业政策

长江流域地区正在形成中国,也许是世界最大的工业产业带之一。其特色是钢铁等基础工业、机械制造等加工工业和家用电器等消费品工业都比较发达。因此,随着流域经济区域化,也应有统一的工业产业政策,力争把资源优势与技术优势结合起来,走技术进步的发展道路。

首先,为了支持长江流域经济的持续高速发展,应利用浦东开放、长江口港口群和三峡工程上马的有利条件,充分利用国内外两种资源,在长江口深水港附近和三峡电站周围,建设一批现代化大型基础工业,包括钢铁工业、石油化工工业和有色金属冶炼工业。

其次,应在沿江中心城市周围,根据各自特点和现有基础,加快技术改革,建成一批高质量的、技术先进的综合加工工业基地。

第三,要统一规划,合理分工,建成长江流域新的高新技术工业带。根据国外发展高新技术工业的经验和我们原有的实力,长江流域应有像欧洲为了同美国、日本竞争而制定"尤里卡"计划那样,制定一个统一的发展规划。只有集中财力和人才,我们才能同国外竞争,才能在世界高新技术产业中占有强有力的一席。

3. 要建成统一的金融市场和商业网络

同发展工业、农业相适应,长江流域地区也应建成统一的金融市场和商业网络,也应建成相应发达的出口走廊。

世界各国经济发展的历史证明,在实现大规模工业化和城市化过程中,必然出现第三产业的同步发展。因此,地区各省、市也应在形成统一的金融市场和商业网络中,大力发展各种咨询、信息和其他服务行业,在长江流域地区同样形成现代化的发达的第三产业。

三、要同国内外市场相衔接

长江流域地区的统一市场是开放型的。

长江流域地区,一方面随着区域统一市场的形成,各类生产要素的自由流动,各省市经济上的协调发展会登上一个新的台阶,经济大发展将在提高效益和共同繁荣的基础上实现。另一方面,长江流域的统一市场又是开放型的,又是同国内和国际的大市场相衔接的,互相推动的。

1. 中国发展的新格局

经过 15 年的改革开放,中国经济发展的新格局逐步形成。就是由珠江三角洲地区、长江三角洲地区、环渤海湾地区,以及以武汉为中心的长江中游地区和以重庆为中心的长江上游地区等,形成了东部沿海和长江流域五大经济区共兴中国的新局面。

珠江三角洲和长江三角洲地区已经成为推动中国南部和东部经济起飞的强大"引擎"。这两个地区在改革开放和经济发展方面都已走在中国各地区的前列。引人瞩目的是,随着中国经济的增长浪潮逐渐北移和外商投资沿江西上,环渤海湾地区、武汉地区和重庆地区也正在逐渐进入这一高速增长行列和蓬勃发展的时期。

环渤海湾地区包括京津2市和鲁辽冀晋4省,是中国最重要的重化工业基地。以鞍钢、首钢和太钢为代表的冶金工业,以燕山石化和锦州石化为代表的石油化工和以天津化工集团为代表的海洋化工,无论是规模还是市场占有率,在中国都处于突出地位。

环渤海湾三大油田的产量占全国40%,钢铁产量占全国37%,煤炭产量占全国31%。长期来环渤海湾地区一直被一些专家喻为"躺在聚宝盆里沉睡的巨人",正在成为中国沿海经济增长的第三个"引擎"。武汉和重庆也都在中国中部和西部地区迅速崭露头角。

2. 互补互动共兴中国

在中国沿海沿江均匀分布的五大经济区各有特色,可以互补互动,可以在良性的竞争中互相追赶提高。

在产业方面,珠江三角洲以外向型的加工业为主,是我国最重要的出口基地,各类消费品工业十分发达,家用电器、食品工业和时尚服装在国内也深受欢迎。环渤海湾地区则以重化工业为主,产品也以内销为主。中国经济正在起飞,掀起了建设基础设施热,重化工业所提供的经济推动力将日益显示出它的威力。长江三角洲地区则是综合型的经济发展中心。在工业方面,正在努力发展高新技术产业;在服务业方面,则正在积极营造国际性的金融中心。武汉、重庆也各具自己的优势和特色。

长江流域地区从下游、中游到上游,将通过海运和正在筹划中的沿海铁路把长江流域同沿海其他经济区在市场和产业方面衔接起来;将通过横贯中国南北的几条主干铁路、建成的或正在建造中的长江大桥,把长江流域同中国的北部和南部衔接起来,共同参与全国性的统一市场,共同形成全国性的合理的产业布局。

3. 面向海外共同发展

在同海外和国际合作和衔接方面,珠江三角洲正同港澳台和东南亚地区在经济上联合起来;环渤海湾地区则同俄、日、韩的关系日益密切;以上海为首的长江流域地区向东可以面向整个东亚地区,向西可以面向中亚和南亚地区。从而,中国可以通过五大经济区,同世界各国广泛发展经济联系。

中国地大物博,人口众多。仅有五个经济区是不够的,但这五大经济区确可发挥强有力的"引擎"作用。珠江三角洲不仅可以带动华南地区,对其他地区的影响也日益增加;渤海湾地区一旦启动,不仅可带动华北和东北地区,还可以影响西北地区;长江流域地区则可以通过上、中、下游的联动,把中国东部、中部和西部的发展联结起来。在中国的广阔天地里,各经济区都可以大展雄图,各得其所,各占重要地位。但同样,中国是如此之大,任何一个地区都不可能单独扮演"唯一"的角色,只有各地区互补互动,各地区都有自己的"香港"或"上海",中国才能永远走向繁荣。

参考文献

[1] [法]弗朗索瓦·佩鲁:《略论增长极概念》,中国译文引自《经济学译丛》1988 年第 9 期。

[2] 姚锡棠主编:《浦东开发与长江中下游地区协调发展》,上海社科院出版社 1994 年版。

[3] 马克思、恩格斯:《共产党宣言》。

[4] 郑必坚:《党的十四大与中国社会主义的前途》,引自《邓小平的理论与党的十四大》,上海社科院出版社 1993 年版。

[5] 姚锡棠:《建立社会主义市场经济体制的成功战略》,《文汇报》1994 年 1 月 1 日。

[6] 《深圳经济特区年鉴》,香港经济导报社 1985 年版。

[7] 唐振常:《上海史》,上海人民出版社 1989 年版。

[8] 许维雍、黄汉民:《荣家企业发展史》,上海人民出版社 1985 年版。

[9] 姚锡棠、孙恒志、朱金海、厉无畏:《新的技术革命与上海经济结构的调整》。

[10] 中国省市区经济地理编委会:《上海市经济地理、江苏省经济地理、浙江省经济地理》,新华出版社 1988 年版。

[11] 徐光启:《农政全书》。

[12] 张学恕:《中国长江下游经济发展史》,东南大学出版社 1990 年版。

[13] [英]K.J.巴顿:《城市经济学》,商务印书馆 1984 年版。

［14］同上。

［15］欧特歌·赫冯等:《区域经济学导论》,上海远东出版社 1992 年版。

［16］1994 年 8 月 15 日《文汇报》第 1 版。

［17］[美]西蒙·库兹涅茨:《各国的经济增长》,商务印书馆 1985 年版。

［18］姚锡棠主编:《迈向 21 世纪的浦东新区》,上海人民出版社 1994 年版。

［19］同上。

［20］姚锡棠等:《国内外城市功能的比较研究》,《第三产业的理论与实践》,上海社科院出版社 1986 年版。

［21］同［18］。

［22］同［20］。

［23］姚锡棠主编:《迈向 21 世纪的浦东新区》,上海人民出版社 1994 年版。

［24］同［23］。

［25］姚锡棠主编:《迈向 21 世纪的浦东新区》,上海人民出版社 1994 年版。

［26］蔡来兴主编:《迈向 21 世纪的上海》。

［27］姚锡棠主编:《迈向 21 世纪的浦东新区》,上海人民出版社 1994 年版。

后 语

改革以来,特别是浦东开放以后,生活在上海的经济研究工作者是非常幸运的,整天生活在世纪性的变革之中。改革、开放与经济发展中不断提出的许多重大理论问题和实践问题强有力地吸引我们。确切地把它们描述出来是我们的历史使命。但遗憾的是,沸腾的时代,忙碌的时代,也是一个难以静心写作的时代。因此,要是没有出版社的积极组织,作者是不会完成这部书稿的。因此,当圈上最后一个标点符号时,首先要深深感谢的就是上海科学技术出版社的高级编辑俞祖元先生。

作者在写作过程中力图发挥自己独立的新观点,但肯定也受到作者参与和主持的有关课题的影响。有些材料取自作者原先的研究报告;有少量的材料也使用了课题研究中其他合作者的材料,在此,作者深深感谢所有参加课题的同仁们,并在行文中一一注明来源。当然,书中如有错误,全由本书作者自负。

姚锡棠先生学术年谱

1934—1948 年(出生到 15 岁)

姚锡棠先生,1934 年 1 月出生于江苏省武进县,幼时家贫,小学毕业后,父母劝其辍学前往米店做学徒。小学学校的章校长到家里来和父母商议,小学里面成绩前 3 名的同学去报考中学,来往路费都由小学出,如录取之后,是否上学由姚家决定。彼时,常州有两个名牌学校,江苏省立常州中学、师范学校,均考取。

1948 年—1954 年(15 岁到 21 岁)

入江苏省立常州中学读书,六年间,从初中读至高中,1954 年高中毕业。中共中央选拔一批高中毕业生到苏联留学。该校共百余名高中生,选拔六人,姚锡棠先生为其中之一。

1954 年—1956 年(21 岁到 23 岁)

在北京读了俄语预备学校,受到苏联歌曲的影响,想到遥远的地方(彼时有一首流行歌曲叫《遥远的地方》)去为国家努力工作,选择水利工程专业。

1956 年—1961 年(23 岁到 28 岁)

在莫斯科读书一年之后,国内有关部门认为,国内清华大学有水利工程专业,但缺乏工程经济,从国家需要的角度,姚锡棠先生前往莫斯科工程经济学院(现改称莫斯科高级管理学院)学习工程经济,毕业时候是 5 分(苏联实行 5 分制),以工程经济师的头衔毕业,所学专业为动力经济学,主要研究电力、煤炭、石油等行业经济,即今日之能源经济学。

1957 年冬,毛泽东主席到莫斯科参加国际共产主义会议,在莫斯科大学做报告,姚锡棠先生前往聆听,青年热血,激动万分,写下《在列宁山会见毛主席》一文,寄给《中国青年》,发表于 1957 年第 24 期。在莫斯科学习期间,学习认真,成绩优秀。希望祖国能够尽快地赶上苏联。某年暑假参加劳动,到哈萨克斯坦与苏联同学一起在工地劳动 100 天,主要内容是垦荒。工地安排其用小型收割机耕作,从未使用,但上手很快。劳动付给工资,用卢布和实物支付,中国同学均觉得劳动是义务的,把工资捐给当地幼儿园等机构。

1961 年—1962 年(28 岁到 29 岁)

1961 年姚锡棠先生回国,分配在华东电力设计研究院工作,第一个项目是苏北地区农村电气化的规划工作,大学生 2 人一组,姚锡棠先生年长带队调查 40 天,主要在苏北地区几个城市,从扬州到淮安、盐城、南通及下面的县市农村,调查得清清楚楚。姚锡棠先生当时在电力规划室,规划完成后,需要层层审查,经过研究室、设计院,院里的总工程师都要审查签字。1962 年,新中国正处于三年困难时期,电力供应非常紧张,苏北电网设计,从华东电力局和华东电网的角度,都希望保上海电力供应;从江苏省计委角度,苏北地区确实落后并需要电网建设。姚锡棠先生所在的规划部门做了细致规划工作,了解实际部门的需求,一方面满足华东电力局保上海的需要,又兼及江苏省计委对于苏北地区发展的想法。对后期从事社会科学研究工作产生了良好的方法论意义:即研究工作者一方面规划工作业务要很精通,对于实际工作部门想法也要有所体会。

1962 年—1973 年(29 岁到 40 岁)

在华东电力设计研究院工作,1966 年,设计院正常工作受到"文化大革命"的冲击,姚锡棠先生经常出入图书馆资料室,重点研究经济,阅读了当时西方经济学的一些主要著作。学习心得主要有:市场配置有它的益处的,计划经济手段比较单一;同时对于按劳分配也有了新认识。

1973 年(40 岁)

担任了电力规划室的主任,管理华东六省一市的电力规划。

1974 年—1981 年(41 岁到 48 岁)

任华东电力设计研究院办公室主任,其间,接任地质勘察室主任和支部书记。该段时期,姚锡棠先生虽然从事设计性技术工作,但工作中充分考虑了各方面的利益和需求,既考虑到国家利益,也考虑到地方利益,既考虑到电力工作的特性,也考虑到当地农民的需求。

1981 年(48 岁)

改革开放之后,上海学术活动频繁。上海社会科学院和南昌路科学会堂经常有经济讨论会,姚锡棠先生对经济理论研究比较有兴趣,经常参加。作为工程师在经济讨论会上发表意见,受到大家重视。期间,姚锡棠先生认识了社科院的一些研究人员,如部门经济研究所工业室的金行仁、李斗垣诸先生。之后,上海社会科学院直接引进姚锡棠先生。婉拒了社科院领导安排其做支部书记的美意,姚锡棠先生并没有到社科院从事党务工作,直接到工业经济室做一名普通的研究人员。基于电力系统规划设计的基础,经济研究工作容易上手。

与金行仁先生共同发表《技术经济研究应成为基本建设的法定程序》,收入《论经济效果—基本建设专辑》。该文郑重呼吁:技术经济研究是一项十分重要的,但实践中却又是不容易被重视的工作。原因是一些领导和主管部门不习惯于严格的现代化的科学管理方式。他们往往在没有进行研究之前就自以为是地决定方案,指点厂址,挑选设备。不坚决克服这种凭主观经验的小生产式的领导方法,基本建设决策就很难避免失误,投资的经济效果也就很难提高。因此,为了把我国基本建设真正引导到科学的轨道上,必须在决策程序和确定项目的方法上建立一套完整的制度。

在《社会科学》杂志发表论文《可行性研究应成为基本建设的法定程序》;与金行仁共同发表《节能的潜力、经济效果和投资方向》。

1982—1983 年(49 到 50 岁)

上海市委要求上海社会科学院进行工业调查。改革开放初期,上海工业遇到困境,产品老化,技术落后,该调研主要是老工业与技术改造问题。部门经济研究所十分重视,选了 9 个人参加调查,基本上都是工业室骨干。调研分 3 个小组,姚锡棠先生小组里有左学金、朱金海。三人骑自行车代步,从社科院到宝山,时值盛夏,满头大汗。姚锡棠先生发表《上海工业技术改造的几个重要问题》报告,得到市委重视和表扬。报告认为,上海工业必须从粗方式、高能耗向技术含量高的集约式方向转变,即向新的"三高三低"方向转变,形成高技术、高附加价值、高劳动生产力,低资源消耗、低污染排放、低生产成本的工业体系。上海市计划经济委员会又组织进行节能调查。在对上海四大工业调查之后,提出观点,即节能要分两种,直接节能和间接节能都要重视。课题组给市政府写了报告,市政府把这个报告送到中央,时正值全国计划经济会议期,报告作为经验发给与会者,受到大家的重视和欢迎。

与金行仁合写的《论上海节能的经济效果》,被收入《技术经济的理论与实践——中国技术经济研究会一九八二年首届年会论文选》,文章认为,上海的能源消费量仅增长 12.2%,工业总产值却上升了 43.7%,五年平均的能源消费弹性只有 0.3,比建国三十年全市平均的 0.95 要低得多,单位产值的能耗大幅度下降,节能的效果良好。另有《能源与我国经济发展的关系》《上海能源管理与能源政策问题探讨》《六五期间上海增产不增能行不行?》《上海间接节能潜力的初步分析》等论文发表。

1984 年(51 岁)

部门经济所接受全国重点研究课题,上海经济发展战略。市长汪道涵和经济计划委员会也在研究上海怎么发展,中共十二大报告提出工农业总值要翻两番,汪市长觉得上海工农业生产总值翻两番实在很困难,没有原材料,污染也严重,交通也堵塞,要上海社会科学院组织研究和讨论。从 1983 年开始,讨论了整整两年。在姚锡棠先生带领下,厉无畏、左学金、朱金海和孙恒志等,经常发表新的建议。部门经济研究所提出,上海除了发展工业之外,也要发展服务业,特别是金融等现代服务业,即发展第二产业之外,也要发展第三产业,这是在研究了上海发展历史和国际大都市发展趋势后得出的结论,上海在历史上是东亚地区最大的金融贸易中心,有发展金融和贸易的传统和经验,国际上大都市第三产业的比重都已超过第二产业。在过去计划经济时代,金融贸易格局都是统筹的,改革后市场都逐渐起来了,应该有个金融中心和贸易中心;应该有批发市场、工业品市场和农产品市场。金融起来了,还需要要素市场、资本市场、期货市场。姚锡棠先生及课题组在院里查了很多书,看到世界上主要城市的发展,除了工业之外,服务业是很发达的。当时此观点被多数人反对,主要三条理由,第一条,党的十二大提出来工农业翻两番,并没有提出服务业,背离了党的十二大精神;第二条,服务业、第三产业这个概念是个资产阶级概念;第三条,北京出了一本《中国经济发展战略》,书里面是批判第三产业的。

上海社会科学院开会,夏禹龙院长主持,市里主管经济的几位领导也来,姚锡棠先生发言,按照经济发展规律,总归是从第一产业到第二产业再到第三产业,上海也有发展第三产业的历史,上海城市如果只发展工业的话,将会遇到巨大的环境问题和运输问题。发言结果引起震动。之后,汪道涵市长组织了全国性讨论会,会上虽然没有明确两种观点的对立,但对上海工业也提出了建议,比如宝钢应该迁到江苏或者安徽去,那里有丰富的矿产资源,而上海应该集中力量发展服务业。实际上,上海经济发展到这样一个阶段,资源消耗这么重,历史上金融中心的传统,所以不发展第三产业和服务业是不行的。在这之后,姚锡棠先生又写了一些文章,发表在《社会科学》、《世界经济导报》,影响很大,收到很多来信,读者纷纷追问什么叫第三产业,如何计算? 最后算出来,1982 年上海第三产业的比重是 22%。

中央派出由马洪领队的考察团,大概有三五十个人,进行了全国性的政策研究,考察报告递交上去以后,国务院主要领导有批示,大意是专家们的意见是对的,城市特别是大城市不能光发展工业,也应该发展服务业。后来上海递交《上海经济发展战略》提纲,上海不能仅仅发展工业。这是上海学者与北京学者共同讨论出来的东西,是理论与实际工作相结合的结果,姚锡棠先生在其中做了大量具体工作,代表成果《新技术革命与上海经济结构的调整》。

在上述研究的基础上发表论文《新的技术革命与我国经济的发展》《新的技术革命与企业素质的提高》《上海工业如何迎接新技术革命的挑战》等论文。

1985 年(52 岁)

担任了工业室的主任,发表《世界新技术革命与上海经济结构合理化对策》,次年收入上海经济研究中心主编《世界新技术革命与上海对策》一书。该文认为,上海可以利用能源税这一有力杠杆,限制高耗能企业的发展,促进低耗能工业比重的提高;鼓励企业节能,惩罚浪费能源的单位。

1985 年 2 月,国务院正式批转了《汇报提纲》,肯定了上海发展的两个方向:经济结构调整和城市功能多元化。上海第一次经济发展战略大讨论取得了积极的成果。姚锡棠认为:这是上海、北京、长三角地区学者与政府实际管理部门相结合,领导与群众相结合,经过深入调研,广泛讨论形成的集体智慧结晶。1985 年,与李斗垣、孙恒志、朱金海、厉无畏合作发表《上海经济发展战略目标的三种方案比较》,文章提出:建议从 2000 年经济发展的战略观念出发,必须让上海从基本上是单一功能(指工业)的经济结构状况中解脱出来,发展成为发挥多种城市功能的经济结构。把上海的科技、商业、外贸、金融、技术咨询服务等各方面的功能充分发挥出来。根据上述设想,该文对上海经济发展的战略目标,从定量分析的角度,作了如下三种方案的比较:第一,是在提高经济效益的基础上使工农业的总产值翻两番;第二,是在工业、商业、建筑业、运输业和通信业,农业协调发展的基础上使社会总产值翻两番;第三,是使国民生产总值翻两番。对于后来的上海经济发展的战略目标研究,该文起了示范作用,为上海市经济学会获奖论文。

发表《上海战略目标的实现与产业结构的调整》《苏联同其他发达国家经济结构的比较分析》《上海经济发展与能源的关系——结构节能潜力剖析》《上海结构节能剖析》《关于在上海实行能源"优化高价"政策的初步探讨》《增强大中型工业企业活力的条件与途径》等论文。

出版译著《工业心理学》,与俞祖元合译,由天津科学技术出版社出版。

1986 年(53 岁)

担任了部门经济所的所长,出版专著《改革形势下的华东能源问题及其综合对策》《上海"七五"能源规划纲要》《国内外城市经济功能合理化研究》。

1987 年(54 岁)

任社科院的常务副院长,出版专著《工业企业的能源利用与管理》,评为国家有突出贡献的专家。为李斗垣等著的《改革与开放新问题研究》作序言说,社会科学研究的灵魂是它的创造性,就是要运用马克思主义的基本理论,从我国的国情出发,勇于探讨,勇于研究社会主义现代化建设和改革开放中的新情况、新经验,发现新问题,提出新见解。1984 年以来,上海社会科学院部门经济研究所的研究人员对上海经济发展战略、改革和开放问题进行了持续的、系统的研究,先后于 1984 年 10 月和 1985 年 6 月,出版了《上海经济发展战略文集》和《上海经济发展战略研究》两书。这本《上海改革与开放新问题研究》则是 1986 年全所研究的新成果,也是对经济研究所建所三十周年的献礼。

1988 年(55 岁)

发表《上海与国外城市工业结构的比较研究》一文,该文应用比较研究的方法,对世界,特别是发达国家城市工业的发展阶段和结构变化,对它们在工业发展中的成败和得失,进行客观和科学的对比分析和评价,从中寻求城市工业发展的普遍规律,并同我国社会主义城市工业建设的实际结合起来,为我所用,这对上海今后城市工业的合理发展、充分发挥上海作为全国经济中心和先进工业基地的作用有重要的借鉴作用和深刻的现实意义。

发表论文《上海科技、经济、社会协调发展研究》,该文认为从上海的实际状况出发提出了至 2020 年上海科技、经济、社会协调发展的基本构思以及相应的对策建议。发表论文《改革条件下上海工业经济效益问题研究》。

出版著作《工业企业能源的利用和节约》。

1989 年(56 岁)

1989 年下半年以来,中央领导同志发出了乡镇企业要进行宏观调整的指示后,各地乡镇企业的领导部门和企业的厂长、经理迫切需要了解在治理整顿形势下,乡镇企业如何来进行调整和发展。针对这一情况,上海社会科学院工业经济研究所在 9 月份举办了一期《乡镇企业宏观管理和产业结构调整》讲习班。在讲习班上,国家计委乡镇企业处和上海市农委、上海社会科学院的有关负责同志讲解了形势和政策,姚锡棠先生主讲《我国经济的治理整顿与产业结构调整》,分析调整形势下乡镇企业如何健康发展的对策和途径,深受学员欢迎。该文后被收入成书《乡镇企业宏观管理与产业结构调整》,由上海社会科学院出版社发行。

1990 年(57 岁)

参与浦东开发,为 80 年代讨论上海经济发展战略的延续。姚锡棠先生认为浦东发展就是再造了一个上海,历史上的金融贸易、建国后的工业成果都在浦东的四个开发区体现出来,陆家嘴金融贸易区、金桥的工业开发区、外高桥的保税区、张江高新技术区,这把 80 年代提出的经济发展战略得到实现,把上海的核心优势发挥出来。浦东开发的初期,第三产业只有 20%,后来已有 60%,工业也已经改头换面,成为国家制造业的高地,从老的工业慢慢变成电子信息、汽车、装备工业、生物医药等。现在基本上服务业和工业是六比四,结构符合经济发展规律。1990 年,浦东改革发展研究院成立,姚锡棠先生为主要负责人之一,研究院以兼职研究为主,完成涉及国家、上海和浦东发展的课题 100 多项。

发表论文《上海经济发展战略:80 年代的转变及 90 年代的选择》,该文认为上海除了依靠原有的经济基础之外,可以充分利用中央给予的优惠政策,冲破传统体制的束缚,最大限度地发挥上海的优势和潜力,进一步推进上海经济发展的战略转变,大幅度地解放上海的生产力。在具体战略选择上:(1)把上海经济发展的重点放到第三产业上,使上海真正成为金融、贸易和工业协调发展的多功能经济中心;(2)对工业进行更深层次的结构改造,并使上海工业形成市区、市郊、长江三角洲和内地各地区多层次的合理布局,为上海工业寻找新的空间;(3)浦东开放同样应把第三产业放在突出地位上,并更多地利用市场和政策的作用;(4)上海企业应重视市场的开拓,加快外向型经济的发展步伐。

为部门经济研究所编撰的《上海市工商业购销系列手册》作序言。主编的《上海香港比较研究》《当代经济管理新方法大全》两书出版。发表《崇明岛经济、科技、社会发展战略规划》。

1991 年(58 岁)

发表论文《农村初步工业化以后的农民生活(下)——上海松江县农村调查》。

1992 年(59 岁)

为黄宗智的《长江三角洲小农家庭与乡村发展》的专著撰写书评,题为《中国农村正从"没有发展的增长"的贫困陷阱中摆脱出来》。

发表论文《发展第三产业使上海走上繁荣富裕之路》《必需继续强化市场机制的作用》。主要成就、研究成果收入《上海社会科学界人名辞典》《中国当代经济科学学者辞典》。

1993 年(60 岁)

发表《论社会主义市场经济模式——从中国的发展实践说起》,文章认为,我国社会主义市场经济体制正在形成之中,要描绘出完整的中国模式还没有条件,但我国十四年的发展实践,已为这种模式提供了不少启示。我们应当一方面继续进行勇敢大胆的试验和实践,另一方面在理论上进行研究和探索,以建立一种符合建设社会主义目标的、能够推动经济快速增长的、密切结合国情的、又是符合现代市场经济规律的中国模式。该文比较早的提出"中国模式"概念,收入于《邓小平理论与党的十四大》一书。

发表《浦东开放与长江流域的总体发展》《健全市场经济体制的途径》论文。主编的《百县市经济社会调查——松江卷》问世。

1994 年(61 岁)

接受《浦东开发》杂志专访,总结浦东 5 年的奋斗,谈浦东的创造,姚锡棠认为,首先浦东完全是按照社会主义市场经济的框架塑造出来的典型,浦东在这个框架之下成为中国经济新的快速增长点,成为中国改革进程中的体制创新点和对外开放中中国经济同世界新的联结点:有灵活的企业组织形式;创造了新型的政府管理模式;形成了比较完整的市场体系。浦东的第二创造是解决了发展模式问题,浦东开发伊始,讨论了很多的发展模式,即浦东作为浦西的工业、人口疏散地、上海的重点生产基地等,后来明确为是金融贸易先行、综合发展的地区。姚锡棠指出,浦东的第三个创造是通过浦东开发吸引外资,对上海原有的具有一定实力的老企业进行改造。

与徐俊西共同主编的《上海文化市场建设的理论与实践》一书问世,姚锡棠先生呼吁说:上海最大的优势是有人才。为什么仅仅两年,上海各类生产要素市场,特别是证券市场和期货市场就能这样引起世界瞩目?就是因为在市场经济推动下,各种潜在的人才优势以及他们的管理才能充分发挥出来的结果。上海在文化方面,同样有着各种优秀人才,只要能让他们脱颖而出,上海的文化事业和文化市场的发展必将能登上一个新的台阶。

主编的《迈向 21 世纪的浦东新区——发展战略研究》一书出版。发表《浦东开放与长江流域经济的协调发展》一文,收入《邓小平与上海改革开放》书中。对中共十四届三中全会《决定》进行思考,发表论文《中国农村向市场经济过渡中的若干问题》。发表论文《新一轮重大改革出台与企业经营战略调整》。

1995 年(62 岁)

出版专著《浦东崛起与长江流域经济发展》,书中认为:浦东以罕见的速度、迅速形成的宏大生产规模、旺盛的金融贸易和极强的技术创新能力而正在成为中国经济中的新增长点,正在成为长江流域经济发展中的强有力的火车头。浦东在中国,特别是在长江流域经济发展中不仅起到增长点的作用,而且由于它的经济,包括工业、农业和第三产业是全面发展的,它还起到综合性发展中心的作用,因而它的经济发展具有引人注目的、鲜明的特色。

发表《浦东与长江三角洲地区经济一体化》,收入张仲礼主编《浦东开放与迈向新世纪的中国经济》。1995 年 3 月,时任浦东改革与发展研究院院长的姚锡棠等 30 余位政府决策咨询专家、学者在浦东川沙一家宾馆里,"头脑风暴"三天三夜,最终形成了一份报告提交中央,请求浦东在服务贸易领域对外资先行先试开放。该报告的核心内容是建议中央允许浦东新区在服务贸易等某些领域对外资开放,先行先试。包括,允许外资银行在浦东试营人民币业务,允许在浦东建立中外合资外贸公司,允许在浦东设立中外合资的保险公司,允许内地其他省份的外贸公司到浦东设立子公司,在外高桥保税区实行某些自由港的政策等。该报告被中央批示,奠定了浦东发展金融业和现代服务业的基础。浦东成为国际金融中心核心区的大幕也随之拉开。

发表论文《论国有企业改造与引入跨国公司的契合性》《中国经济发展的新特点及其对企业的影响》。主编的《创造辉煌——浦东开发开放五周年理论概述》一书出版。

1996 年(63 岁)

主编出版《长江流域经济发展论》一书,姚锡棠先生呼吁说:"长江流域的开发开放同历史上的一切伟大变革一样,在自己迅速推进的过程中,在已经取得的成绩中,在解决了一系列问题的同时,又会提出一系列新问题迫切需要解决。这些新问题不解决,历史性的发展进程就会受阻或陷入困境。长江流域地区新发展提出的,呼唤着的第一个问题,就是要在培育社会主义市场经济的基础上,在已有的横向联系基础上,促进全地区经济的协调发展,加快地区统一市场的形成。"

11 月,给上海市市长徐匡迪写信,建议把位于浦西的上海市房地产交易中心东迁浦东,通过要素市场东移,促进陆家嘴中央商务区的形成。建议得到徐匡迪亲笔批示,以及来自上海市其他政府部门的积极配合。这封信也启动了上海要素市场从浦西到浦东的"东进"。很快,在上海市政府的强力推动下,位于浦西的上海市房地产交易中心东迁浦东。接着,上海证券交易所、期货交易所、产权交易所等 7 个国家级交易所,相继东迁浦东,国家级钻石交易所也在陆家嘴建立。

发表论文《上海在长江经济带建设中的"龙头"作用》《长江流域地区经济的区域化与统一市场的建立》《控股公司:国际经验与中国的探索》;主编《社会主义市场经济理论在实践中的发展与探索》一书出版。

1997 年(64 岁)

发表论文《长江流域地区经济的区域化与统一市场的建立》《上海在长江经济带建设中的"龙头"作用》。

1998 年(65 岁)

发表《所有制结构的调整完善及其对我国经济发展的意义》,收入上海社会科学院编《邓小平理论研究论文集》。该文呼吁,所有制理论的突破,所有制结构的调整与完善,将最大限度地调动各种所有制经济的积极性,最大限度地促进我国社会生产力的发展,国有企业的股份化、市场化和国际化,将在我国经济总量名列世界前茅的同时,提升我国企业的国际竞争能力,从而达到"国强"的发展目标,各种所有制的共同发展,千千万万个民营经济体的涌现,必将使广大人民的生活水平提高到一个新的阶段,从而达到"民富"的发展目标。民富国强正是我们改革的最终理想。主编的《走近香港》《中国特色社会主义市场经济的实践与理论——长江三角洲地区的特征与模式》两书出版。

1999 年(66 岁)

发表论文《亚洲金融危机风暴与商业银行素质》。

2000 年(67 岁)

浦东开发开放十周年,在《社会科学》杂志撰文《浦东开发开放十年实践的理论回顾》。发表《21 世纪上海经济新的发展空间——关于促进大浦东地区经济高效协调发展的研究》,该文是浦东问题研究课题组关于《21 世纪上海经济新的发展空间》主报告的摘要,文章颇有远见的提出"大浦东"概念,实为后来南汇并入浦东新区之理论先声。

发表论文《发展高新技术产业是一项需要精心组织的系统工程》。主编《勇攀峰巅——浦东开发开放十年发展研究成果集萃》一书出版。

2001 年(68 岁)

发表《论地区资源禀赋与加快经济增长的关系》。大浦东概念持续升温,撰写《坚持浦东开发开放拓展 21 世纪上海经济新的发展空间——关于促进大浦东地区经济高效协调发展的研究》一文,收入《经济特区与建设有中国特色社会主义》一书。

发表《关于加速张江高科技园区发展的战略与策略问题》《经济增长的两种形态与一个国家的综合实力》等论文。

出版专著《驾驭经济增长的艺术》。

2002 年(69 岁)

发表论文《中国改革开放理论的成功实践——邓小平理论指导下的浦东开

发开放》。浦东开发开放是党的十一届三中全会以来中国改革开放史上具有历史意义的重大战略部署,它是在经济全球化历史背景下带动中国融入世界经济体系、全面参与国际分工和国际竞争的重要举措,是邓小平改革开放战略思想和建设有中国特色社会主义理论的重要组成部分。

2003 年(70 岁)

发表论文《积极推进上海与长江三角洲地区经济的一体化》,呼吁加快地区经济一体化进程。发表论文《浦东——舞起中国经济的龙头》。

2004 年(71 岁)

发表《CEPA 新格局下澳门与珠海及珠三角西翼经济合作发展》一文,收入《澳门 2004》书中。为《中国产业地图 2004》作序,序言说,上海要建设四个中心的宏伟目标看,上海产业还面临着加快升级的战略任务。从三大产业结构看,第三产业的比重过低,上海仅为 50%,世界上许多发达城市都在 65% 以上。因此,上海产业的第一个重要调整方向,是加快以金融为核心的现代服务业的发展步伐。从上海发展现代经济角度看,技术含量高、附加价值高的产业比重不高,因此,上海产业的第二个重要调整方向,是加快以信息技术为核心的先进制造业和高新技术产业的发展。

2005 年(72 岁)

发表《无锡发展的战略转型》,收入《决策咨询要报》2005 年第 11 期。

2006 年(73 岁)

发表《无锡新区"十一五"规划理念和主要争论的问题》,发表于《决策咨询要报》2006 年第 13 期。该文认为,长三角地区经济社会发展到了一个很重要的时期,很多问题需要逐步的认识。第一个问题是:怎么看待这一轮的发展以及能不能实现增长方式的转变,增长方式的转变可能对无锡新区带来的影响。第二个问题是:在制定"十一五"发展规划中争论比较激烈的话题——在大规模吸引外资的同时,怎样促进自主创新。

2007 年(74 岁)

发表论文《陆家嘴甲级办公楼是上海的战略资源》。

2008 年(75 岁)

参加"无锡还少什么"思想解放大讨论。

2009—2014 年(76 到 80 岁)

持续关注南通、无锡等地城市经济发展问题,多次建言献策当地政府和机构。

2014 年(81 岁)

姚锡棠先生获上海市第十二届哲学社会科学学术贡献奖,获奖词称,在能源经济、工业经济、城市和区域发展战略研究等领域有着深厚的学术造诣,并在这些学科的应用研究方面取得了突出的成就,为上海经济发展总体战略的形成和推进浦东开发做出了重要贡献;代表作《浦东崛起与长江流域经济发展》。

接受《东方早报》、澎湃新闻专访,谈未来 30 年的上海,题为《上海的方向、机会和挑战》。接受《解放日报》采访,叙述个人在两次上海战略大讨论的工作过程。

2015 年(82 岁)

出席在上海社科院社科国际创新基地举行的汪道涵铜像揭幕仪式,纪念汪老和上海社会科学院学以咨政的缘分。

2016 年(83 岁)

出席上海社会科学院经济研究所六十周年所庆。

(历史研究所张生编撰)

图书在版编目(CIP)数据

浦东崛起与长江流域经济发展/姚锡棠著.—上海：
上海人民出版社,2019
(大家学术经典文库)
ISBN 978 - 7 - 208 - 14653 - 2

Ⅰ.①浦… Ⅱ.①姚… Ⅲ.①长江流域-区域经济发
展-研究 Ⅳ.①F127.5

中国版本图书馆 CIP 数据核字(2017)第 174883 号

责任编辑　吕桂萍
封面设计　零创意文化

大家学术经典文库

浦东崛起与长江流域经济发展
姚锡棠　著

出　　版　上海人 ﾑ ＆ 版 社
　　　　　　(200001　上海福建中路 193 号)
发　　行　上海人民出版社发行中心
印　　刷　常熟市新骅印刷有限公司
开　　本　720×1000　1/16
印　　张　19.25
插　　页　5
字　　数　269,000
版　　次　2019 年 5 月第 1 版
印　　次　2019 年 5 月第 1 次印刷
ISBN 978 - 7 - 208 - 14653 - 2/F·2471
定　　价　98.00 元